一位编辑的自述

我的出版之路

杨牧之 著

中国书籍出版社
China Book Press

图书在版编目（CIP）数据

一位编辑的自述：我的出版之路 / 杨牧之著 . -- 北京：中国书籍出版社，2021.6

（口述出版史）

ISBN 978-7-5068-8512-6

Ⅰ.①一… Ⅱ.①杨… Ⅲ.①出版事业—文化史—中国—现代 Ⅳ.① G239.297

中国版本图书馆 CIP 数据核字（2021）第 120748 号

一位编辑的自述：我的出版之路

杨牧之　著

责任编辑	游　翔
责任印制	孙马飞　马　芝
封面设计	陈晓燕
出版发行	中国书籍出版社
地　　址	北京市丰台区三路居路 97 号（邮编：100073）
电　　话	（010）52257143（总编室）　（010）52257140（发行部）
电子邮箱	eo@chinabp.com.cn
经　　销	全国新华书店
印　　厂	河北省三河市顺兴印务有限公司
开　　本	787毫米×1092毫米　1/16
字　　数	295千字
印　　张	24.5
版　　次	2021年12月第1版　2021年12月第1次印刷
书　　号	ISBN 978-7-5068-8512-6
定　　价	92.00 元

版权所有　翻印必究

"口述出版史丛书"编委会

顾　　　问：刘　杲　石　峰　袁　亮
编委会主任：魏玉山
编委会副主任：黄晓新　张　立　董毅敏
编委会成员（按姓氏笔画为序）：

于秀丽　王　平　王　扬　刘成芳　刘向鸿
李晓晔　杨　昆　杨春兰　张羽玲　陈含章
武　斌　尚　烨　庞　元　庞沁文　赵　冰
赵安民　黄逸秋　游　翔

收集鲜活史料　知古鉴今资政

——"口述出版史丛书"总序

党的十八大以来，以习近平同志为总书记的党中央高度重视对党的历史的总结和运用。习近平总书记曾强调指出，历史是最好的教科书。学习党史、国史，是坚持和发展中国特色社会主义、把党和国家各项事业继续推向前进的必修课。这门功课不仅必修，而且必须修好。这一重要论断，为我们进一步学习和研究党史国史，继承和发扬党的优良传统和工作作风，坚定中国特色社会主义道路自信、理论自信、制度自信，推动各方面工作健康发展，指明了前进方向，提供了基本遵循。

从某种意义上说，中国共产党领导下的当代出版史是党史、国史的一个缩影。出版史与一个国家的社会发展史有着深厚的渊源，这一判断至少包含如下三层意思：作为一种实践活动，出版活动本身是人类社会活动的重要组成部分；作为一种传播载体，出版行为具有记录历史、传承文明的功能与作用；作为文化领域的重要分支，伴随着人类社会历史车轮的缓缓前行，出版业也在创造和书写着自身的行业发展史。

孔子曾称赞其弟子子贡为"告诸往而知来者"，意思是告诉你以前的事，你就能够举一反三、知道未来。这说明反思历史是未来发展的必要借鉴。没有历史的未来，亦犹无源之水、无本之木，是不可思议的。因此，我国出版业要在新的历史起点上继续繁荣发展，恐怕也需要对一个时期以来的出版史进行返观自省，梳理过往的发展轨迹，剖析发展节点上的是非曲折，总结疏导事业发展的经验教训，等等。一个行业，倘若没有深厚的历史作为积淀，是注定走不远的。

研究历史，就需要有丰富的相关史料。史料包括文献史料，有史书、档案文书、学术著作等文字史料，也包括当事人或亲历者提供的口述史料等。尽管我国史学有秉笔直书的理念倡导和传统，但毋庸讳言，那种"为尊者讳""为当权者隐"的流弊却也屡见不鲜。因此，历史过程的亲历者、历史事件的当事人或目击者所提供的口述史料，就有着非同寻常、非常鲜活、非常珍贵的特殊价值。

几年前，北京电视台推出了一档集人文、历史和军事等题材在内的揭秘性纪实栏目——《档案》，颇受观众青睐。2011年，我看了一期《档案》节目后受到启发，觉得在我们出版界把那些当代的、珍贵的资料用音像的形式收集、记录和保存下来，很有必要、很有价值。我想，我们可以像《档案》栏目那样，去采访出版界的老领导、老职工，把当时他们对一些重大问题的决策经过、重大事件的亲身经历和处理过程，用口述的形式记录下来，保存起来。按我当时的想法，采访要原汁原味，遵守保密协议，记录者不得随意外传，受访者有什么谈什么，有不同看法，甚至涉及高层领导的意见，都可以谈，要尽可能地保持历史原貌，为后人研究我们当下的出版史，保存一批珍贵的第一手史料。

我把上述感想写信告诉了中国新闻出版研究院的领导，这封信受到了研究院领导班子的重视。他们专门抽调科研力量成立组织机构，并进行摸底研究，制订了采访规划，于是，"口述出版史"这个项目就应运而生了。现在回过头来看，与其说"口述出版史"

的诞生，是由于我偶然间的一封信，倒不如说我的提议正好契合了研究院长期以来所关注出版基础理论的科研旨趣，更进一步讲，它也正好契合了国内各行业如火如荼的口述史理论探讨与实践探索。这大概就是唯物辩证法所讲的"偶然性事件中有必然性因子，而必然性往往通过偶然性来为自己开辟道路"吧。

我个人认为，以往中国近当代史的研究是以群体抽象为基础的"宏大叙事"模式。口述史的开展，可以在"宏大叙事"模式之外，多了一个"私人叙事"的视角，并由此收集、保存一批带有鲜活个性的、珍贵的当代史史料。这既是一种非常强烈的现实需要，同时从某种意义上说，也是一种史学研究的创新。

之所以这样说，不仅是因为口述史作为一种现代史学研究方法，对操作规程有着严格要求（它要求采访人要有跨学科的研究视角、严谨的史学素养、扎实的实务功底、严格的保密规程，等等），更是因为它所涉及的受访人大多是行业内重要政策出台的起草者、参与者、见证者，他们阅历丰富、见识高深，不少受访的老同志在退居二线前身居高位，如何与这样高层次的受访对象展开对话与交流，采访并收集到文件上所看不到的"重要事件的处理始末、重要政策的起草与出台经过"，这是一项极具挑战性的科研尝试。

然而，科学研究是不能畏首畏尾、止步不前的，而要有一种开拓创新、探寻真理的精神。我欣喜地看到，中国新闻出版研究院正在着力推动这项科研工作。随着时间的推移，它所抢救、收集到的出版业口述史料，会日益彰显其珍贵的价值。为了能早日把"口述出版史"项目所采集到的史料奉献给业界，研究院决定出版一套"口述出版史丛书"。我认为，其立意是高远的，这对于夯实当代出版史研究、弘扬出版文化、推动出版业的健康发展，都具有重要的现实意义和历史意义。因此，我欣然应允，为之作序。

日月如梭，时移世迁。当代出版史研究也需要随着时间和实践的发展而不断深化。从"三亲"（亲历、亲见、亲闻）切入，聚焦"两重"（重大事件的处理始末、重要政策的起草出台），是该丛书的基本定位。鉴于不同访谈者在不同历史事件中的参与程度不同，该丛书将以出版人物的个人访谈、出版事件的集体记忆等形式陆续推出，形式不同，但相同的是对历史真实的尊重，其学术价值颇值得期待。

常言道，众人拾柴火焰高。"口述出版史"项目的全面铺开，离不开全行业各个环节、各个方面同仁们的关注、关心甚至参与。我衷心希望借"口述出版史丛书"这样一个内容十分丰富的命题，引起业界对出版史研究的兴趣，把当代出版业放到历史的坐标系中去考察，收集更多珍贵史料，尽可能还原历史真相，最终达到抢救历史记忆、温故知新、知古鉴今的目的，为在新的历史时期继续推进我国出版业的改革发展，提供更好更多的借鉴。

石　峰
2015 年 7 月

受访人简介

杨牧之，生于吉林省德惠县，祖籍河北省宁河县。中共党员，编审。1961年考入北京大学中文系。1966年7月毕业。随后，入职中华书局做编辑工作。1980年至1987年5月参与创办并主持《文史知识》月刊。

1987年5月调入国家新闻出版署（总署），先后任司长、党组成员、副署长。兼任全国古籍整理出版规划领导小组常务副组长。中国社科基金新闻与传播学评审委员。二十四史及《清史稿》修订工程工作委员会主任。国家重大出版工程《大中华文库》工委会主任、总编辑。《中国出版史研究》主编。

2002年至2007年任中国出版集团党组书记、总裁。

2009年起任《中国大百科全书》第三版总主编。

第四届全国人大代表，第十届全国人大代表、教科文卫委员会委员。

1985年，北京大学中文系古典文献专业聘任为兼职教授，讲授《诗经》专书课，开办"传统文化与现代化"讲座。

2008年4月，任清华大学古典文献研究中心兼职研究员。

主要著作：《编辑艺术》《论编辑素养》《我的出版憧憬》《关于出版的思考与再思考》《出版论稿》《最喜今生为书忙》《辛弃疾》《辛弃疾词选注》《世说新语选译》（合作）等。

散文集：《云深不知处》《在那恒河的原野》《佛罗伦萨在哪里》《火车带来的乡愁》《梦回》等。

主要论文：《"关雎"与"诗无邪"》《从"桃夭"篇谈〈诗经〉善与美的统一》《"郑风淫"论》《〈史记〉修订本的成绩和出版的意义》《历史的记忆与传承的平台—〈中国古籍总目〉编纂随想》《传统文化的立足点与着眼点》《〈西昆酬唱集〉刍议》《〈金瓶梅〉〈查泰莱夫人的情人〉出版发行的故事》《我对古籍整理研究与出版认识的三个阶段》《精品图书七论》《从〈不列颠百科全书〉到〈中国大百科全书〉》等。

主编项目：《中国工具书大辞典》《论古籍整理与出版》《二十世纪中国社会科学文库》《大中华文库》《中国古籍总目》（合作）《百科学术文库》。

采　　访：游　翔　庞沁文
摄　　像：邓　杨
访谈地点：中国出版集团会议室
访谈时间：2017年10月—2019年6月
文稿整理：游　翔

目 录

第一章　围绕几本书谈编辑工作 ……………………………… 001
 一、《毛主席诗词注释》……………………………………… 004
 二、《读〈封建论〉》………………………………………… 016
 三、三部有关《诗经》的译注稿……………………………… 029
 四、策划和出版《古文字学初阶》…………………………… 032
 五、对编辑工作的体会………………………………………… 037

第二章　出版管理为的是多出好书 ………………………… 075
 一、出版管理方面的要求……………………………………… 078
  （一）制定出版规划………………………………………… 078
  （二）年度选题评析………………………………………… 085
  （三）图书的审读工作……………………………………… 087
  （四）图书的校对工作……………………………………… 098
  （五）图书品种总量的掌控………………………………… 105
 二、鼓励多出好书的措施……………………………………… 112
  （一）"国家图书奖"的设立与评选………………………… 112
  （二）评选优秀出版社和良好出版社……………………… 122
  附：《1994年全国图书选题评析》…………………………… 124

第三章　中国出版集团成立始末 ……………………… 141
 一、中国出版集团改革的背景 ………………………… 144
 二、辽宁出版集团挂牌问题 …………………………… 147
 三、上级决定由我主持建立中国出版集团 …………… 150
 四、关于成立中国出版集团的两个重要文件 ………… 154
 五、李长春同志视察总署，听取了集团的汇报 ……… 157
 六、刘云山同志的讲话让我们倍受鼓舞 ……………… 158
 七、我对出版社转企、股份制的想法 ………………… 162
 八、加快研究、推进集团的转企改制 ………………… 167
 九、集团收到了盖着中国政府最大的印的国务院文件 … 171
 十、得到了发改委批准的办公楼 ……………………… 175
 十一、集团要实现化学反应、融合发展 ……………… 177
 十二、公益性出版社——人民出版社从集团转出 …… 184
 十三、衷心祝愿中国出版集团乘胜前进 ……………… 193
 十四、中国出版集团上市 ……………………………… 194

第四章　走向世界的《大中华文库》 ………………… 195
 一、"文库"的缘起 …………………………………… 198
 二、第一批成果 ………………………………………… 203
 三、得到国家总理的高度赞扬 ………………………… 207
 四、一个团结有效率的集体 …………………………… 211
 五、向第三个高峰前进 ………………………………… 215

第五章　"整理古籍是一件大事，得搞上百年" ……… 219
 一、我对古籍整理出版工作认识的三个阶段 ………… 221
 二、历史的记忆和传承的平台——《中国古籍总目》编纂随想
   ………………………………………………………… 229

三、《史记》修订本的成绩和出版的意义 …………… 236

　　四、全国古籍整理出版规划小组的变迁 …………… 246

　　五、关于古籍整理的一些想法 ………………………… 251

第六章　重大文化出版工程《中国大百科全书》……… 259

　　一、我对"百科全书"的认识 ………………………… 261

　　二、《不列颠百科全书》突然宣布停止出版纸版 …… 264

　　三、"中国大百科全书"的事业和今后的构想 ……… 269

　　四、《中国大百科全书》第三版中的几个疑难问题是如何

　　　　解决的 ………………………………………………… 279

第七章　办好一本刊物的感想 …………………………… 293

　　一、创办《文史知识》的缘起 ………………………… 295

　　二、什么样的刊物受欢迎 ……………………………… 298

　　三、"雅""俗"与"雅俗共赏" ……………………… 307

　　四、办刊物就是要请"专门家"撰文 ………………… 313

　　五、杂志办"专号"的价值 …………………………… 318

　　六、编辑部的活力与凝聚力 …………………………… 327

　　附一：编辑部里的年轻人 ……………………………… 336

　　附二：相知未变初衷——庆祝《文史知识》创刊40年… 353

第八章　"此刻学习，你将圆梦"——后记…………… 361

　　一、"我们的事业并不显赫一时" …………………… 363

　　二、"临事而惧，陈力而后就列" …………………… 365

　　三、"此刻学习，你将圆梦" ………………………… 367

引　子

游　翔：杨署长您好！我们是中国新闻出版研究院"口述出版史"小组成员。您大学毕业后一直从事出版工作，甚至退休后到现在也还承担着几个国家重点图书项目的主编工作，兢兢业业，始终在为出版事业尽自己的一份力，令人十分钦佩。希望能通过此次访谈，记录您所亲历的出版史，为后人研究中国的出版史提供宝贵的史料。

杨牧之：欢迎你们！这件事情很有意义，也很有意思，无论访问哪位出版人，在这个历史时期他们都有很多宝贵的经验，这些经验对今后的出版研究是有好处的，很有价值，而且有些材料如不及时搜集整理将是不可挽救的。另外出版这一块在整个文化领域中比较薄弱，通过"口述史"收集资料，是抢救，是积累，对整个出版事业来说是很有意义的事情。

游　翔：非常感谢您对我院项目的支持和帮助！我们承诺：凡是您声明不宜公开的资料和观点，我们将严格为您保密。

第一章

围绕几本书谈编辑工作

游　翔：从北京大学（下简称北大）毕业进入中华书局到您1987年离开，去新闻出版署，您在中华书局工作了20年。这20年中，1968—1980年，您做了十几年的图书编辑，1981—1987年，又做了六七年的期刊编辑。在这个时间段中，有没有几本书是让您至今难以忘怀的呢？您对编辑工作又有些什么看法呢？

杨牧之：好，今天我就几本书来谈谈编辑出版前后的背景和其中我的感想、收获。另外，谈谈作为一名编辑在编书中间都有些什么想法，渐渐地，我对编辑这一职务的看法有怎样的变化。

我谈的第一本书是我和几个同学曾经作过的《毛主席诗词注释》。严格地说，那还不能算是正式出版物，虽然它可能印制了几十万册。那时，我们在北大虽然毕业了，但还没有走出校门。围绕这本书有很多有意思的事情。我要谈的第二本书，是我在中华书局早期的时候，那本属于跟工农兵"三结合"编写的《读〈封建论〉》。你们都比较年轻，不见得知道，这本书当时是非常有名的。当时《人民日报》曾连载三天，这是我和工农兵相结合写的书，也可以说是配合政治需要编的一本书。这前后有许多周折，也有很多教训。第三本书是我看的《诗经》译注方面的书稿，总共三部，都是《诗经》305篇的全译注，最后都没有采用出版。而且，交我之前这三部书稿编辑部主任大体翻过，明确告诉我这三部书稿恐怕都不合适出版，让我再看看，然后写出退稿意见，退稿。上面说的，这三部书稿，都有些特殊情况。第四本书是李学勤先生所著《古文字学初阶》，这是一本正常情况下出版的书。

编辑出版书稿过程中确实有很多体会，很多感受。那时我还年轻，工作中碰到的问题，诸如编辑与社会，与政治，与作者，与个人读书、写作的关系，怎样通过编辑工作提高自己，自己能成为一个什么样的人等等，都经常萦绕脑中。其中的甘苦几十年过去，仍让我叹息。

一、《毛主席诗词注释》

我先讲第一本书，关于《毛主席诗词注释》这本书的编写过程。实际上这本书是一个非正式出版物。我们在北大毕业之后，因为"文革"的原因暂时留校，等待分配。1966年毕业，1967年才准备分配。这时候"文化大革命"开始"大串联"了。"大串联"时候很多工农兵群众到北大来，要求北大给他们讲讲毛主席诗词，简单地说，是在这种背景下产生的这样一本《毛主席诗词注释》。

我先从头说起。我到北大读书的时候是1961年，1966年毕业，五年制。1961年正是"三年困难时期"，到1962年就开始好一点了。那时候国家经济很困难，大学也很难考，不像现在差不多是80%的录取率。我们那时候是七八个取一个。我是从吉林省长春市东北师大附中考到北大来的。那一年，北大中文系只给吉林省两个名额，如果说按这个名额算，在吉林省，我当不上状元也当个榜眼，不是第一也是第二吧。

到了北京，到了北大之后，确实是非常激动，从一个外省市到北京来，先就是一个很高兴的事情，何况是北京大学这所每个学子都向往的世界著名的大学呢！我刚到北京的时候，觉得北京不是那么气派。走出北京火车站，放眼望去，到处都是灰色的墙、灰色的房子，灰蒙蒙一片，觉得提不起神来。但是到北大就不一样了。北大雕梁画栋，湖光塔影，又正值秋天，林荫曲径，竹绿枫红，很漂亮。很多人可能都去过，过目不忘吧！特别看到这里是蔡元培纪念碑，那里是胡适之讲课的教室，司徒雷登的办公处，马寅初讲"人口论"的地方……北大是文化圣地，文化史的卷帙浩繁。我当时觉得在这儿读书真是太幸运了。特别是我们入学的时候，新生欢迎会给我留下至今不能淡去的深刻印象。在欢迎会上，中文系的教授个个大名鼎鼎，真是群星灿烂。我们新生坐着，先生们都站着。游国恩、杨晦、吴组缃、魏建功、林庚、王力、周祖谟、王瑶、季镇淮、朱德熙……这样一大批文学史上辉煌灿烂的大学者微笑地面对着我们，让我们激动不已。王力先生代表教师讲话，其中一句话至今我还记得十分清楚。他说："得天下英才而教之，不亦乐乎！"先生的这一句话，让我们这些年幼无知的学子顿感自豪。今天回想起来那种年幼的轻狂，很是好笑。但正是这种自豪，陪伴我们整个五年大学生活，激励着我们要把书读好，要像个北大学生的样子，即使步入社会之后，仍然记着自己的责任和使命。

当然，那时候还是"三年困难时期"，各方面条件都不太好，学校特别强调劳逸结合，晚上九点钟就要上床睡觉。吃不饱，缺油水，每天总是觉得饿。虽然那时候国家配给大学生的粮食也不算少，大学生每月仍然是35斤，但就是吃不饱，可能是因为很少鱼肉蛋，很少油水。当时，很多人得了浮肿病。学校很关心学生的身体，要求九点多钟就不要读书了，就要上床睡觉，睡不着也得躺着休息。那时候虽说还是"三年困难时期"，但是想到国家的困难，想到我的家庭只靠父亲一个人当中学教师的收入养活全家七口人，考上大学已经很不容易，所以学习还是很努力的。

我记得到北大之后让我最感兴趣、最吸引我的就是北大的图书馆。据说北大图书馆藏书量居全国第二位，找什么书都能找到。大图书馆又称总馆。我到总馆去借书，只见台灯一盏挨着一盏，每盏台灯下边都有一个人在埋头读书。那种安静，那种全身心投入、伏案攻读的气氛，让我感到一种庄严、幽深和崇敬，让我神往，总是能产生一种好好学习，努力向上的激情。

此外，各个系还有各个系的图书馆，我们中文系的图书馆跟历史系的图书馆在一起，叫"文史阅览室"。图书馆有一位负责借书的老师叫李鼎霞，是白化文先生的夫人。那时，白化文先生也是很有成绩的学者了。白先生知识渊博，原来曾做中学教员，后来从中学转到北大图书馆系，为人诚恳幽默，乐于助人。一次我和他说："白先生，不瞒您说，我是因为李鼎霞老师才认识您的。"李鼎霞老师也是大学毕业生，但是她却在图书馆给大家借书，服务态度极好。你要一本什么书她就仔细给你找，如果没有的话她做好登记，等这书还回来时她马上打电话通知你，告诉你，你要借的那本书到了，所以我们对李老师都十分尊敬，也非常感谢。我们学习上能有一点成绩，跟李鼎霞老师是分不开的。

另外，学校为开阔学生眼界，还请各方面的专家讲课。诸如刘绍棠，萧涤非，老舍，茅盾，音乐家李德伦，美学家朱光潜、宗白华，地理学家侯仁之等等都请过。给我印象最深的是老舍先生给我们讲写作课。老舍先生讲的题目是"叙述与描写"，他说，叙述与描写要给人留下深刻印象，必须有点睛之笔。打个比方，熬一锅白菜汤，本没有什么吸引人的，如果你在上边撒一些香菜，色出来了，你再滴上几滴香油，香味出来了，色香味俱全，热乎乎地冒着气，谁都想喝一碗。他说这就和写作一样，文字叙述中你得有香菜、有香油点缀其中。他又举例说，如果写北京的风，说北京的风多么寒冷，刮得尘土飞扬，读者印象也不会多深。但是如果你写风从西北过来，穿过窗户缝、穿过门缝，然后床上地上落的都是土，最后吹到炉灶上，锅里正在熬着豆汁，只见豆汁锅沿上一圈黑，这就是北京的风。他说，这样风的强烈、讨厌、无孔不入，就写出来了。他讲的课到现在几十年过去了，我还记得清清楚楚。那时候在新华社工作的郭超人，北大毕业的，是我们的大师兄，学校特地请他回来给我们讲课，讲他在西藏平叛跟随军队采访的事，大家都崇拜得不行。我想，这就是学校请他来讲课的目的吧？主持讲座的老师介绍说，他是你们的师兄，毕业后取得了很大成绩。我心里想，郭师兄真了不起，怎么能像师兄那样有所作为呢？他们每个人的讲座都在我们面前展示了一片蓝天，一个新世界。

但是，没过两年，1962年、1963年就提出"千万不要忘记阶级斗争"的口号了，气氛开始变了。我记得最清楚的是，当时《人民文学》杂志发了两篇短篇小说。一篇是冯钟璞的《红豆》，钟璞是北大冯友兰的女儿，小说写得很美。另一篇是丰村的《美丽》。有几个同学在传看这两篇小说。当时系里一位负责文学专业的老师说，你们怎么能看这种书？写这篇小说的作者一个是"右派"，另一篇小说的作者虽然不是"右派"，也差不多了，都是宣传资产阶级、小资产阶级的那一套，你们怎么能看这种书呢！一来二去，在同学中间渐渐地也都开始绷紧阶级斗争这根弦了，学校的气氛开始变了，跟我们刚入大学的时候完全不一样了。大家觉悟提高得也特别快。一件小事我记得很清楚，我们进餐的食堂门前是一条小马路，小马路的对面是一排高台阶，夏天大家买了饭后就坐在那个台阶上吃饭。因为这条小马路通到校门，有时候我们正坐在台阶上吃饭，农民进城的粪车会从我们前面经过。一次，我脱口而出说真臭。坐在我旁边的一个同学就说，牧之，你怎么能说臭呢，没有大粪的臭哪有白馒头的香啊！我一下子愣住了，这话是在给我上纲啊，阶级斗争的这根弦就绷得更紧了。

我曾经写过一篇散文，题目是《遥远的北大》。我们乍进入北大，眼里只有北大的美丽和北大的渊博。我们是在表面平静的气氛下进入了北大，变成一年级、二年级、三年级的学生的。等到四年级的时候，我们就到湖北江陵搞"社教"去了。所谓"社教"，即社会主义教育运动，也就是所说的"四清"运动（即在农村中清工分、清账目、清仓库、清财物。后来在城乡中又作清思想、清政治、清组织、清经济），直接投入到农村的阶级斗争中去了。搞了十个月，后来就是阶级斗争天天讲，月月讲，年年讲了。

北大的招生不像现在，现在是公布分数以后再报学校、报专业。我们那时候是先报学校，招生办根据你的分数决定你报的学校是否录取你，进入学校以后再选专业。比如我考上北大中文系了，是报到后再选专业。那时北大中文系有三个专业，文学专业、古典文献专业和语言专业。当时系里面号召大家尽量不要报文学专业，报文学专业的人太多了，因为大家考北大中文系多半是怀着当作家的憧憬，所以都冲着文学专业去。语言专业很少有人愿意报，认为学语言太枯燥，除非早就下定决心要学语言的人。这时候大家都还是挺听组织号召的，我想文学专业不希望那么多人报，语言专业又太枯燥，就选择古典文献专业吧，比上不足比下有余。

进入古典文献专业开课以后，我大失所望，天天子曰诗云的，真不感兴趣，认为这些内容跟时代离得太远了。所以我在读一年级、二年级的时候，文学专业的课、历史专业的课，甚至哲学专业的课，我都去听，就是企图脱离古典文献这个专业，至少在学业上不被落下。从整体上讲，还多亏了这一阶段的广泛学习，大量阅读，我的那点儿文化基础还真是这段时间积累起来的。

其实，古典文献专业是1958年在国务院科学规划委员会筹划下成立的，由当时国务院副秘书长齐燕铭负责，策划的成员包括范文澜、吴晗、顾颉刚、郑振铎、翦伯赞、冯友兰、魏建功等一流学者，目的是为整理中国传统古籍、弘扬优秀民族文化培养人才。所以他们对这个专业期望很高，学校对古典文献专业也很重视，历史课要跟历史系上，哲学课要跟哲学系上，一些概论课都要跟专门的专业一起去上，要求很高，课程也比较多。算一算，我们五个学年考试就考了三十几门，每年寒暑假前差不多都考四五门课，很是辛苦。专书课是最重要的，比如说《论语》《孟子》《诗经》《左传》《楚辞》，这些都是专书课的内容，我们都一本书一本书地学过。有的课是请外边的老先生讲，记忆最深的是给我们讲《论语》的老师王孝渔先生。他很有特色，每一次来讲课时都是用一个包袱皮包着几本书。年轻人大概已经不知道什么叫"包袱皮"了吧？就是一块四方的布，过去老一辈的人出门或到哪里去，没有今天的双肩包、手提包，都是把带着的东西用包袱皮一裹夹着走。王孝渔老先生往讲台上一站，放下包袱皮，然后拿着包袱皮的角，左一下、右一下、前一下、后一下，打开包袱皮，拿出一本线装本的《论语》，照着书上的注疏，一章章地给我们讲。还有些专业的课，像目录版本学、书目答问、文字音韵训诂、古籍整理概论、校勘学、工具书使用法等等。另外还有和其他系一起上的，如中国通史、中国哲学史、中国文学史，还有中共党史、政治经济学，五年学了三十几门，功课多，学业繁重。

我讲这些情况是什么意思呢，我是想说我们是在这样一个背景下面进入北大开始学习的。然后到1964年，我们四年级的时候，就集体到湖北江陵去搞"四清"，到广阔天地中接受社会主义教育。出发的日子我记得很清楚，因为出发的头一天我们国家爆炸了第一颗原子弹，大家在大饭厅欢呼、歌唱，又蹦又跳，第二天我们就带着这种激动，整队出发了。所谓"四清"，清工分、清账目、清仓库等等是农村社会主义教育运动的主要内容。现在回想起来，这个"四清"最终目的就是要清理"走资本主义道路当权派"。

关于农村社会主义教育运动中央早有结论，这里我不必多说了。但不论对这场"四清、四不清"的斗争如何评价，在深入到湖北江陵农村十个月的生活工作中，对我们青年学生的教育却是很大的。我是从东北长春到北京读大学的，再往南我就没去过了。湖北江陵，荆州古城，我是第一次去，觉得一切都特别新鲜，脑子中浮现出《三国演义》中刘备、关羽、张飞、诸葛亮的种种故事。长江两岸的农村真是太美了，一扫在学校里"梳辫子，抱西瓜"的阴霾，心里大为高兴。小河流水，鱼鹰捕鱼，池塘里的莲花，屋后的竹园，早晨的鸡鸣，阳光照耀下的晨露，棉田、稻田、鱼塘，这一切都让人心旷神怡。我们工作队在江陵滩桥区。节假日时，带队的学校领导组织我们去江陵洗澡，顺便参观了江陵古城遗址。博物馆院里有号称关公当年喂马的石槽，室内还立着说是关公的青龙偃月刀，没有人认为是真的，但仍然是看了又看，勾起无限的思古幽情。这时，带队老师就来给我们上课了，十分严肃地告诫我们，你们千万不要忘记阶级斗争，你们不要陶醉在桃花源里，这下边都潜伏着你们想象不到的阶级斗争。大家的警惕意识顿时提了起来。

这样，在1964年，我们差不多搞了一年的社教，1965年又回到校园上了一年课，转过年来就是1966年。这一年下半年我们就该毕业了，于是急忙赶着完成毕业论文。那时候，我的学习成绩很好，分数非常高。五年考了三十四五门课，我是只有一门4分，剩下全是5分，自己也觉得挺不错的。像党史教材、哲学教材，都是厚厚的一本，我差不多能够把大部分内容都背下来。政治经济学、古典文学所讲的课程都印在脑子里。那时候年轻，记忆力好，又加上自己努力用功，也是种瓜得瓜吧。不久，学校开始大抓阶级斗争了,让每个学生"梳辫子""抱西瓜"。"梳辫子"就是你有什么错误、有什么思想问题要梳理清楚,一一开列出来;"抱西瓜"就是要抓主要问题,抓大问题,不要抓芝麻蒜皮的小事。学校布置,每个人都得"梳辫子""抱西瓜",然后在班会上讲,大家评议,人人过关。

我记得当时大家给我提的意见之一,就是说我是平常不用功,考试现磨枪,所以考的成绩很好。下面没说出来的话就是"学问不见得咋样",大概是这个意思吧。个人表态时,我坦然承认。一来不承认就是不虚心,还得检查不虚心;二来我的学问也确实不咋样。那时,我也确实不知道怎么做学问。

在我们毕业论文即将完成的时候,1966年5月25日下午,聂元梓的大字报在北大大食堂的东墙贴出来了。聂和其他六个人,质问陆平、彭珮云要干什么。这个意思是,你们要把北大"文化大革命"引到哪里去,向以陆平为首的北大党委开炮,批判他们违背了毛主席的革命路线。大家都跑去看,议论纷纷。一部分人说写得太对了,一部分人说聂这张大字报是反党反社会主义。过一会儿,说大字报是反党反社会主义的人又改了,说她说得挺对,一会儿又觉得这个话不能随便说,不能随便表态,把话又收回去了。一时间,形势就非常的复杂了。人群中不知是什么人说了一句:57年"右派"的大字报也是贴在这儿的。此言一出,一片静默,没人再吭声了。

6月1日,中央人民广播电台突然全文公布了聂元梓等人的这张大字报,还指出,毛主席说它是第一张马列主义大字报。于是,大家都跟着中央人民广播电台的声音,炮轰陆平、彭珮云,北大"文化大革命"就这样轰轰烈烈地搞起来了。这时候我们也无心去做毕业论文了,毕业分配也提不上日程了,大家都不知道前景是什么。毛主席对聂元梓大字报的这一表态，北大便热闹起来，从早到晚北京市、全国都有人来北大看大字报，"大串联"，车水马龙。在这种背景下面，很多人到中文系来问毛主席诗词怎么讲。那时候毛主席诗词公布了三十几首，但只有十几首有注释，就是周振甫、臧克家二位先生的注释本，新发表的那些没有人作过注释，有些篇不好懂。

北大的领导就说找中文系吧，中文系就说找古典文献吧，学古典文献的嘛，诗词典故应该懂得多一些吧？我们即将毕业，书生意气，不知天高地厚。我想，为工农兵革命群众服务，想他们所想，急他们所急，是应该的。这样我就努力地学习毛主席诗词，收录了各种各样的讲主席诗词的文章和著作，很快就把三十几首诗词的讲解和注释弄出了一个初稿。弄好初稿后，我找了两位同学，一位是比我高两届，早毕业的陈宏天，他的家也在长春，算是同乡。另一位是同班同学崔文印，后来我们两家都住在社科院东边的南牌坊18号大院，都是年久失修的小平房。我们三个人又把这个初稿修改了一遍。为了更好地征求意见，我们就请北大印刷厂的师傅帮我们打印。当时学校停课了，他们的事也不太多，很快就给我们打印出来了，总共印了50份，也不敢多印，怕有错。没想到，这份打印稿不胫而走，很多人都来要。我们大受鼓舞，情绪高涨，于是又请曾贻芬、任雪芳、严绍璗三位同学参加修改，很快又修改出一稿。

这一稿出来后，我们仍然没有把握，不放心。怎么能提高一下呢？于是我们访问与主席诗词有关的人。先去访问李淑一，"我失骄杨君失柳，杨柳轻扬直上重霄九"的李淑一。李淑一在北京三里河住，到她家里去，她给我们讲这首词的内容，这首词有什么样的背景，柳直荀是怎么牺牲的，毛主席怎样给她回的信。我们很高兴，很受鼓舞，还和老人家一起照了相。后来又想把修改稿给郭沫若寄去。当时没有信心，觉得郭老怎么能看上我们这肤浅的东西呢，他是研究毛主席诗词的大专家，而且跟毛主席互有唱和，不可能看得上我们这些注释吧？我们不敢把整部稿子寄去，怕耽误郭老的时间，只提了几个我们解释不了的问题。比如毛主席说"桃花源里可耕田"是什么意思，比如说"秦皇岛外打渔船，一片汪洋都不见，知向谁边？"是否有什么寓意？"答友人中的'友人'是实指还是虚指"等等。没想到寄去没有几天，郭老就给我们回信了。对我们的问题，郭老一一作了回答。其中还提到说"九嶷山上白云飞，帝子乘风下翠微"这首诗，他印象是写给湖南省一位副省长的，名字他忘记了。

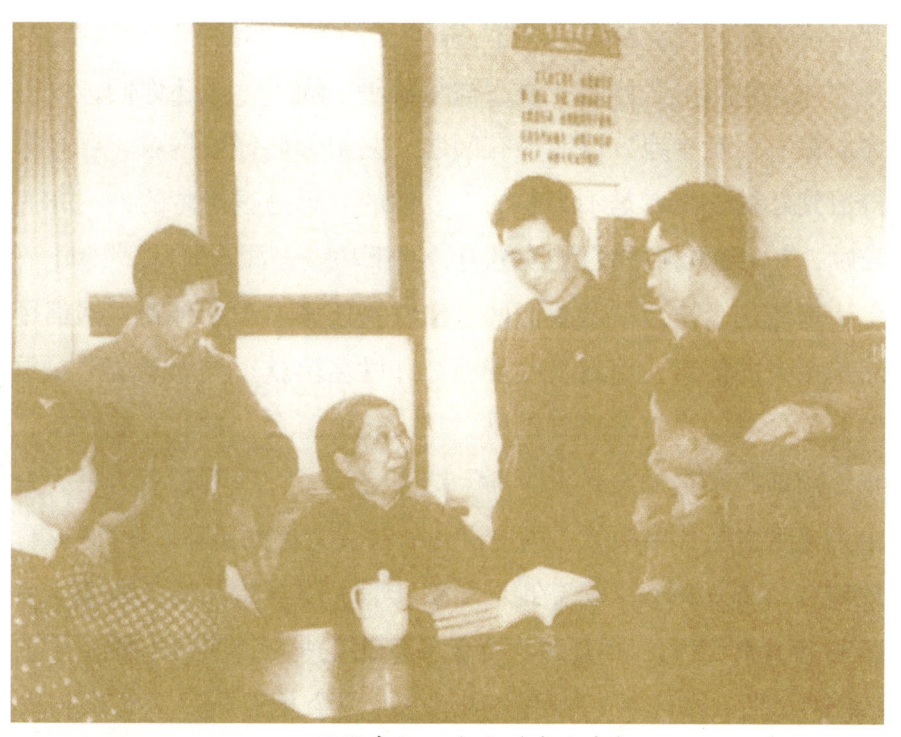

拜访李淑一先生（中坐者）
左起：任雪芳、曾贻芬、陈宏天、杨牧之、严绍璗、崔文印

我们几个人分析后，认为湖南省副省长肯定是周世钊先生。周先生跟毛主席是同乡、同学，于是我就给周世钊先生写了封信。周世钊先生很快就给我回了信，说："这首诗不一定是专门给我的，但是这首诗说的友人中肯定也包括我。"还说："自解放后，主席在给我的信中嘱我寄诗，从1958年起，我差不多把所写的诗随时抄寄给主席，每每承他加以鼓励。"随信他给我抄了他写的十几首诗词，并说都是他写给主席的。就这样，在广泛地征求意见的基础上我们又做了第二稿。

第二稿完成后，我们受郭老回信的鼓舞，便把一份完整的书稿给郭老寄去。郭老从头到尾改了一遍，有的是铅笔写的，有的是红蓝铅笔写的，有的是毛笔写的，可见不是一次改出来的。郭老在信的最后写了段话："打字稿看了一遍，你们作了很大努力。有些地方我做了些修改，直接写在稿子上面了，送还你们，仅供你们参考。有些地方可能还有问题，并望你们仔细推敲。要注释得恰到好处，我看是不容易的。"话的意思是很清楚的，一方面鼓励，一方面嘱咐我们继续努力，要下功夫去深入研究。

郭老这么快地就给我们回了信，我们确实没有想到。回信用的是很大的信封，信封上收寄地址和姓名落款正是郭老端庄厚重的毛笔书法，更没有想到的是，"文化大革命"之后，前些年，我说的前些年是"文化大革命"结束之后了，我看过一本书，是中央文献出版社出版的，里边讲到一些"文化大革命"期间的事。1967年4月12日，郭老在中央音乐学院读书的儿子，自杀了。1968年4月22日，他在北大哲学系读书的另一个儿子，跳楼了。1967年4月，1968年4月，就一年左右，两个儿子先后都死于非命。在音乐学院读书的儿子有一天把一些西方的古典音乐唱片，带到学校里去，用家里的盘式录音机放给大家听，于是，中央音乐学院的"青年学生"给中央写信，说他炫耀资产阶级生活方式，宣扬"大、洋、古"，与党的教育方针、文艺方针不符。

郭老这个孩子当时只有24岁，顶不住同学批评的压力，竟至得了忧郁症。学哲学的那个儿子是因为他总要忧国忧民，跟一些朋友们讨论时局，议论国家大事，还与几个同学好友组织了一个X诗社，终于被人举报。一个群众组织绑架了他，刑讯逼供，还追究是谁包庇了他。他也跳楼了。这事先后发生在1967年、1968年。我们给郭老写信的时候是1967年6月，正是他第一个儿子死了没到两个月，接下来不到一年，他第二个儿子也自杀了。在这种情况下，郭老坚持把我们的稿子从头改到尾，对我们所提出的问题一一作答，不厌其烦，体现了他对毛主席诗词的执着和热爱，体现了他对青年学生著述的关心和热情。今天回忆起来，他在痛苦与煎熬中给我们回信，满足我们的期盼，让我们大家深为感动和钦佩。

随后，我们又改出第三稿，第三稿基本就定稿了，书名叫《毛主席诗词注释》，署名是新北大《傲霜雪》。当时影响很大，各方都来索取这本书。那时候出版社还没有正式恢复业务，我们这本书也还没有正式出版，但围绕这本书却出现了很多的事情。书放在印刷厂的库房里，有的单位的红卫兵晚上偷偷开着卡车去抢；收发室里有的人把读者买书寄来夹在信封里的钱（一本书是收成本费三毛多钱），私自拆封，攫为己有；有的盗印我们的书，一印几万册，批发零售，很是畅销。"文化大革命"结束后，北京市社会印件办公室来检查围绕这本书出现的一些问题，查来查去我们这些编写者什么问题也没有，连在市内出差办事都是自己掏的钱，干干净净。

这本《毛主席诗词注释》，是我大学毕业，但还没有离开北大所做的一项工作。它虽然不是正式出版物，但是确实是一次对毛主席思想、毛主席诗词的一种学习、研究和探讨，也是后来做出版工作的一个准备，一个演习。当时的动机非常简单，就是广大工农兵群众来问我们问题，我们得给他们讲明白。如果我们自己不努力钻研，讲不明白，就辜负了北大的培养，辜负了那么多学识渊博的先生们费的心血。我们不能做一些有益于社会的贡献，我们也对不起父母的期望，对不起诲人不倦的老师。那时候就是这样一个目的。思想很淳朴，做事很忠诚。比如说报专业，组织上说希望不报什么那我就不报，尽管我也想学，我也约束自己没报。现在不是这样了，现在学校也不这样要求，你想报什么就报什么，你热爱什么就努力去学什么。年轻的时候我们都挺淳朴，这个淳朴有好的一面也有不好的一面。好的一面确实是听组织的话，不好的一面就是创新思想不够，突破的思想不够，浪费了天马行空、驰骋想象的好年华。

我具体地讲这本书的产生和前后背景，是为了说明我自己在那个阶段人生观和世界观是怎么一个情况。北大教育我，国家培养我，父母期待着我，我要为社会、为人民做贡献。

二、《读〈封建论〉》

接下来毕业分配了，我们走出校门，走向社会。我被分配到中华书局。我们班级分到中华书局的是八个人，分到上海中华书局的有三个人，还有几个分到国家图书馆或省市图书馆。这些地方，都很不错，专业对口。当时文学专业和语言专业，分配挺困难。那时候"文化大革命"开始了，文学专业怎么分配？连文联、作协都解散了，哪还有心思组织什么创作。所以他们大部分都分到基层县里去了，教中学的比较多。他们很羡慕我们，能留在北京、上海的中华书局，从事所学的专业工作。我们的分配还是"文化大革命"前原来的方案，没有变。要感谢国家对研究、整理和出版中华民族历史文献的重视。

刚到中华书局的时候，中华书局也在搞"文化大革命"，而且相当激烈。没过几个月，椅子还没坐热，我们又根据国家的统一安排，去了部队农场，到山东胶县部队农场锻炼了一年（我去了不到一年）。回忆都是美好的，但在部队农场的岁月也是很艰苦的。半夜一两点钟你刚睡踏实了，紧急集合号响了，马上起床，打好背包，带上毛巾、牙具，然后徒步行军20里路，也是挺不容易的。种地、种菜、养猪，自食其力。当然还有每天的早请示、晚汇报，狠斗私心一闪念。在部队农场锻炼了一年。结束锻炼回单位上班，没过多久，单位又全体奔赴湖北咸宁文化部"五七干校"。我去"五七干校"算时间比较短的，只去了一年半，时间长的人有去五年的，读个大学都毕业了，还有比五年更长时间的。因为毛主席批示要继续整理出版"二十四史"和《清史稿》，中华书局绝大部分同志就逐渐回北京了。

我回到单位后，先是搞"二十四史"校点。我刚才也讲了，我不喜欢搞古籍整理，但是那时候只有这件事，分配我在周振甫和王毓铨手下一边学习，一边做校点工作。尽管如此，但我还是努力学习，不懂就问。到1972年，开始"批林批孔"了。当时中央不断地发文件，文件里经常提到古代的作品。毛主席对中国古书读得特别多、特别熟，所以讲话中间经常提到这个书那个书，这句诗词那个掌故。有些不好懂，不明白毛主席用的这个典故是什么意思。当时我想，如果把这些提到的书或者文章做个介绍，把引用的诗句和典故讲明白，这不就是为工农兵服务吗，不也是帮助传播中央的精神吗？这些东西多半是单篇的文章或者是一两首诗词,用"活页文选"的形式最好,出得快,又便宜。于是,我们就开始搞起"活页文选"来。第一批"活页文选"有十篇,什么《问孔》《封建论》《五蠹》《天论》《更法》《问田》《秦政记》《秦献记》等,都是毛主席讲话当中提到的法家著作,每人分一篇去做"活页文选"。《封建论》这一篇列到第一批名单中,是因为毛主席有诗说:"熟读唐人封建论,不从子厚返文王。"所以《封建论》这一篇很重要。《封建论》是柳宗元写的,子厚即柳宗元字。毛主席认为柳宗元是顺应历史潮流的,坚持前进、反对倒退,坚持统一、反对分裂,对我们今天是有借鉴意义的。不要从柳子厚的立场倒退到周文王时代。当时,分配我搞的"活页文选"就是《封建论》这一篇。

第一批"活页文选"搞出来后,党委让我们到工农兵中间去调研,说你们搞的"活页文选"虽然是宣传中央精神,努力把中央文件中提到的这些古文解释明白,但是你们搞的这种形式,工农兵是不是欢迎,是不是能读得懂,你们还得下去,听听工农兵的意见。于是我们就到工厂、到部队,拿着搞出来的"活页文选"请他们看。我记得我们去鼓楼后边的豆腐池,那里驻有部队,请他们评议。他们说,你们这个东西虽然通俗,但我们还是看不懂。怎么能看得懂呢?你们最好是一句一句地讲,讲完了再放在一起,再综合地分析一下是什么意思,这样我们就能懂了。我想,那就这样试一试吧。于是我就把《封建论》按他们的要求变成这样一种形式,概括为四个字:注(原文注释疑难字句)、译(把原文翻译成白话文)、讲(讲明白是什么意思)、评(评论一下所讲内容的思想意义)。后来党委又说,要想搞得让工农兵欢迎,最好去和工农兵结合起来搞。于是我就到了北京汽车厂跟工人一块儿搞。我先给工人讲《封建论》是怎么回事,一句句讲明白,让他们去翻译，翻译完了我再给他们改，改完了以后，再让他们把它串起来。串完了以后我再给他们讲这篇文章的时代背景，柳宗元是怎么回事，这篇文章反映什么思想。讲完以后他们根据我讲的再写，写完以后我再改，改完以后我再给统稿，这样就编出一本五万来字的《读〈封建论〉》。

这本《读〈封建论〉》编完以后，工厂和机关不一样，他们遇有重要的事就马上向上级汇报。这时期北京市的负责人是吴德、万里和倪志福，他们三位领导一致认为这样的形式好，特别是知识分子跟工农兵相结合这种做法好，不但搞出了东西，还培养了人，要推广。有他们的批示，北京市汽车公司、北京汽车厂党委极为重视，对我们"三结合"小组（工人、领导和知识分子）就更加关心，增选得力的同志参加研究和写作。这时候北京市也有批示，让北京新华分社到汽车厂采访。

那时候相当有意思，吴德、万里、倪志福说要宣传、报道这种形式和"三结合"的做法，然后就来采访。我哪敢接受采访啊！我虽然是毕业不久的大学生，但也算是知识分子，是来接受工人阶级再教育的，在那种背景下面，我是绝对不会去接受采访的。我说，采访与我无关，工人阶级领导一切，工人阶级占领上层建筑，我是接受工农兵再教育的，我没什么好说的。后来新华社说不行，说既然上级领导肯定了与工农兵相结合进行研究和写作，谁跟工农兵相结合？工人同志和知识分子两方面都得报道。我仍然坚持不参加采访。最后工厂领导带着"三结合"写作组的人一块儿到中华书局来请。我就向党委请示怎么办。党委有关领导就说了，这是工农兵写的，咱们去干啥，跟咱们没关系。我照此跟工厂同志做了答复：这个跟我们没有关系，都是工农兵写的，我只是帮了点儿忙。过了一天他们又来了，告诉我，北京市领导有批示如何如何，希望我能参加新华社的采访。我又向支部书记汇报。支部书记说，我的意见昨天都说了，你看着办吧。显然这是不同意我去，我个人真的没有意见，因为我深知年轻人出名之后果。可是，人家来了两次了，又说吴德、万里有批示，也给我看了，我实在没办法再推托，也顾不得支部书记怎么想了，只好去了。但我的腹稿已经打好，自己一定不要多说话，不能喧宾夺主。新华社记者的采访，都是工人师傅讲的，我没有说一句话。没有料到，采访完了摄影记者还要拍照。这下坏了，我怎么逃避得开呢？我灵机一动，工人师傅面对镜头，我坐在他们对面，背对镜头，这样我又参加了，又可避免照片上露面。拍照完毕，记者问我还有什么话要说，我说我没什么说的，我就是向工农兵学习。第二天《北京日报》刊登出来记者的采访和所配的照片，果然我就是一个后脑勺儿，没有露脸，记者的文字报道也没有我一句话，我是万分庆幸。既可满足支部书记的要求，又不得罪报社记者和工厂师傅。

没过多久，《人民日报》《光明日报》《北京日报》在那一年的6月30日、7月1日、7月2日、7月3日连续四天，一版一版地连载《读〈封建论〉》。《读〈封建论〉》一共有五万字。五万字一个小册子，居然在《人民日报》等大报上连载了四天，当然就很轰动了。作者署的是"北京汽车制造厂工人理论小组"。

从《读〈封建论〉》出名之后，领导有指示，说一定不能停止，要继续前进。这时候中华书局党委还有国家出版局的党组都非常关注这件事，《人民日报》都已经连载了，这不就是上面的意见吗？说明上面是非常支持这项工作的。党委决定再增加人参加工作。弄完了《读〈封建论〉》，又写了《读〈盐铁论〉》，之后又对鲁迅作品进行研究分析。因为我大学的毕业论文写的是辛弃疾，后来又搞了《辛弃疾词选注》。这样做我确实十分累，为什么？虽然署名不是我写的，党支部领导也说不是我写的，跟我没关，但是，是我一遍遍给他们讲，一遍遍给他们改，然后统稿，最后我几乎重新写一遍，比我自己写还要累。但是这个过程我觉得是响应党的号召，是为工农兵服务，是要把中国古代的文化精华让他们能看得懂，是我的母校北大教导我们为社会奉献，我心里很踏实。当时确实是这么一种心情。再加上从1966年毕业，1967年在学校等着分配一年，然后去部队农场锻炼又是一年，回来，没过多久就去干校，又是一两年，前前后后一下子就七八年过去了。光阴似箭，确实是觉得什么都没干，蹉跎岁月，心里慌张。

在这种背景下面搞"活页文选"、搞《读〈封建论〉》，为无产阶级政治服务，为工农兵服务，我的干劲确实挺大。有没有个人想法？当然也有。我那时候一非党员，二非干部，无非是做了这么一件事情，然后把《封建论》弄完了，又弄《盐铁论》。《盐铁论》弄完了，又弄鲁迅的作品，又弄辛弃疾的作品，那时候年轻，写东西也快，"文思泉涌，下笔如有神"。但是虽然"下笔如有神"，现在回想起来也就是抄书抄报，就是把那套话组织得特好，说得特棒，融会贯通，顺理成章。

后来到了1972年，中央要召开第四届全国人民代表大会。出版口的代表是上海文艺出版社的周天。他是一位很优秀的编辑、作家，深入工人生活，写了一部小说，书的名字我忘记了。北京出版界原来没有人大代表。人大准备开会的前两天，当时国家出版局领导徐光霄找我谈话，告诉我上面已经批准我为第四届全国人大代表了。我十分意外，因为在谈话前我毫不知情。接着，光霄同志说，再有两天就要去开会，告诫我一定要谦虚谨慎，严格要求自己，做好一个方面的人大代表是不容易的。突然听到上级这个决定，我很意外，当然也很高兴。回想起来那时不懂政治，不知道召开四届人大深层次的东西是什么，只是觉得做一个人大代表很光荣啊。但是，说实话，当时心里也是战战兢兢的，觉得自己不够格。

　　大学毕业后，只是努力编书，很单纯也很幼稚，人大代表在一个单位是很郑重的一件大事，当时我也不知道其中的规矩。看看报到的日子到了，我一个人拎着一个手提包，里面有几件换洗衣服，还有牙具什么的，按照通知上说的地址政协礼堂去报到。我坐上公共汽车就去了。下车后，只见政协礼堂周围一大圈都戒严了，没有人也没有车，根本靠近不了。我只能就这样往前走。戒严的人问我，你干什么来的？我说不是开会在这里报到吗？他说你开什么会？我说不是人大代表的会在这儿报到吗？他说你是人大代表吗？我说是啊。那你有什么证明啊？我说我有一个通知。"你拿出通知我看看。"戒严的人仔仔细细看了又看，确实是报到通知，但是那个通知上并没有照片，他就把我带到政协礼堂的门前去，打电话和国家出版局核对。大概出版局说有这么一人。戒严的人很有意见地问："你们怎么没派车送来啊？"出版局那边说我们不知道他自己去了。戒严的人又问我，你怎么也不要车就这么自己来了？我说，我来开会，不自己来怎么来呢？那时候是很朴实的，没有现在这种排场，单位派车送，还有办公室的人陪着。另一方面既没去出版局领导那儿讨指示，又没有去我的直接领导那儿听教导、告别，可以看出我的不成熟和幼稚。

　　这样我就当了第四届全国人大代表。这第四届全国人民代表大会总共也就开了一次大会，接下来1976年粉碎"四人帮"，这个第四届人大就结束了。当时我有幸聆听了周总理在四届人大开幕式上作的报告。这是周总理一生中最后一次作报告，也是我做了第四届全国人大代表的一个收获。那时候总理的病已经很重了，为了国家大业，坚持出席、作报告。病中的总理仍然那么坚强，讲话时神色严峻、坚毅，令我深思，令我敬佩。特别是总理在报告中讲道："在本世纪内，全面实现农业、工业、国防和科学技术现代化。"全场两三千人迸发出的那种激情，长达近十分钟的掌声，我至今不忘。

当人大代表之前，我还出席了一次人民大会堂的国宴。那是1973年的国庆节前，我跟几个工人师傅到门头沟去玩儿。到了中午，一个熟人朋友请我们吃饭。桌上摆满白薯、老玉米、煮花生，还有粉条炖肉、炒鸡蛋，这些农家菜。正吃得高兴，便隐隐听见公社大喇叭广播，什么什么单位杨牧之同志，请到公社办公室来，有急事找你。什么事？单位事、家里事，这么急？我们顾不得再吃饭，急急忙忙跑到公社办公室，接电话的人告诉我，说今天（9月30日）晚上请你出席人民大会堂国宴，请柬在你们单位。这下蒙了，这时已经是下午一点多了，大家一边高兴一边上车就往回跑。当时我30岁上下，一个月才挣46块钱，家里有孩子有老人，不富裕，也没有什么好衣服，翻箱倒柜比较来比较去，找了件八成新的涤卡布的上衣。中华商务的党委书记金沙也去参加国宴。我收拾好，骑上自行车赶到他住的地方搭车。他一见我就说，你这衣服不行，太旧了，你没有再好点儿的了？我说，这是我最好的。他说，我给你找一件我的吧。他找了一件给我。他个头比我矮不少，他说，衣服可能短一些，但比你那件新多了。我穿上金沙的衣服，搭他的车，一起去参加国宴。

我讲这个是什么意思呢？当时心里想的就是要努力学习，好好工作，为国家做一些事情。我父亲当时是中学教师，新中国成立前是铁路的一个职工。他俄语、日语都很好。新中国成立初期，东北长春苏联人特别多，很多是专家，离乡背井来支援中国的经济建设。父亲在铁路技术学校给授课的苏联专家做翻译。苏联专家撤走后不久,父亲便到中学做外语教师。我还有三个姐姐一个弟弟,所以家庭经济条件比较差。我能够到北大读书纯粹是上天的眷顾,国家又给我这么多的荣誉,我更应该努力工作。

粉碎"四人帮"之后,当时国家出版局也好、中华书局也好,确实是掌握政策,对人对事情进行具体分析的。当时中华书局党委书记叫王春,我和他在干校是一个连的,我先返京他后回来的。他回北京探亲或公出,我常到他家看望他,和他聊天。因为和他熟了,我很信任、尊敬他,所以总是有什么说什么,这些事那些事都和他聊,向他请教,他对我也比较了解。粉碎"四人帮"之后,他出任中华书局党委书记。他找我谈话,问我:"'批林批孔批周公'你不知道吗?大家都知道你怎么不知道呢?"我说:"我确实不知道。""为什么不知道呢?"我说那时候我就在工厂和工农兵相结合,工人不像知识分子思想这么活跃,啥都知道。工厂比较闭塞,任务重,大家平常不谈这些事,"批林批孔"知道,"批周公"就不清楚。他说:"天安门广场的那些诗你认为是反革命诗吗?"我说不是啊。他说:"不是你为什么还要批判这些诗呢?"我心想,他真是做了调查,什么都知道。我说具体情况是这样,天安门广场上的诗有些是古体,晦涩难懂,北京市公安局找到中华书局党委,让中华书局把天安门广场那些诗注释、翻译、讲明白。党委找了四个人,其中有我。我就挑了一首,就是《人民日报》批判和分析过的那首。为什么我挑这首呢,因为别的我也不知道什么背景,不敢乱说。我挑的这首在《人民日报》登过,我想,这就比较保险吧?我把《人民日报》讲的抄上就完了。王春说:"你讲的倒是合情合理。"我说我为什么这样做,因为我心里不同意说那些诗是反革命的诗。"四五"的时候我也经常去天安门广场,我也知道大家为什么写这些诗,所以我就把《人民日报》

批判过的话，照抄了一遍，交了上去。这是党委书记王春找我谈，我向他汇报的思想情况。

　　粉碎"四人帮"之后，反思几年来的情况我当然心情很沉重，觉得自己做错了很多事情，辛辛苦苦不但一点成绩没有，还差不多是"负"的了，觉得自己的问题很严重。但是回头一想，我做的事都是党委交给我的任务，或者是请示党委批准的。我前面讲了在江陵搞社教，当时给我最大的一个教训是什么？就是你如果做一个领导干部，做一件什么事，你一定要记清楚谁让你干的、什么时间，有记录，把请示批准的材料一定保存好。你要是手里过过钱，你一定要有正式的单据。为什么？"四清"首先清理"四不清"的问题，今天你干什么了在哪儿吃的饭，昨天你干什么在哪儿吃的饭，前天你干什么跟谁在一起在哪儿吃的饭。吃的什么，花了多少钱。就是几年前的事也得这样回忆。我们在搞"四清"的时候，"四清"工作队的大队长说，拿破仑说过，钱财大事不可马虎。我跟王春讲，我也不知道拿破仑什么时候说过这话，但是我确实觉得这句话很对，钱财大事真的不可马虎。我还问过地方干部，和我们在一块儿搞"四清"的地方干部是天门县的干部，一个副县长还有三个科长，县里的科长官也挺大。我问他们，这些农村干部怎么记得那么清楚，今天吃什么，昨天吃什么，去年吃什么，前年吃什么，对答如流，我说怎么记性那么好呢？他们说，小杨，你不知道，搞运动这一套农村干部了如指掌。再说在农村，一年四季就这点儿事，他能吃的东西就这点儿东西。今年过节吃这个，明年过节仍然吃这个，没什么新鲜东西可吃，这是一。二是他们久经沙场，久经考验了，搞了多少次运动了，每次运动来工作队都这么问，他们都能对答如流。我说，你们都知道这一套，怎么还这么去问他们呢？他说不这么搞还能怎么搞呢？这些话给我印象太深了，那时候我还没毕业，我想，以后我工作了，经手什么事一定要记录清楚，一丝一毫不能马虎。这是我汲取的第一个人生教训。后来，"文化大革命"写文章也好，在中华书局编书也好，每件事都有请示报告，每个稿子都送给领导审批，每个审批的文件我都留着，装订起来，厚厚的一大本。最后找我谈问题的时候，我就把这些都拿了出来。我说我做这些事都是经党委审查批准的，有文件为证，我没有自己搞什么。我说我毕业七八年了没有工作，好不容易有事做了，我就努力去做了。我说，当然我觉悟低，我看不出来是执行了错误路线，我也不知道路线斗争的复杂，我确实是紧跟照办了。另外，我说我承认有私心，我三十来岁了，还不是党员，我得争取入党，入党就得好好表现，党组织布置任务我得努力完成，让组织信任我。这就是我的私心。我把一大摞材料都给运动办公室了，他们都拿去一篇篇看，一看也确实如此，每件都有支部书记、党委书记的批示。那时候的编辑室主任基本上没权，支部书记、党委书记都有审批签字，这样我就能说得清楚了。我没有个人行为。大家都是抄书抄报，抄"两报一刊"。所以王春和党委的一些领导也挺理解，也挺明白。

到"文化大革命"结束之后，党委书记王春提出来，应该给杨牧之写一个鉴定。当时有的领导说，不用写吧，他又不是领导干部连党员都不是，给他写什么鉴定。王春说不行，这事影响太大，过多少年之后在场人都不在了，时过境迁，谁也说不清楚了，为了对他负责，还是要给他写一个。

这事太让我感动了，他说，这个材料不叫鉴定，叫"说明材料"。材料上说，"杨牧之写的这些小册子，是按照中华商务临时党委和出版口负责人具体指示进行的。这些小册子的内容都是按照当时有关文件指示和所谓'两报一刊'社论精神编写的，必不可免地要存在政治上和理论上的错误。"这是一段。另外一段，"以上问题的出现与当时的历史条件分不开，责任主要在领导。杨牧之主要是政治上不成熟，属于认识问题。"第三段，"他真诚地拥护党的十一届三中全会以来的路线方针政策，在工作中勤勤恳恳，兢兢业业，政治上积极要求进步。党委认为这些问题已经了结，不影响对他的信任与使用，并建议支部考虑杨牧之同志加入中国共产党的要求。"后面盖了"中国共产党中华书局委员会"的印章，时间是1986年8月15日。我写过一篇文章题目叫《上善若水，怀念王春同志》，说我当时的心情。我说："看着文件后面盖着的'中国共产党中华书局委员会'的大印，阅读这一页纸的说明材料，心仍然怦怦直跳。这些话语是对年轻人的一种大度、一种宽厚、一种信任，是在年轻人即将绝望的时候投过来的一个微笑，年轻人该是多么感激，他们必然会以一种忘我与刻苦的努力回报这宽厚、信任、大度和微笑。当这些年轻人也老了的时候，他们在回顾他们的一生时，他们会庆幸这人生的厚爱，他们只会苦恼无论怎样做也不能报答这恩情于万一。老子说上善若水，著名学者陈鼓应先生说老子用水性比喻上德者的人格，水有三个显著的特性：一、柔，但屋檐下点点滴滴的雨水经过长年累月可以把巨石穿破。二、停留在低下的地方，谦虚容物。三、滋润万物而不与相争。这是陈鼓应解释'上善若水'这句话。王春同志以他的品德为这句话作出了最好的注解。"这就是几年之后当我又一次看那个说明材料后，写的一篇文章的一段话。我深深地感激中华书局党委书记王春同志，感谢中华书局党委的关怀。

王春和我不是个人对个人的关系，他是党委书记，代表的是党组织，这是党组织对待青年人的态度。他跟我的谈话是认真、严肃的，每个情节都问个究竟。他了解一个青年人的心理，他也明确指出来我不对的地方，让我认真总结经验教训。但是另一方面他也充分地肯定我当时的动机是什么，为了帮助我进步，解决以后的麻烦，特别以党委的名义给我写了这么一个"说明材料"。后来这个材料起到非常重要的作用。当然，另外还有一个因素，宋木文、刘杲、卢玉忆三位领导，他们当时也在第一线，也非常了解这段历史。不是我要当人大代表，事先我并不知情，我提着洗漱用具乘公交车去报到，人家不相信还有这样简朴的人大代表，怀疑我是假的。我根本就没有把名利当回事，记者采访时我躲避着，只照我一个后脑勺儿。我和工人师傅到农村去玩儿，根本没想到我还能参加国宴。所以一方面我确实还没有迷糊到追求名利的地步，但另一方面我个人的思想深处也跟王春讲了。我要求进步，怕影响入党，为此有些事情尽管我不愿意做，但也不敢公开抵制，只好尽量想办法回避。有积极的方面，我要求进步，但紧跟照办，缺乏政治上的敏锐和分析的头脑，政治上确实不成熟。

编辑出版《读〈封建论〉》的教训，让我终身受益。一个编辑应该有足够的理论修养，有对大是大非的鉴别能力，有坚持原则、独立思考、追求真理的优秀品质。光有热情不行，这种热情会被利用，甚至于热情越多、干劲越大，错误会越严重。

一个编辑当然不是政治家，但他在政治上必须成熟。他明白祖国的前途和命运，他明白自己的社会责任和使命，他以天下为己任，为祖国的富强做出自己最大的贡献。正因为此，他应该抛弃私心，坚持原则，有辨别大是大非的能力，有探索真理、追求真理、独立思考的勇气，同时，还要能科学地把握时代发展的总体趋势。从这个意义上讲，一个称职的编辑应该既有学问，又有思想、懂政治。

三、三部有关《诗经》的译注稿

这部分我谈谈审读《〈诗经〉译注》稿收获的三个"产品"。

做编辑不单是要看准备采用的稿件,还要看退稿,即可能不被采用,不能出版的稿件。一是这类稿件不少,工作量挺大;二是有些有一定水平的稿子应该认真看看,给作者提出建议,帮助他们提高,也许修改后能达到出版水平。我们编辑不能简单填写一份印好的退稿单,一退了之。

粉碎"四人帮"后,中华书局业务渐渐恢复了。当时我在文学编辑室。领导交给我三部书稿。三部书稿全是《〈诗经〉译注》。领导虽然说得含蓄,但我听出他话里的意思是三部书稿质量都不行,恐怕都要做退稿处理。交给我是让我看看,然后写几条退稿的理由。接了这个任务,我觉得不是好活儿,既然要退稿还要我浪费时间干什么?我想反正是退稿,也不用急,就把三部书稿放到一边。

三部书稿部头很大,码在一起有两尺多高。过了几天,我猛然想到,何不利用审读《〈诗经〉译注》稿件的机会,攻读一下《诗经》呢?那时刚刚恢复业务,书稿不是很多,工作也不是很忙。我先把其中一部比较有名的学者搞的译注认真看了一遍。接着我大致清理了《诗经》学研究自先秦经汉、宋至清的主要流派、主要观点,读了《毛诗序》大序、小序,《毛诗郑笺》,读了几部代表性著作,如王质的《诗总闻》、朱熹的《诗集传》、清人陈奂的《毛诗传疏序》、方玉润的《诗经原始》,还有近人闻一多、高亨、余冠英、陈子展等先生的译作。然后我又找到《中国古典文学研究论文索引》,按索引提供的线索,找来当代的有关《诗经》的研究论文阅读。

经过这样一番学习，《诗经》研究的状况在我脑海中已有了大致轮廓。这时，再回过头来审读那三部书稿，我对三部书稿的优劣就看得比较清楚了，而且在一篇一篇审读《诗经》注译稿时，我做了不少笔记，加深了我对《诗经》的熟悉和了解。在不知不觉中，我对《诗经》研究产生了兴趣，也有了自己的见解。这时，我起草了《〈诗经〉译注》的审读报告。因为我从宏观的阅读学习，到微观一篇一篇审读（也是学习），又从微观审读中跳出来，写出审读报告，这篇审读报告应该说是下了功夫的。这是我审读《〈诗经〉译注》稿件的第一件"产品"。

审读任务完成后，我又写了两篇有关《诗经》的文章，虽说文章质量脱离不了我当时的水平，但应该说是继完成"审读报告"之后的第二件"产品"。

第三件"产品"是应约去北京大学讲授《〈诗经〉研究》专书课。一天，我的老师，北京大学中文系阴法鲁先生找我去。他说，他因为有事，要出去一段时间，希望我能替他代课，接着他给中文系、历史系、图书馆学系讲授专书课《〈诗经〉研究》。我先是大吃一惊，我哪里有水平给北京大学三个系学生教授专书课？接着又一种情绪涌上来，阴先生找到我是信任我，我不能退缩。我去讲难度确实很大，一来，我没开过这门课，必须一讲一讲从头备课写讲义；再说，每周虽然只讲一次，但每次半天，三个多小时，那要准备很多材料啊！我是一个月刊杂志的主要负责人，设计选题、组织稿件、终审发稿等等，已经够忙了。但阴先生的信任确实鼓励了我，去北京大学讲课的光荣对我是个动力，是很大的诱惑，我竟然接受了这个任务。今天想想，当时真是一个冒险。

北京大学距我家很远，当时，工资很少，打不起出租车。乘公共汽车，路途遥远，要几次换车，怕身不由己，耽误上课。所以，每到讲课的那一天，我就骑自行车，早晨6点多一点儿从位于社科院东的建内南牌坊胡同的家出发，一路奔西，7点50分前到北大的教学楼门口，放好自行车，擦把汗，走入教室，8点整准时上课。

接下这个课后，我是白天忙刊物，晚上翻书备课写讲义，夜里一两点钟前没有睡过觉。有时刚备完课，天已放亮，洗把脸，吃点儿东西，骑上车就向北京大学进发了。这课周期一年，一年讲完后，阴先生和专业负责人严绍璗信任我，又让我一连讲了两个学年。

今天回忆起来，第一次讲课没有经验，辛辛苦苦准备了一周，不到两个小时就讲完了。我仔细琢磨，我的老师们是怎么讲的呢？那么从容不迫，那么条分缕析、生动深刻？还是自己根底浅，积累有限，还得在备课上下功夫，渐渐地有些经验了。最后一个学年，北京大学开始派车接我了。那时，我已调到新闻出版署工作，政府机关的会议经常与课时冲突，更改时间次数多了，学生们会有意见，我这第三次《〈诗经〉研究》课便结束了。不久前，现在复旦大学任教的葛兆光教授给我寄来他当年听我讲课的笔记，让我颇为感慨。想起备课、讲课、快速学习的青年时代，想起骑着自行车疾驰在去北大路上的激情，也让我深深怀念培养我的阴法鲁先生。

概括起来我有这样一些体会：审读打算退稿的作品，也是学习的过程，学习水平提高了审读意见才能中肯。去北大讲课，压力很大，逼着自己学习上进。学问大了，课讲好了，自然会提高自己的编辑水平和学术地位，能更好地与作者对话。

我具体讲述这一过程，并不是说自己多能干，只是想和青年朋友说，工作与学习，是互相促进的，尤其是与工作有关的学习，更是提高自己的捷径，只是辛苦一点儿，累一点儿。但是人就是在受累过程中成长的。年青时不受累,年纪大了再想受累也不可能了。

四、策划和出版《古文字学初阶》

前三本书是介绍在各种不同背景下编辑出版的情况,其中确实有不少体会和感慨,获得不少经验和教训。但其"经历"都有些特殊,不见得每个人都能赶上这种"机会"。

接下来,我谈一本在正常情况下策划、编辑的书,以及由此引发的一系列图书的策划和出版。

这本书就是李学勤先生的《古文字学初阶》。正如李先生在1983年4月出版这本书的"序"中所说:"承《文史知识》编辑部约写这本书,自知学力浅薄,有负雅意,但我的一点儿心意是寄托在里面了。"

选题的缘起 李先生的心意是什么呢?我们随后再谈,先谈谈我策划这本书的"心意"是什么。

上个世纪,特别是80年代前后,学术界古文字学得到前所未有的发展,本来是"一种很少有人问津的所谓'绝学',一跃而为颇受社会重视的热门科目"(李学勤语)。当时出版了大批专著,颇有成绩。先后有唐兰《古文字导论》、裘锡圭《文字学概要》、徐中舒《汉语古文字字形表》、杨树达《中国文字学概要》、容庚《金文编》、高明《中国古文字学通论》等等。关于甲骨文的研究著作更是有数十种之多,郭沫若、胡厚宣主编的《甲骨文合集》,社科院考古所编的《小屯南地甲骨》,王宇信的《建国以来甲骨文研究》等等,真是琳琅满目。杂志、集刊如《古文字研究》《中国文字》《中国文字学报》《出土文献》《汉字文化》

等等都办得很起劲。

这时候，我听到社科院考古所的朋友说："《古文字研究》十分畅销。"我知道这是一本学术性很强的专业刊物，很奇怪它的畅销，便找来看。发现它主要刊登古文字研究学术论文，特别是中国古文字研究会年会上的论文，其中有很多争论，各抒己见，所以吸引了读者。我便问这位朋友，讨论再热烈，也不过是些圈内人吧，杂志怎么就畅销，甚至难以买到呢？这时我才了解到具体情况：一是一大批热爱、学习古文字的青年，要了解古文字学历史，让自己更充实起来，所谓厚积薄发；还有一些书法美术爱好者，练习篆刻，学习篆书，也下功夫学习古文字；更多的是研究历史的同志，他们发现出土的古文字材料中有大量很有价值、从未见过的内容，可以补充或印证他们的研究成果，为此，他们要学习古文字。

我豁然开朗。

那么艰深的古文字，众多专家集体攻关，一笔一画地拼识，才能取得一点一滴的成果，对于初学入门者，对于感兴趣的人，他们如何进入、升堂而入室呢？我们能不能做些工作，出点儿他们需要的书？

于是，我想到请专家给这批读者写一本浅显易懂、雅俗共赏的书，指导他们在古文字学的道路上，较快入门，不走冤枉路。

而这个题目，又正与我当时负责编辑的《文史知识》的内容相契合。

找合适的作者 接下来是选择作者，我首先想到了李学勤先生。

李先生年富力强，20世纪80年代他才五十多岁，正是写作旺盛、成果大出的年龄。他致力于汉以前历史文化研究，在甲骨学、青铜器、战国文字、简帛学众多领域均有建树。他拿得起这个题目，有权威性。更"重要"的一点，李先生是《文史知识》的积极撰稿者，我和他关系好，有"求"必应，这个题目，他不会拒绝吧？

打电话，约好，去他在西部社科院宿舍的家拜访。说明来意，即刻得到应允。

交流写作要求　李先生问我，写多少字？是大的、中的、小的？我想，大的、中的，容他慢慢写。要"小"的，我的设计是：每篇5000字，写12篇，《文史知识》每期发一篇，连载一年，12期。我还给李先生一个"优惠"：12篇发完，合成一本书由中华书局出版，出书时还可以再适当增加内容。

我的想法是，一定要通俗易懂，雅俗共赏。入门的人，跳一下，够得着，看得懂。专攻历史的人，可以补充知识的不足，对他也有帮助。

他听我说完笑了，说：入门的书最难写，一要选择最基本、必要的知识；二这些读者刚入门，知识一定要准确，不要导错了航，引错了路。

正合我意，于是拍板成交。

李先生是专家，大学问，知识的准确性，连载12篇的结构科学性，不用我多言，但作为编辑肯定也有与学者想法不同之处。看了提纲，我建议他一定要有这样两篇：一是当前研究的重点课题；二是初学者的必读书目。另外，最好配有插图，以便读者有感性认识。这几点李先生都欣然同意，但刊物连载时，因为版面限制，插图有限，稍有遗憾。不过，出"文史知识文库"本时，舍去的图都如愿补入，堪称完美。

李先生很勤奋，1984年年中便写出几篇，交我们看样。1984年《文史知识》第10期，文章便以《古文字学十二讲》之名开篇。

1985年第11期连载完成。1985年年底如约结集出版了近8万字的第1版图书。李先生将连载时的"十二讲"定书名为《古文字学初阶》，更显示为青年提供入门之书的目的。这书比刊物上连载时增加了近2万字。

延伸的效果 李先生从汉字的形音义、文字的起源、甲骨学、金文、战国文字研究、纸以前的书籍以及研究的方法与戒律等方面详加阐述，辅以生动的插图，把人称"绝学"玄妙的古文字，讲得妙趣横生，深入浅出，受到读者欢迎。此后连续加印了三次，还被新闻出版署评为优秀图书。

2019年又入选中华书局"文史知识文库典藏本"。李学勤先生在"典藏本·附记"中说：

《古文字学初阶》的初次面世，已经是近三十年前的事了，现在又蒙收入"文史知识文库典藏本"再印，实在应当感谢。在成稿到如今这段时间，中国古文字学有了很大的发展，新的成果十分丰富，但为了维护书的原貌，仍只做了一些个别文句的修改，插图也暂不更换。好在书里的基本论点，看来还是可以成立的。希望在不久的将来，有机会把这本小书重写一遍，以酬各方面的厚爱。

由这本书的成功得到启发，我们又设计了一批类似的雅俗共赏的选题，如《经书浅谈》（杨伯峻）、《古代礼制风俗漫谈》（一、二、三、四集）、《怎样学习古文》（周振甫）、《金石丛话》（施蛰存）、《古音是怎样研究出来的》（李思敬）、《读词讲话》（吴世昌）、《中国文学史百题》（褚斌杰、王水照等）、《神仙鬼狐的世界—聊斋人物论》（马瑞芳）、《科举史话》（王道成）、《道教与传统文化》、《佛教与中国文化》、《古代科技漫话》（周培源、江晓原），特别是《诗文鉴赏方法二十讲》很得好评，第一次就印了 3 万多册。我把这本书的"目录"开列于下，请大家看看这些"大专家写的小文章"是多么诱人阅读：

怎么样的诗算有"意境"（周振甫）

诗词须有想象（吴世昌）

真相与真魂（臧克家）

说"雄奇"（吴调公）

漫谈"想诗"（金开诚）

什么是古诗中的"兴寄"（牟世金）

什么是"隔"与"不隔"（黄葆真）

画意与诗情（李思敬）

诗歌的气象（周振甫）

诗的含蓄美（吴战垒）

谈谈"情景交融"（任中杰）

动静交错意趣生（胡经之）

语不惊人死不休——炼字与炼意（李元洛）

谈谈诗歌的"理趣"（李少康）

诗风格谈——隽永、沉郁、纤秾、冲淡、通俗、典雅、自然（王明居）

说"清空"（吴调公）

漫谈"诗眼"和"词眼"（陈志明）

诗的色彩美（吴战垒）

写出这些，我至今还有一种自豪感。一些多么有研究的学者，多么雅俗共赏的题目。我想起一位美国出版家的话：

出版社不是一部生产图书的机器，也不是把各种具有不同功能的零部件装配起来的生产线；它是具有各自的理性的和非理性的特点的人组织起来的集体，带着他们的全部理性和非理性（理性一般指概念、判断、推理等思维形式，非理性一般指本能、直觉、意志等—本书译者注），带着他们的热情、困惑、愿望、爱好、习惯和目的，从事一种影响和反映社会的活动。出版社为它所出版的图书给读者带来兴趣和多样性的激励所弥漫。（〔美〕小赫伯特·贝利《图书出版的艺术与科学》王益译）

《古文字学初阶》的出版，以及由此引起的热情和选题的延伸，让我们受到激励。内心之快乐，补偿了运作的辛劳。后来，以这些选题为基础，形成了"文史知识文库"（1986年）。三十多年后（2019年），又以此为基础诞生了"文史知识文库典藏本"，这套书的生命之树常青。

五、对编辑工作的体会

上面是结合我做编辑工作、编辑具体一部书的体会，下面我再以上述四部书作基础，概括地、从宏观上讲讲我做出版工作的体会。我觉得要做一个好的编辑，多出几部好书，为祖国文化事业做出贡献，头等重要的是要不断地学习，不断地总结，不断地提高。作为一个编辑，他不仅仅是一个编者，还应该是一个思想者，是一个有理论、有眼光的出版工作者。因为我自己在编辑出版工作中碰到了许许多多的问题，当然也不见得每个人都会走一样的路，或者碰到同样的问题，但不论是顺利还是坎坷，是胜利还是挫折，总之，每个人在一生中间都会有许多要总结的经验和教训。把这些经验或教训总结好，不论是对个人还是对大家，都是宝贵的财富。

我的主要体会有如下六点：

（一）社会效益第一的意义

2002年，我从国家新闻出版总署出来担任中国出版集团总裁（刚开始称管委会主任）。中国出版集团是适应出版业改革发展的需要，经中共中央、国务院批准成立的中央级出版机构。那时，国务院文件明确批复"同意将中国出版集团转制为中国出版集团公司"。我在充分领会中国出版集团公司进行国有资产管理体制改革试点精神的基础上，明确提出人和内容仍然是按事业性质管，印、发、供、材料等，把集团二十多家出版社中的这几方面整合成企业公司，共同面对市场。我认为，中国出版集团二十多家出版社，长处是出书，别的也都不大擅长。其每年所出8000种书（现在是1万多种），是中国出版业的重要部分；我始终认为，如果一家新华书店没有中国出版集团的书，就不叫真正的书店；如果一个家庭没有中国出版集团的书，就不能说有文化。而正是基于这样的考虑，中国出版集团更要加倍努力、深化改革，增强使命感，出版更多能代表中国文化的出版物。

经过出版转企、股份制、上市，经过几十年的发展历程，党和国家对我们出版业始终只有一个要求：多出好书。做大做强干什么？仍然是为了多出好书。主要是要靠好的出版物传达思想、精神、道德和价值观念，引领社会精神、文化风尚。有同志说，中国出版业要努力成为国民经济支柱产业。我认为这个观点值得商榷。出版、印刷、发行的利润，只有1363亿元（2018年数字），营业收入1.8万亿元，在国家GDP中真是个小数，九牛一毛。据统计，2010年，那一年出版业发展快，成为亮点，也只占GDP的0.9%，怎么能成为国民经济支柱产业？

这个问题，这个观念，可以说现在我们出版业在认识上基本达成了共识。复旦大学出版社贺圣遂社长说，出版的最大价值、最主要的特征是发掘文化、传播文化，它的更重要意义并非直接创造的经济效益，而是间接产生的社会思想风尚、经济观念和体系等泛效益的价值。上海世纪出版集团总裁陈昕说，在社会宏观背景中，从产业角度考察，出版业从来都是一个小产业，自身的经济功能和产业价值有限，一个出版集团做大做强的根本标志在于通过优秀出版物的传播影响，为社会创造更多的价值。他们二位的论述都很中肯，我很赞成。

大家都知道袁隆平，他研究水稻育种栽培方法，解决了多少亿人的吃饭问题，获得了"国家科学技术进步奖"。但总结他的理论的《杂交水稻育种栽培学》这本书，从出版的投入和产出看是亏损的，没赚钱，但是这部著作总结的理论和方法产生巨大经济效益，因此这本书获得了"国家图书奖"。它的价值在产业之外。又比如爱因斯坦的《狭义与广义相对论浅说》，这种书本身赚不了大钱，但它开启了宇宙新时代和人类利用核能的新篇章，岂是几万块钱、几十万块钱能衡量的？好书产生的效果远远不只是一本书的经济效益。

大家现在很重视环境保护，重视环保这个观念始自何时呢？20世纪60年代，美国出版了一本书叫《寂静的春天》（作者蕾切尔·卡逊），是写环保的书。第二次世界大战之后，美国科技发展很快，但是也带来了环境的污染，当时美国环境破坏得很严重。《寂静的春天》警告世人，由于滥用农药，人类美好的田园将成为昔日的梦境，生机勃勃的自然界正在走向死亡。作者说，一定要制止使用有毒化学品的私人和公共计划。这些计划将毁掉地球上的生命。人们用自己制造的毒药来提高农业产量，无异于饮鸩止渴。这本书出版以后，企业界、产业界纷纷反对。批评者有的来自化学工业，他们担心这本书会使自己的产品受影响，可见他们脑子里也是经济效益。但是，美国总统科学顾问委员会对这本书所提出的观点和材料进行深入调查，最后认为这本书是高瞻远瞩的、反映实际的，并由此成立了美国国家环境保护局，环保的观念开始深入人心。《寂静的春天》不见得能印多少册，但是美国由此成立了环保局，因而开始重视环保，制定法律。所以，这本书的价值怎么估计也不为过。

我们不能完全以赚钱与否、赚钱多少来评价一本书的价值和贡献。党和国家正因为看重出版业的这个属性，制定了包括出版业在内的文化产业的特殊政策，采用降低或减免增值税、政府补贴等办法扶持出版业。我们是要做大做强，我们是要发展，但是我们出版的图书更大的意义在产业之外。

我们说，出版的意义和价值就在这里。我们追求什么呢？我们为什么绞尽脑汁策划选题呢？我们为什么不遗余力地对书稿"披沙拣金"呢？多数出版人就是怀着对文化的憧憬，对文化的热爱，选择这个职业的。他们立志为民族的复兴、社会的进步做出贡献。他们编辑的书能被读者选中放在他们的书架上。几十年、几百年过去后，作者和编者都不在了，但他们策划、出版的书仍然为人们所使用和阅读。那些书就是一个编辑的纪念碑。我曾经拜访过托尔斯泰的墓地，既无壮观的建筑，也没有竖立纪念碑，也就是一个坟丘，高不到一米，长两米多，宽也就一米，与周围草地连成一片，如果没人介绍，根本不知道这就是举世瞩目的大文学家托尔斯泰的墓地。但他的书，《战争与和平》《安娜·卡列尼娜》《复活》等等形成的纪念碑高耸云天。

形势在发展，市场经济条件下，问题就更为复杂。马克思说，资产阶级由于开拓了世界市场，使一切国家的生产和消费都成为世界性的了。物质生产如此，精神生产也是如此。这是国际文化产业发展的必然趋势。我们应该奋勇前行。没有好的文化产品，没有广大读者喜闻乐见的好书、好电影、好戏剧，好的音乐、美术作品，就不可能真正走出去。有好书、好电影、好戏剧、好音乐、好美术，想挡也挡不住。在这么一种压力的态势下，我们该怎么办？竞争靠优秀作品。优秀作品需要资金支持，投入资金还是为了生产优秀作品。因为有钱可以买粮食、飞机、大炮，但是有钱买不来我们自己民族的优秀作品，这一点今天大家都认识到了。这是我的第一个观点：建设中国特色社会主义要求中国出版业多出好书，坚持质量至上和社会效益第一。

（二）出版家应该追求重大选题

党的十八大提出建设文化强国的宏伟目标，要求我们加强重大公共文化工程和文化项目建设，造就一批名家大师和民族文化代表人物，让一切文化创造源泉充分涌流，全民族文化创造活力持续迸发。重大公共文化工程、重大文化建设项目，名家、大师、代表人物，持续迸发，这些词语都是冲击力很强的。什么叫重大公共文化工程？从哲学社会科学、新闻出版、广播影视、文学艺术事业四大方面看，在出版方面当然就是重大的选题和重大的精品工程。第一，应是为建设文化强国起重大作用的图书。第二，一般要具有巨大文化积累和传承价值，或者能产生重大深远影响的图书。这样的书才会成为出版的标志性工程。

以大家都很熟悉的商务印书馆、中华书局发展的故事为例。商务印书馆和中华书局是两家历史悠久的出版社。商务印书馆说近代中国出版从它那里走出，中华书局说自己是百年老店，以弘扬中华民族文化为己任。它们在一百多年的历史中是如何竞争的？用什么竞争呢？就是重大项目、重大工程。竞争的实质是什么？归根结底是对中华民族文化的贡献。当然，出版商也好、出版家也好，他们主观上也有自己的名和利，但不论如何，他们所看重的是对中华民族文化的贡献，是在历史上刻下了什么样的印迹。

20世纪初期，它们都在策划重大的工程，商务印书馆编了《辞源》，中华书局编了《中华大字典》。《中华大字典》先出，成了当时收录汉字最多的汉语字典。出版以后一印再印，影响巨大。接下来商务印书馆出了《辞源》，一炮打响。后来中华书局又出版了带有百科知识性质的综合性大型辞书《辞海》，这可以说是中华书局跟商务印书馆互相竞争的第一个回合。

第二个回合，商务印书馆先出版《四部丛刊》，包括经、史、子、集四部。它选择最好的版本进行影印，这样就为保存优秀的版本做出很大贡献。中华书局接着出了《四部备要》，它另辟蹊径，选择经过后人校注过的好本子集中出版，便于学习。双方各有创意，读者各有需要。

第三个回合是整理"二十四史"。"二十四史"约有4000万字。黑格尔说他很羡慕中国，因为中国有最完备的国史。我想，主要指的是"二十四史"。其他一些文明古国文化由于各种原因都中断了，只有中国文化没有中断。中国"二十四史"等典籍一直流传下来。我看到一个文件记载，1959年，点校本《史记》出版，毛泽东曾打电话索书，看后表示满意，希望继续搞下去。顾颉刚先生十分感慨地说："斯我辈人之积年辛勤之收获也。"黑格尔说中国有最完备的国史，但是中国没有完备的哲学，哲学还处于史前状态。我觉得这话说得很不科学。《论语》《老子》《庄子》《孙子兵法》，百花齐放，百家争鸣，这中间有多么高深的哲学思想。其实黑格尔的话也可以理解，他没看过完整的原文，因为过去没有系统地翻译过。过去凭传教士翻译成的拉丁文，质量不高，也不完整。如果他看过上述经典完整准确的译文，比如汉英对照的《大中华文库》本子就不会这么说了。

商务印书馆先搞"百衲本"。百衲本，是选择历史上较好的版本汇集而成，这个版的选一种，那个版的选两种，聚合在一起，就像和尚的百衲衣，所以叫"百衲本"。这样的做法，可以真实地保留历史上最好的版本，对科学研究很有价值。商务印书馆的"百衲本"，1930年3月正式征订。1932年，日军飞机轰炸上海，印出来的部分都被炸毁了。商务印书馆又重新搜集、重新描摹，费了很大工夫，对保存中国文化立下了汗马功劳，学术界、出版界都很钦佩张元济先生的奉献精神。商务印书馆这样做，中华书局岂甘落后。经过反复研讨，再发创意，中华书局搞了个"聚珍本"。什么叫"聚珍本"呢？当时西泠印社创始人丁辅之研究出一套字形，清秀、典雅，商务印书馆本来想跟丁辅之合作，但他不同意在商标中删去"聚珍"二字，要价又太高，谈判未成。中华书局下决心花重金把丁辅之的创新字体买过来，用这种字体重新排印"二十四史"，就叫"聚珍本"。

　　一个是影印本，一个是排印本。说到版本的权威，得说"百衲本"。商务印书馆挑选的是宋元珍本加以影印，真实可靠。说到阅读起来很享受、很清晰，得说"聚珍本"。"聚珍本"字大，好看。两个版本各有千秋，互相呼应。人家说"百衲本"和"聚珍本"是古籍整理的双子星。今天回忆这段历史，怎能不佩服我们前辈的敬业精神，他们用执着的追求谱写了中国出版史的新篇章。这是第三个回合。

　　两家出版社争先恐后、棋逢对手着力实施重大图书工程，原因是什么？原因就是这些大工程是标志性的，标志着出版者的文化品位和经济实力，标志着他们的文化素养和学术地位。这些大工程，可以烘托出版社的形象，体现出版者的气魄和眼光，所以他们各展所长，推陈出新。我们也一样，我们下大力气打造的项目，就应该是慎重策划、反复选择的优秀选题。但是选择者、培育者得有眼光，像张元济、陆费逵、金灿然、陈翰伯、陈原那样的眼光，像卞和识玉那样的本事。只有这样我们才能开拓具有文化积累和传承价值的重大出版工程。

20世纪，中国出版业完成了许多重大工程，《中国大百科全书》、校点本"二十四史"和《清史稿》、《辞源》（修订本）、《辞海》（修订本）、《汉语大字典》、《汉语大辞典》、《中国美术全集》等，都是一代人乃至几代人前赴后继共同努力的结果。回顾这些重大工程，我们什么时候看到这些伟大的图书，都会敬仰前辈们的才智和奋斗精神。所以，党的十八大特别强调加强重大文化工程、文化项目的建设，意义深远。没有重大工程，文化盛事就名不副实；没有重大工程，就谈不上时代的文化繁荣。

（三）多出雅俗共赏的书

我记得报纸上有一篇叫《焚书指南》的文章，作者说，假如遭遇一场千年不遇的严寒，恰巧逼迫你躲到了图书馆，你快冻死了，只好烧书取暖。那么，你会先烧什么书？他毫无疑问地说，第一批投入火堆的书是成功、励志类的书，这类书太多了；第二批投入火堆的是生活保健书，一个"专家"一套话；第三批投入火堆的是各类明星写的自传、经历和感悟的书。当然，这篇文章是一个极端的例子，但确实说出了一种令出版人深刻反思的现象。图书同质，不好不坏，五十余万种，又多又滥，这是什么样的出版生态？

我们要出什么书？我认为一家出版社，主要应该在两方面图书上下功夫：第一方面是重大学术著作，第二方面是雅俗共赏的书。两翼齐飞。我做出版前后总共有五十余年了，我坚持主张一家出版社主要出版这两方面的书。作为一个社长、一个责任编辑，我们要为重大工程搏击、奋斗，争强好胜，同时为出"雅俗共赏"的书努力。

什么叫雅俗共赏呢？就是一个科学家需要阅读。比如钱学森、茅以升、杨振宁，他们也不见得各个学科都懂，也需要看一些其他学科通俗普及的东西。一般的读者要上进，也需要阅读看起来有些难度，但他努把力也能看得懂。这种书就叫"雅俗共赏"的书。"雅俗共赏"的书不是《乌鸦》《口红》《木子美日记》，也不是《无知者无畏》《零距离》这类书。前一种总是勇气十足地突破大众认可的伦理道德标准，后一种能满足人们崇拜名人、窥视名人隐私的心理。虽然这些书给人一时的痛快，但是这些书不是我所说的雅俗共赏的书。

我举几个例子，比如当年吕叔湘、朱德熙二位先生合写的《语法修辞讲话》，在《人民日报》连载，为一大批党和国家的干部、学者普及语法修辞知识做出了贡献。前文讲到，我在中华书局编《文史知识》时，请李学勤先生给我们写有关古文字学的文章。他说写大的、中的还是小的？我说写小的，五六万字左右。小的是普及的，雅俗共赏，最难写。我答应他一边写一边连载，每篇5000字左右，出齐一年的12期，然后再合订成一本书，出书时候可以再扩充。他说行，就写小的。连载了12期后，出书时叫《古文字学初阶》，第一版印了2万册。如今已累计印了10多万册。一本讲古文字的书能印这样多，很不简单。还有爱因斯坦的《物理学的进化》、奥尔巴赫的《原子时代的遗传学》，以及朱光潜的《谈美书简》、艾思奇的《大众哲学》、朱自清的《经典常谈》、杨伯峻的《经书浅谈》、赵树理的《小二黑结婚》，中国古代的《唐诗三百首》《古文观止》《三字经》《百家姓》等都是雅俗共赏的。我常常跟古籍出版社的同事谈，如果今天能策划出一本像《唐诗三百首》《古文观止》这样的通俗读物，我们就真的是功德无量了。特别是中国，我们有14亿人口，其中多数是中等文化和中等以下文化水平，更得为他们服务，为他们的发展和未来服务，给他们提供好的东西、优秀的东西。不能任意戏说、涂抹中国历史，导致青少年错误地认识中国历史。

说到雅俗共赏的书，就得讲讲畅销书。畅销书到底是怎么回事儿？现在畅销书是出版社的宠儿，为什么呢？一本畅销书一出，印几十万册、上百万册，钱就来了。对畅销书究竟应该怎么认识？我认为"畅销"这个词是经济学范畴的问题。比如英国一个记者用他妻子自杀身亡的过程写成了一本书，叫《简的去路》，受到警察局调查。后来他又写了《最终出路：自杀手册》，又一次受到警察调查和干预。终因他们的出版自由，一边打官司一边热卖，还发了财。

我认为，畅销书应当坚持三个原则：第一条，畅销书本来是一个纯商业的概念，就是卖得快、卖得多。但是中国的畅销书不能只有这一个标准，首先必须是内容健康的、广大读者喜闻乐见的。这种喜闻乐见不是对低俗口味的迁就和附和，也不是对市场的讨好与乞求，一定是引领人向上的、给人以精神享受的。第二条，畅销的不一定都是好书，好书也不一定都畅销，不能以书销售的多少来评价一个编辑、评价一个出版社的好坏。第三条，畅销一定要变成长销，最后变成经典。一本书如果没有价值能长销吗？一本书如果没有生命力能变成经典吗？这种书难打造，但是确实不乏先例，要使畅销变成长销，最后变成经典。所以，我们说的"畅销书"前面一定要加"优秀"两个字——优秀畅销书。

（四）一家出版社应当为打造品牌而奋斗

品牌是什么？品牌是一个企业、一个出版社的命根子，品牌是一个企业与出版社的无形资产，品牌是消费者对某类商品形成的一种观念存储和心理认同，存储在读者脑子里的购买意向。比如，你要买马列的书到人民出版社，买古籍到中华书局，买中外工具书到商务印书馆，你为什么到那里去买？因为出版社的品牌已经树立起来了，你觉得那里出的书质量好，这就叫品牌认同。

国际经济论坛形成一个共识，认为21世纪成功的因素不是金钱，不是机器，是人和品牌。马克思在《资本论》中说到品牌，讲得十分生动，是从他的妻子燕妮买服装得出的结论。马克思说，他的妻子总到那家商店买这种牌子的衣服，他把同类衣服都找来，量了尺寸，看了颜色，分析了材料质量，大同小异，而别的店的价格却比燕妮去的那个店便宜得多。他把这个发现告诉他夫人，但是他夫人还是到她常去的那个店买衣服。这就是追求品牌，这就是观念存储和心理认同。马克思认为，其他店尽管便宜，但是他妻子不去，这种作用是超感觉的感性的东西，凭超感觉的感性的东西表现出品牌的强大力量。

一个出版社出一本好书、两本好书不难，难的是不断地向市场推出好书，让购买者产生心理认同，进而形成出版社的风格，形成出版社的品牌。一个出版者树立这种观念其实不算难，但这仅仅是第一步，真正难的是做起来、坚持下去，并真正创出品牌。它需要抱负、智慧和韧性，再加上体制方面的因素。一个优秀品牌岂是三五年可以形成的，它可能需要几代人的努力奋斗。这就跟体制有关系了，体制也要为创造品牌而改革。一般情况下，一个人当到社长差不多都五十多岁了。他要把眼前工作做好，把效益弄上去，工资奖金涨涨，要留点儿口碑和业绩。这些"急事"

都弄好了，也快 60 岁了。这时，心里怎么想的，不言自明。

总之，这个规律大概是这样的：好书—精品——批精品—形成风格—品牌。

（五）勤于思考，善于总结，让创新保持始终

我看过一篇文章，收在人民出版社出版的一本叫《编辑工作二十讲》的书中。文中谈到一个编辑要成为 T 形人才。说 T 的上面的一横代表知识的广博，下面的一竖代表知识的深刻，研究的专深。写这篇文章的作者是于干，人民出版社的一位很有本事的编辑。我觉得这个描述很形象，很好懂。上面一横代表知识的广博，下面一竖表示知识的专深。过去鲁迅曾经讲过，他说博学家的话多浅，专门家的话多悖。博学家多是杂家。博学家什么都知道，但是常常流于浮浅。学问家、专门家要研究问题总得较真儿，抓住一个点往深里钻，多悖，常常不合常理。但是作为一个编辑来说确实应该有广博的知识，另外，在某些方面也要有深入的思考，而不光是一个把别人书稿拿过来弄弄版式、排排字号，然后就交给出版部做技术处理，几个月后这个书就出来了。更不应该是现在一年出版四五十万种，这样的状况，其中很多书都是怎么出来的，恐怕大家心里都有数。如果是这样的一种出法，作为一个编辑，作为一个出版工作者，没有办法得到提高，因为其中的编辑含量太少了。

人民出版社曾经给我出过一本书，书名是《关于出版的思考与再思考》。这书的内容无非是我在署里工作十六七年，后来到集团又六七年，包括这之前在中华书局的一些有关编辑工作体会和出版管理方面的文章。犹豫再三，我想，出一本书也不容易，不能成为一部简单的文件汇编。你退休了，你也辛辛苦苦为大家

做了点儿事，出版社为了要表示一下对你的感念之情，对你的安慰，给你出本书，有情有义，是一种人情，也是一种温暖。但是，这本书不能就这么出，我不能把这宝贵机会浪费掉。我得动动脑筋，虽是旧文，也得有些新意。

为了说明问题，我不揣浅陋，说说我的做法。我怎么动的脑筋呢？从书名就可以看出个大概。我把这本书定名为《关于出版的思考与再思考》。当年我写的那些文章是我当年的思考，现在过了二三十年后再出版，必然会有些新的想法。我在较为重要的文章前面都加一个"按语"。这个"按语"是我今天的再思考，是我现在对这个问题的新认识。比如2000年7月，我曾经写了一篇《非国有书业是书刊发行业重要组成部分》的文章，这是1988年中宣部、新闻出版署颁布了《关于当前图书发行体制改革的若干意见》，1997年9月，党的十五大报告中指出：公有为主体、多种所有制经济共同发展，是我国社会主义初级阶段的一项基本经济制度，在这个大背景下，我写的一篇文章。主要谈要重视非国有书业的问题，从国家的基本经济制度角度去支持其存在和发展。这是当年的认识。现在怎么认识这个问题的呢？我在文前加了一个"按语"。这个"按语"较长，大约1500字。我讲，现在生存的问题解决了，但随着民营书业的发展又出现了一些新问题，比如说大打折扣战、互相挤压、无序竞争、呆账坏账，所以业界称之为"国进民退"，国有的出版社进，民营书业退。为什么退？是因为在发展中出现一些新问题造成的。我提出来应该认真、抓紧解决。

另外，我到山东梁山去调研，山东的梁山就是《水浒传》中水泊梁山的梁山。为什么到那儿去，人家说那里民营书业搞得特别火，产值占了县里面GDP的20%，所以我和发行业协会的几位同志去了一趟，取取经，了解一下真实的情况。到那里后，倍受尊重，县里的县长、副县长、县委宣传部长都出来接待。我想，不仅是因为那时候我是全国发行业协会的会长，主要是人家这些书商在县里的地位特别高，其产值占了全县GDP的20%，在县里有话语权。

我到梁山以后发现这里的几个大的书商今非昔比了，办公楼都是十几层高的大楼，厂房宽大有规模，公司的职工工作劲头很足。我就说你们考虑怎样再往前发展呢？我说国外的那些大出版商过去起步时都不容易，也都是民营，后来他们都成大品牌了，甚至成了国际名社了。我说，你们现在这么有钱，能不能学学他们，把自己也发展成大品牌。海外企鹅、兰登都是私人的，他们不就是靠着资本扩张发展起来的吗？你们现在已经完成了早期的资本积累，是不是也应该向提高质量、扩大规模这个方向发展？大楼那么高，但沧海桑田，人世代谢，这是历史规律，你们在望京购置多套新居，你们车那么棒，但长留人世的不是一座楼，而是一套有价值的图书，"二十四史"长留人间，是文化。你们要想想干一个书业怎么样突破，怎么样有一个新的开始。这些问题是我当年写这篇文章或者在署里讲话的时候没有想到的问题，今天形势发展了，想法也丰富提高了，我就在"按语"里面把我新的感想表达出来，把这些问题提出来。当年的"思考"和今天的"再思考"，两相对比，是不是有点进步和发展？

再比如，建设中国出版集团，那时候我当总裁，我当时想，现在不是在精简机构吗？部委的出版社要脱钩，我建议，脱钩以后我们趁机就把这个社收进。他们脱钩我们收进。当时觉得这想法挺好，大家也都觉得不错，后来也确实收进了好几家。我在《关于加快中国出版集团建设的意见》一文中，把这个想法做了论述。但是我现在的想法变了，因为"脱钩"中存在许多问题。当初的时候，比如某某大机构的出版社，现在归到集团了。当时觉这个机构有太多的资源，我们要把它的出版社弄进来，出版的选题会大大扩充，收益太大了。但是当出版社和机构脱钩以后，这些资源一个也不存在了，选题人家自己去找条件更优厚的出版社去出版了，一些优秀人才都被机构留下，没有过到集团来。他们把这样一个出版社给你了，你是得到优良资产了还是得到一个"包袱"？还有一家类似的有一定规模的出版社，也是这种情况。所以我就想，当初真是没有想到这种情况，就认为"脱钩"以后会把他那些优良资产都一起弄过来。这样，在这篇文章的"按语"里我就总结了这个经验教训。事实并不是想的那么好。我认识到"脱钩"和"接收"之中有些问题是我们当初没想到的，我在"按语"中间把这些问题都提出来并谈了我的新认识，表示这是我们经过实践后的新认识。

凡有新的认识的文章，我在这篇文章前，都加了一个"按语"。这个"按语"有长有短，但都是对我当年文章"思考"的"再思考"。我想这样一来，是不是我这本书就有点特色了，有点新意和新的价值了。当时我怕篇幅占得太多，所以"再思考"我都不会长篇大论，一千多字就算长的了。也有的是对原来文章内容的补充。1991年1月，我写的《辞书出版关键是提高质量》一文，那是我在署里图书司当司长时讲辞书工作的文章，里边很少讲具体的人，现在我觉得不够，因为一些前辈给我们做了榜样。后来为这篇文章写"按语"时，我就把陈翰伯同志对辞书出版的贡献、他提出的主张概括地写进去了。我认为翰伯同志这些做法、主张、思想并不过时，仍然是指导我们辞书出版的很重要的理论和观点。这个"按语"一加，就突破了我原来文章思考的范围、水平和深度了。

我认为，一个编辑不仅仅是编一本书，把那本书编完了、发排了、出版了，或者写个书评就完事了。这还不够，你编的书要经过时间考验，如有新的思考，新的体会，修订时要加以增补。人的一生要多点儿思考、探索，多点儿实的，少来虚的，虚的东西听着不错，其实没有生命力。

一天，一位出版界的朋友问我，你知道"出版界三剑客"吗？我说什么叫"三剑客"？他说，什么场面都有他们，阵阵落不下，场场讲大话，滔滔不绝。我说，没有听说过。他给我说张三、李四、王五。但是，我也觉得他所说的"三剑客"人家有人家的贡献，也是需要的。只盼望这些演讲，宏论，阐发，能使认识得到提高，不是空话、套话。

深度思考之后就可能提炼出思想来，要把这些思想写成文字，这个思考会更系统、更深刻。这几年关于编辑出版方面的书我也写了几本，《编辑艺术》《关于编辑的素养》《我的出版憧憬》《最喜今生为书忙》，包括上文说到的《关于出版的思考与再思考》，算是一个系列。这些东西确实都很肤浅，但我是试图把我在出版编辑工作中的体会和经验总结一下，做出自己的归纳，也毕竟从业年头多了，经历多一些，写出来可能对年轻人有点儿参考价值。

我特别主张，作为一个编辑要写文章，要著书立说，最起码要写书评。因为写出来，著书立说，既是一个总结和深入探讨的过程，也是总结和深入探讨的结果。过去我总讲这样一个观点，这个观点不见得全面也不见得都对，但毕竟也是一个现象，值得我们思考。邹韬奋、叶圣陶、茅盾、周振甫，甚至陈翰伯、王子野、陈原诸位，都在商务、中华或其他出版社当过编辑，说他们多了不起，我总接着说一句话，这些人如果没有他们的理论和思想，没有等身的著作，读者怎么会知道他们了不起呢？你就编辑几本书，那你能了不起到哪里呢？我们不见得要求每个编辑都能写出几本书来，可是至少你能写写书评吧？你编了这本书，这本书在你手里磨来磨去，揉来揉去，你已经吃透了这本书，顺手写一篇书评，把书介绍给读者，把意见提供作者参考，既不是难事也是有意义的事吧？五千字不行四千字，四千字不行三千字，两千字也能写个好书评。写来写去，你的思维敏捷了，眼光犀利了，水平就上来了。

《读书》杂志创刊三十周年，送我一个光盘，其中收录了《读书》杂志三十年所有的文章。我居然在其中发现三篇我的文章，我当时就挺有感慨。这几篇文章我都忘记了，年轻时我还挺勤奋。比如说王仲荦《〈西昆酬唱集〉校注》我是责任编辑，然后我写了篇文章《〈西昆酬唱集〉刍议》在《读书》上发表了，六千多字。我又重读了一遍，觉得当时的水平比现在高，现在我学问上退步了。后来我又搜索这篇文章，居然有好几个人引用我这篇文章的观点，说我是第一个提出来"《西昆酬唱集》不能一概否定，也有可取之处"的观点。"西昆体"过去都认为是雕琢之作、应酬之作，我认为"西昆体"写的这些宴饮酬酢的事，反映了当时的社会状态、官场的情况，各种阶级背景，这不就是积极的贡献嘛。我查了索引，有人说这个观点是我第一个提出来的，第一个提出来的还是第几个提出来的我也没有考证过，但这也是一个编辑的小小成绩吧。

夏承焘，当代词学家、大词人，当年毛主席称赞他是"一代词宗"。我给他的两本书当过责任编辑，书出来后我都写过书评，介绍他的人和他的书，如《千年流派我然疑——瞿髯〈论词绝句〉读后》《一代词宗夏承焘》，也是在《读书》上发表的。

还有一个观点，我认为作为一个编辑，要成为像刚才我讲的那种T形人才，还要珍惜各种学习机会，比如说各处的一些研讨会。各个学会都有研讨会，我所指的不是那些时髦的讲空话的论坛。比如在历史方面、文学方面、哲学方面、科技方面都有许多研讨会，我觉得这些研讨会就是我们接受新思想的一个机会，而且是熟悉新作者的机会。现在我在《中国出版史研究》和大家一块儿编这个刊物，我就鼓励青年同志多去参加学术研讨会。与会者在会上的发言，如果有道理、精彩，这就是好文章，这不就是稿源吗？他们讲些什么都是现实的、都是当前的，那你不就有了学习的机会，就受到教育吗？年轻的时候胳膊腿都好使，多跑跑，等一到六七十岁的时候你就懒惰了，你就跑不动了。力不从心的无奈，也是一种抑郁。趁年轻时候要多跑跑，多争取学习的机会，珍惜接触作者的机会。

（六）策划选题，组稿，要倚重专家学者

有人说，你这样做不是专家路线吗？我说，专家路线就专家路线吧。专家能给我们准确、权威的知识，不好吗？另外，我所指的专家并不一定全是学富五车、才高八斗的老先生，年轻的学者，只要他在这方面有研究，深入的、别人不能相比的研究，他也是这方面的专家。专家不一定非是老先生，年轻人，四五十岁的学者有许多也是了不得的专家。在和这些学者相处的过程中，耳濡目染，亲聆教诲，我的收获很大。

我先谈谈周振甫先生。周振甫先生著作等身，真是了不起的人，而且自己不出头、不露面、不争功、不邀赏，真正的中国知识分子。他给钱钟书《管锥编》做责任编辑，钱钟书非常感谢他。钱先生说周先生看稿子"小叩则发大鸣，实归不负虚往"。给他指出多少多少条问题，帮助很大。周先生学问渊博，思考缜密。我曾多次当面聆听先生的指教。

我们读书时，常常要分析某首诗词的微言大义，分析其中表达了作者什么样的思想感情。如果了解了作者写作的时代背景就不难把握，但是，古代有不少传诵的诗词，它的写作年月和写作背景都无从查考。分析诗词中的寓意和所表达的情感就很困难。我请教周先生。周先生说，这就只能从诗词本身去考虑了。他说：凡有寄托的诗，即使着重在描写景物，一般总会从描写中透露出一点消息来的。手法大概有下列几种：第一，着重写景物，中间插进几句寄托的话，暗示写景是有寓意的。如辛弃疾的《摸鱼儿》"更能消几番风雨"写春末景象，中间插进"蛾眉曾有人妒"，"玉环飞燕皆尘土"，这不是写景，透露出全词是有寄托的。第二，着重写景物，但从所用的典故里透露出寓意来。如王沂孙《齐天乐·蝉》，全首都写蝉，其中说："铜仙铅泪似洗，叹移盘去远，难贮零露。"汉武帝在长安造铜人捧露盘来承受露水，相传汉亡后，魏明帝把铜人搬到洛阳去，铜人眼中流泪，历来用它作亡国之痛的典故。第三，从语气和感慨里透露。如陆游《卜算子·梅》："无意苦争春，一任群芳妒。零落成泥碾作尘，只有香如故。"这里在咏梅，可是说的话很有感慨，从中看出他是用梅花来自比。周先生说，真有寄托的诗，总有一点消息会透露出来。要是全篇都写景物，没有一点寄托的意思透露出来，那就不要去追求寄托，避免牵强附会。

这讲得太好了，很容易懂。我真是如饮甘泉。

我写过一篇有关司马迁《报任安书》的文章，极力推崇文章之佳妙。周先生对我说，其实，司马迁写的这篇文章也有不尽圆满的地方。比如，说"不韦迁蜀，世传《吕览》"，其实，吕不韦让门客写的《吕氏春秋》，不是迁蜀之后，而是他在秦国掌权十分得意的时候；说"韩非囚秦，《说难》《孤愤》"，韩非这两篇文章也不是囚秦后写的；《诗》三百篇很多是男女相悦之情歌，这些情歌也不是"发愤之所为作也"。

听了周先生的分析，我出了一头汗。这些我连想都没有想过。他见我窘迫，便说，读书是一个过程，现在要学的知识太多，得慢慢来。开始读时不懂，读多了，自然就懂了。比方《论语》，讲到"仁"字的地方有104次。开始碰到"仁"字不懂，读到十几次"仁"字时，对"仁"字的意义渐渐明白一些了，当读到几十次、上百次时，对"仁"字的意义就知道得完满了。读熟了，把上下句都记住，就能读通了。

周先生好比是一部中国文史哲的百科全书，特别是在一个单位工作，他就是我们的"问事处"，我们的导师。他有问必答，循循善诱，感谢上天在身边给我们安排了这样一位好导师。

我再谈谈北京大学历史系的邓广铭先生。在我的编辑生活中，印象很深刻的一件事是到北京大学教授邓广铭先生家里组稿。那也是我第一次用"录音"的方法组来稿的。这次和邓先生接触，让我进一步认识了一个学者的执着与追求。

1981年，我们的《文史知识》月刊刚刚开张，很受欢迎，一开始即征订4万册，第二年就是8万册（后来又到27万册，这是三四年之后），大家心气自然很高。我们千方百计地设计读者感兴趣的题目。当时我的一个指导思想是：选题最好是读者知道一些，又说不大清楚的。"知道一些"，他看到题目不陌生，会感兴趣；"又说不大清楚"，他就想弄清楚，看看别人是怎么说的。

根据这个原则，我们设计了一批选题，如《徐福东渡的史实与传说》《赤壁之战中曹操到底拥有多少兵马》《佛教徒的人生观与道德观》《木牛流马是什么样的运输工具》等等。我还想到岳飞的《满江红》词。那几年，关于岳飞的《满江红》词作者是谁的争论又热闹起来，可能与学术界讨论爱国主义与民族主义有关。我想围绕这个题目组几篇稿子一定会吸引读者，这就想到了邓广铭先生。

针对岳飞《满江红》词的作者问题，最先发难的是余嘉锡先生。他认为宋元人的书都没有记载，突然出现于明中叶以后，十分可疑。据此，余先生认为很可能是明朝人之作，假托岳飞之名。

余嘉锡先生此论一出，舆论大哗，一时间学术界很多人接受这一观点。其中最引人注意的当为"一代词宗"夏承焘先生的文章。他在1961年写了《岳飞〈满江红〉词考辨》，支持余先生观点，影响很大。

一位是学问大家，一位是"一代词宗"。《满江红》词非岳飞所作几成定论。但是，研究宋史的专家邓广铭先生怎么看呢？周一良先生说：邓先生是"20世纪海内外宋史第一人"，邓先生一定会有自己的看法。又听说，邓先生并不赞成余、夏二位的意见，但他还没有写成文章。这一来，我们情绪高涨，请邓先生写篇文章，这该是多有意义的事啊！打笔墨官司，耸动视听不说，一个重要学者的重要文章首先在你办的刊物上发表，这说明刊物的学术水平啊！

1981年新年刚过，在一次学术会议上碰到了邓先生，我急忙过去组稿。邓先生说："这个题目我很感兴趣。不过，近来忙，过一段吧。"听了这话我喜出望外，这不是同意写了吗？但是我怕这"过一段"是托词，教授讲课一忙就没谱了，赶忙追问："什么时候去取稿？"我要把时间敲死。邓先生脱口说："过完春节吧。"我知道进退，先生忙，不能逼之太紧，忙拉过我身边的同事黄克说:"邓先生说春节后让我们取稿,你帮我记着啊!"其实,我这话是说给邓先生听的,是要再确认一次,好让邓先生印象深刻,到时候别忘了。

真是"光阴似箭",和邓先生约稿时离春节差不多还有两个月,转眼鞭炮一响,初五的饺子一吃,初六上班了。

上班后,见到黄克第一句话就说:"走吧,去邓先生家取稿子去啊?"黄克愣了一下,似乎经我一提他才想起来,便说:"这么长时间了,是不是先给邓先生打个电话,问问写完没有?别白跑啊。"我说:"不能问。如果他没写,一问,又拖下来了。如果他写完了,正好取回。"我是想用"苦肉计"感动邓先生,我们"千里迢迢"跑来了,邓先生就是没写,也得给我们抓紧写吧?

那天下小雪,路上已是浅浅的一层白,但并不滑,空气极好,很快便到了北大朗润园。上楼,敲门,邓先生颇为愕然。(果不出所料!)我们说,一是给先生拜个晚年,二是讨债。邓先生果然忘记了与我们约定的时间,莫名其妙地看着我们。我们忙说,岳飞《满江红》的稿子如没写好,过几天也行。

邓先生一脸的歉意,直说,这真不好,这真不好,让你们白跑一趟。我们赶紧说:"您看什么时候我们再来?"

邓先生在想。我灵机一动,想起向廖沫沙、董纯才等老先生组稿的经验,是他们口述,我们记录,我们整理好,再请他们审定。现在有录音机了,可以用录音机记录啊!忙说:"这样吧,下次我们来,您来讲,我们录音,由我们整理后再交给您审定。这样会给您省点时间。"

邓先生一时拿不定主意,可是当邓先生听说我们是骑自行车来的,外面还下了雪,颇为动容,连声说:"后天吧,后天一定谈。"隔一天,我和黄克又骑车前往。刚下过雪,空气清新、湿润,春天快来了，想到这回邓先生的稿子是跑不了了，心里十分高兴。

进了邓先生客厅，我们把录音机放好。那时一般工作用的录音机还很简单，俗称"砖头"。邓先生夫人也觉得新鲜，出来看邓先生如何对着录音机讲话。邓先生搓着手，说："没这样讲过，不知效果如何？"录音机磁带吱吱地转了半天，邓先生还没开讲，咳嗽两声说："怎么讲不出来啊！"

我们忙说："您就把我们当作听课的学生，随便讲吧。就当没有这录音机。"又沉吟了一会儿，邓先生就讲开了，一会儿便侃侃而谈，自由潇洒了。

讲了一个多小时，邓先生收住话题。我们把带子倒回来放给邓先生和邓夫人听，邓先生很兴奋，连说："这还真是第一次。"

回去后，我们整理、打字、校对好，又送给邓先生审定。这就是后来发表在1981年《文史知识》第三期上的《岳飞的〈满江红〉不是伪作》一文。

此文影响很大，不久就有读者来信，和邓先生商榷，还批评说："邓先生文章中的一句话不妥，使我不能无憾。"那是指邓先生在文章中说岳飞投军以前文化水平并不高，"投军以后，文化程度进步非常快，到哪个地方都喜欢卖弄一下自己的文才，写写题记"。邓先生看了读者的信后，一方面诚恳接受意见，认为"意见很好"，"确实有些措辞不当"，另一方面仍然坚持自己的学术观点。这封信至今我还保留着，不妨录下来，请大家赏鉴。信的全文如下：

《文史知识》编辑部：来信和转寄的沈敬之同志信，均已拜读。沈信所指出的，我在文章中说岳飞"喜欢卖弄一下自己的文才，写写题记"，使他不能无憾。我觉得他的这个意见很好。我那句话，确实有些措词不当。在文章刊出后，我看到这一句时，当时即发生了这样的感觉，但已无法改正了，所以，后来在写《再论岳飞的〈满江红〉词不是伪作》一文时，就不再这样说了。

对于岳飞幼少年期内文化水平的估计，沈信根据《宋史·岳飞传》提出不同意见，对此，我却依然不改变我的意见。因为，《宋史·岳飞传》是从岳珂的《鄂王行实编年》脱胎来的，而岳珂对岳飞幼少年期内的生活情况所知甚少，对于他曾做"庄客"（即细户）等事则讳莫如深，却又虚构了许多溢美之词，如"家贫力学，尤好《左氏春秋》《孙吴兵法》"等话语即是。这些溢美之词，我认为是不能置信的。我写的那篇《再论》，已在山东大学的《文史哲》今年第一期上刊出。沈同志如能看到，也许对他的这一看法有所改变。

邓先生是位极为认真执着的学者，他的成就当然与认真、执着有密切关系。

他的"四传二谱"（《岳飞传》《辛弃疾（稼轩）传》《王安石》《陈龙川传》和《辛稼轩年谱》《韩世忠年谱》）先后修改了多次，直到生命的最后一年，九十一岁高龄，还遗憾着最后一遍没有改完。他说："我没有那么高深的造诣，使20年代写的东西，可以在90年代一字不变地重印。"

这种追求完美、精益求精、谦虚谨慎的治学态度，正是成就他学问的原因吧？

在我们办《文史知识》的时候，一次，北京地区期刊开展评奖活动。北大的著名语言学家王力先生，写了篇短文在《北京晚报》上发表，题目是《我投〈文史知识〉一票》，谈他读《文史知识》的感受。王力先生说："我是做教师的，常想的是讲些什么和怎样给学生讲。前一个是内容问题，后一个是方法问题。从某种意义上讲，《文史知识》也是一位教师，我看它在讲什么和怎样讲这两个方面，都解决得好。"王力先生在教育界、学术界都影响巨大，他写一篇推介文章这个分量有多么重啊！

　　后来，我们认识到专家的意见影响巨大，所以每到年底征订的时候，都请一位经常给《文史知识》写文章的大家给我们写一篇书评。比如说黎澍、余冠英、王季思、宋振庭、庞朴等先生都给我们写过评介文章，多数都在《人民日报》《光明日报》上发表。像季羡林先生、任继愈先生对我们的支持就更大了。我那时候正在组织编辑《大中华文库》。任先生身体不很好，他跟我说，牧之，其他事情都不重要，《大中华文库》你一定要完成。季羡林先生在《大中华文库》开座谈会的时候，十分真诚地说，《大中华文库》对世界文化的贡献怎么估计也不为过。我说，季先生您这话是不是评价太高了，我们不敢当啊！他说，怎么不敢当？中华文明在世界上首屈一指，贡献最大，你们把贡献最大的中华文明介绍到世界去，这功劳还小吗？这是季先生鼓励我们做好工作。还有许多学问家，在《文史知识》上展开辩驳和讨论，影响很大，比如周培源先生。周先生是著名科学家，又是全国人大常委会副委员长，写篇文章讲科学家也要读史，要好好学习文史知识。他还举了一个例子说"黄河远上白云间"不对，应该是"黄沙直上白云间"。他以世界著名气象学家竺可桢先生所论为例，认为"黄沙直上"更符合凉州以西玉门关一带春天的情况，并说竺先生把自然科学引入版本校勘学领域，很有意义。当时南京大学的教授程千帆先生就写信致周培源先生，说周培源先生的文章在《文史知识》上发表之后，各报均相转载，可见影响之大。"但是您仅仅以一个版本做根据就说应该做'黄沙直上'是不妥当的。您对清初以来，众人的考证置之不理，单以竺先生'考证'作为定论，不能说是谨严慎重的，用有争议的问题作为例证，也缺少说服力。

不知您能否切实研究一下,加以澄清否?"程千帆的批评很尖锐。因此,引起广泛的关注。

我觉得像程千帆、周培源、邓广铭的论辩文章,以及读者的来信,都是对我们的支持,都是对我们的帮助。他们做学问扎扎实实、求真务实的精神,他们学识渊博还不断探索、不断追求的作风,他们看我们的刊物、读我们的刊物,重视这些文章,所以不论多大的学者、多大的人物,他们遇有不同意见,就在刊物上展开讨论和辩驳。这些事例很多,应该说这都体现了作者、读者对编辑和刊物的信任和支持。依靠作者、相信广大读者,是一个编辑应有的信念和风格。

同时,前面我说过,我们的"专家"也并非都是学富五车、才高八斗的老教授、老先生。年轻的学者,只要他对撰述的那个问题有研究、有见解、有体会,就是他所撰述的那个问题的专家,我举个具体的例子。

《文史知识》"文史工具书介绍"一栏,从创刊第 1 期到总第 10 期所发的 10 篇文章的题目和作者是这样的:

诗文典故的渊薮《佩文韵府》和《骈字类编》(陈宏天)

《康熙字典》与《中华大字典》(刘叶秋)

《辞源》与《辞海》(赵克勤)

张相及其《诗词典语辞汇释》(卢润祥)

《说文解字》及其在文献阅读中的应用(陆宗达)

古籍目录及其功用(高路明)

打开历史文献的一把钥匙《书目答问》及《补正》(骈宇骞)

考史必备的工具书《二十史朔闰表》(刘乃和)

顾祖禹和《读史方舆纪要》(杨济安)

《艺文类聚》和《初学记》(许逸民)

这 10 篇文章并不是按我的论点需要挑选出来的，而是从创刊第 1 期到总第 10 期按顺序从目录上一篇不漏地抄下来的。刘叶秋、陆宗达、刘乃和、杨济安四位先生是大家公认的专家学者；另外的六位，陈宏天、赵克勤、卢润祥、许逸民当时还只有 40 岁上下，职称也还是讲师或编辑，而高路明和骈宇骞二位还只有 30 岁左右，尽管如此，他们仍然是他们所写的那个题目的专家。陈宏天，当时是北京大学讲师，他主讲"文史工具书"课，著有《文史工具书使用法》一书，《佩文韵府》《骈字类编》是必讲的两部重要工具书。高路明是北京大学青年教师，当时她已主讲了两次"目录版本学"课。骈宇骞、许逸民均为中华书局编辑，当时骈为《书目答问补正》的责任编辑，许为《初学记》的责任编辑，且编有《初学记索引》。赵克勤则为商务印书馆汉语编辑室主任。卢润祥是上海辞书出版社编辑，对元曲颇有研究，著有《元人小令选》一书。

大家看了我的介绍后，能说他们（这些"无名作者"）不是他们所撰述的那个题目的"专门家"吗？即便是大家公认的专家学者，刘、陆、刘、杨四位先生，我们也不只是"慕其名也"，而是看重他们的实学。他们确是对所撰文章的内容深有研究。刘叶秋先生是《辞源》（修订本）二位主编之一，谈工具书如数家珍。陆宗达先生一生致力于《说文解字》的研究，杨济安先生是研究历史地理的专家，《读史方舆纪要》正是他反复研读过的历史地理书。刘乃和先生，一生做陈垣先生的助手，对文史工具书可谓了如指掌。

这样的作者写出的文章当然有水平，让编辑放心，也会赢得读者的信任。做买卖要讲究"货真价实"，编刊物也要"货真价实"。

附：编辑应注重的 10 件小事

此文原载于《中国新闻出版报》，受到欢迎，今附于此，是我对编辑工作的一些细小体会，补充上述六点之不足。

这些"小事"可能大家都知道，但我还是情不自禁地要写出来，因为从正面讲是一个编辑应该注意的，从反面讲，是否把这些"小事"做好，同样反映了一个编辑对作者的尊重，对工作的敬业，反映了一个编辑的职业素养。

1. 不用的书稿快退

稿件经过审校，大约有三种情况：一是可用，稿件可用就可以进行下一道工序——编辑加工了。二是大体可用，需要作者再加修改。作者修改后的稿子也有两种可能，一是改后可用，一是改后仍然不可用，还是不得不作退稿处理。三是审读后，质量不合格，无法采用，只好退稿。

这里我要说的是不用的书稿要快退。尽快退稿是对作者的尊重。尽早退回，作者可以另作他谋。另外，尽快退稿，以免耽误在自己手里，作者节外生枝。这一点并非多虑，也不是不信任作者。因为你影响了人家的工作，当然得有个交代。

退稿时要十分慎重。如果是内容方面的问题，在决定退稿前就要多方论证，最好请社外专家帮助审读。在和作者交涉时，向他提供社外专家的审读意见。

如果形成尖锐的对立，就要把事前的约稿合同拿出来讨论，告诉作者，依据"著作权法"出版社有权退回不合要求的稿件。

2. 要切实做到图书成批装订前的样书检查

这一环节是指印刷厂在图书印刷完毕、没有成批装订之前，先装出几本样书送出版社审查。出版社的责任编辑、责任校对、主管社领导，从总体上检查完毕，签署意见认可后，印刷厂方可成批装订，而且《图书质量保障体系》十分明确规定："印刷厂在未接到出版社的通知前，不得擅自将待装订的印成品装订出厂。"

这一环节十分重要，因为它是一本书上市前的最后一关了，是最后一次纠错的机会。一本书的质量关系到读者的使用，关系到出版社的声誉和形象，怎么能不慎之又慎呢？很多出版社放弃了这一环节，有很多编辑甚至社领导不知道还有这样一个环节。有时，责任编辑拿到样书时，新华书店已经开始销售了。我曾经经历过这样一件事，一天，我做责任编辑的一本书的作者打来电话，问我什么时候可领稿费。我觉得这位作者太着急了，书还没正式出版啊！但我还是耐心地解释：书还没装订出来，等我见到样书后立即办稿费事。没料到，作者不高兴了，他说：我一周前就在书店买到我的书了。

这是出版部与编辑部严重脱节造成的，后果是十分严重的。外面已开始销售，作者也已买到，责任编辑还不知道，还谈什么装订前的样书检查！

有鉴于此，在1997年，我和新闻出版署图书司一起制定《图书质量保障体系》时，特别加了一条（第三节，第十五条），作出明确规定。

出现这一问题的原因无非有如下几种情况：一是出版社忽视这一环节，不理解它的重要性，有意无意地放弃了这一环节；二是出版社和印刷厂都在抢时间、赶周期，从形式上也送成批装订前的样书，实际上送样书的同时，批量装订已经同时进行了，甚至送出样书时大体已装订完毕。

其实，出版方面的每一项规定都是出版业同行的经验和教训的总结，都有很具体的背景和丰富的内涵，一定要不折不扣地按规定去做。

3. 编辑也要参与校对

由于现代科技的发展，作者送来的常常是电子书稿。电子书稿不需要重新拣字排版，而编辑也在电子打印稿上加工，排版人员根据编辑的加工，修改电子稿。然后按照要求转换版式，再打印出来，就是校样。这份校样，除了编辑改动处，与作者交来的电子书稿几乎完全一致。

这样一来，原稿的错误（包括作者写作错误、录入错误），如果责任编辑没有发现，就隐藏于校样中了，让校对去发现就很难了。因为校对的首要责任（尽管目前出版社要求校对要"校是非"）毕竟主要是"校异同"，他们主要能核校的是责编的修改处，是否漏改或改错，而对于隐藏其中的差错，校对出来最好，校不出来也不能责备校对没有尽职尽责。

作者原稿与校样外观一样，除了核校你修改之处，校对就会认为其他文字都是你认可的，不会有问题了。这种校对"客体"的变化，就要求责任编辑在看作者送来的电子书稿时，一定更加小心谨慎地进行审校把关，要参与校对。

还有一点要特别注意：由于电脑指令失误，软片会出现版式变动，甚至文字、行款错乱，而这一失误又常常在不经意间出现。所以，为避免这种失误，清样一定要做到一处不改才能出片。如需"改正出片"，校对或责任编辑不能批了四个字就放手不管了，一定要再校对软片，通读软片或软片样，要检查软片四角文字有无变动，变动了的对不对。

4. 新书出来后，要第一个送给作者

责任编辑一定要牢记，作者盼着他的新书，就像母亲盼着自己的孩子出生。所以，责任编辑收到出版部从工厂取来的样书，一定要在第一时间送给作者，并且附上信件，告诉他，其余的赠送样书，会在大批样书到后，马上送到。这一小小情节，是会让作者十分感动的，因为他会认为你跟他一样重视这本书的出版。他会认为你很理解他、关心他。我自己就有这样的感受，责任编辑打电话来说样书出来了，什么时候送去好？我会立即说：现在能来吗？如不方便我自己去取。

在书决定出版后，书稿出版的运作情况是作者很挂念的事。诸如，校对完没有，版式开本怎样，用什么样的纸印，是否开印了，哪天可以见书等等。其实，一个责任编辑每天就是为作者的这本书忙着这些事，为什么不能顺便打一个电话、发一封短信，告诉作者这些情况呢？这样举手之劳的事会让作者十分感谢。可能也就是因为你惦记着作者的这些"小事"，作者会觉得你特别周到，可信赖，他不但会积极配合你的工作，还会把今后的书稿让你先挑选，而且会到处讲你的美德。

在书出版后，要记住及时地向作者反馈外界的评论意见，说的好话要反馈，说得不好听的话，也要反馈。最好能和作者一起探讨这些不太好听的批评话语有没有道理，我们什么地方考虑不周，以后如何弥补。这样做，作者能不信任你吗？这样，责任编辑和作者就成为朋友了。从这个相互交往中，我们会得到很大收获，对青年编辑尤其如此。

5.要和发行部门多沟通

发行工作在今天越来越重要。曾记得几年前出版业有"龙头""龙尾"之争。"文化大革命"之后，百废待兴，没有书读，只要有一本好看的书，几万本、十几万本，迅即售光。后来，书的品种到了10万种、20万种、30万种，整体上呈现出"不好不坏，又多又快"的状态。书卖不动了。10万种时印行六十多亿册，

20万种时仍然是六十多亿册。发行成了"瓶颈",于是发行的同志说,发行是"龙头"。出版的同志又说,没有好书,你发什么?出版是"龙头"。

究竟谁是"龙头"呢?我看,"龙头""龙尾"也是互相转换的,哪个环节制约了出版,或者说成了"瓶颈",那个环节就是"龙头"了。

从这个意义上说,今天,发行工作成了"龙头"。君不见,现在普遍采取寄销的办法。书卖不出去,不给出版社书款。你急着要款,可能第二天就把书给你退回去。有的书店,即使书销出去了,这书款也得半年、一年后给你。他拿出版社的书款盖大楼去了。现在是销售方的市场。

在这种环境下,编辑一定要与发行部门多做沟通,让他们知道你编的那本书的特点、优势,适合什么人阅读。一定注意让发行部门的同志对这本书产生热情和信心。我们得记住,你与这本书一起厮磨了半年、一年,甚至更长的时间了,你与这本书很有感情,别人可未必。发行部门的同志不明白你那本书的优势何在,他会想我为什么一定要在你那本书上投更大的力量呢?这就是关键所在。我们就是要下功夫让发行人员认同,在这本书上很值得投入更大的力量。

6. 责任编辑不要忘记写书评

一本书经过千辛万苦编辑完成,出版了,但这并不是编辑工作的终结,责任编辑应趁热打铁写一篇书评。

责任编辑从组稿、审稿到编辑加工、校对等等环节,对书稿不知看过多少遍了,应该说除作者之外责任编辑对书稿最熟悉了。对书稿质量、优点、不足、有哪些创见和突破,可以说了如指掌。作为责任编辑应该把这些看法写出来,介绍给广大读者,帮助和指导他们阅读,而且撰写"书评"对自己来说,既是练笔,又是一次总结和提高，何乐而不为？

其实，审稿也是读书。在审稿中要审校原稿中的资料，就要去查阅很多书，在读这些书的过程中要记住做读书笔记，书编完后，我们自己肯定会得到提高。结合审读意见，结合读的有关参考书，一篇有学术水平的书评不就轻松完成了吗？

7. 编辑要把自己放到恰当的位置

出版社中编辑只是一个环节，不用说出版社的领导，只说业务部门，编、印、发、科、供……哪个环节不重要？编的好，印刷质量不好，行吗？编的好，发行跟不上去，行吗？一切都准备好了，所要求的纸张到不了货，是等着还是改用其他的纸？改用其他的纸，印制质量恐怕就会受影响，不改，印刷厂肯让你等吗？

过去，在出版社里，一般对编辑都有一种敬畏，觉得他们有学问，出版社就靠他们编出好书，养活大家。在这种氛围中，编辑自己，有的人也认为自己高人一等，其他部门都得围着他转。编辑是一两人一间办公室，有时还可以回家看稿子，其他部门多半是集体办公，闹闹哄哄，大家都认为理所当然。

现在则不同了，出版更向市场靠拢，行销已越来越重要。好书还得卖得出去，很多出版社，发行人员已多于编辑人员。另外，人们也越来越重视制作，注意降低制作成本。因为制作的成本在出版社的经营核算方面占有很大比重。

不论怎么说，在市场经济条件下，在出版社转变成企业的背景下，出版社内部的构成，机构设置、人员比例，最重要的是人们的观念，都发生了很大变化，编辑不能再怀恋往日的骄傲，要把自己放在恰当的位置上，否则，你就很难得到其他环节的支持，很难吸引别人为你编那本好书全力去配合。

8. 编辑要常逛书店

我逛书店次数很少，总觉得自己是干这一行的，样书室的样书已是数以万计，加上工作的关系，全国每年的图书选题几乎都在我眼中过一遍。但几次逛书店的经验下来，我觉得编辑应该常常到书店去看看。作为一个编辑，到了书店店堂真是受鼓舞、受激励，甚至受到刺激，真的觉得"自己很了不起"。看着这么多人在选购图书，而这些图书的出版有自己的一份力量，这时，什么"为人作嫁衣"，什么"默默无闻"，什么"收入有限"，一切都不在话下了！

记得有一次我要写一篇关系到舞蹈的文章，我到了西单图书城。那真是一个城啊，书架前一排排人，摩肩接踵；交款处，长长的队伍每人抱一摞书；到了有关书架前，几十种关于舞蹈的书，各具特色，让人大喜过望。我情不自禁地从一楼看到二楼，又看到三楼，说浩如烟海，毫不为过。

编辑逛书店可以受到激励，可以受到鼓舞，可以得到启发，可以增长学识，可以知道什么书太多，什么书还少，还可以发现你编的书发行情况，好处真是太多了！每隔一定时间，作为一个出版人，一个编辑，都应该到书店走一走，看一看。

9. 不要迷信名人

名人，多半是指做出突出业绩，受到人们推崇，影响很大的人物。当然也有做坏事出名的，那不是此文的意思了。编辑，千万不能迷信名人，第一，名人也有因疏忽而出错误的时候；第二，名人也是"术业有专攻"，不见得门门精通，什么都懂。而编辑是为广大读者"把关"的人，一定不能迷信名人，不要以为名人就不出错误，就没有疏忽的时候。

比如，《于丹〈庄子〉心得》一书，够有名的了，已经印行多次，发行达200万册,但仍然有错误。正文第一个大标题"庄子何其人"就有语法错误。"何其"是程度副词,表示"多么"的意思,不可以直接用在名词前。可以说"庄子其人","庄子何人","庄子何许人",但"庄子何其人"就不通了。

《文汇读书周报》是出版业一张很有影响的报纸。我很喜欢这张报纸,也很荣幸地在这张报纸上多次发表过文章。但它有一个小栏目叫"东零西爪"（见2008年3月7日该报第8版）,就是"东鳞西爪"之误,错误出在这样一张有文化的报纸上,又是在报纸那样醒目的地方,实在是很遗憾的事。

纪连海《点评乾隆名臣》一书,讲到《四库全书》,一部书中年代前后矛盾,实在太粗糙了。

第115页:"《四库全书》……其编纂始于1772年,1881年第一部《四库全书》抄录完成。1884年《四库全书》编纂工作完成,共计抄录了七部。"

第167页:"《四库全书》……从1773年起,至1782年初步完成,共经历了十年。"

前者说《四库全书》从开始到完成前后经历了一百多年,后者说共经历了十年。何是何非?

只要我们查一下工具书,就一清二楚了。

《辞海》说:"清乾隆三十八年（1773年）开馆纂修,经十年完成。"

《中国历史大辞典》说:"自乾隆三十八年（1773年）开设四库馆起,至五十二年缮写完毕,历时十五年。"

显然,书中115页的三个年代都是错误的。

我们看毛泽东正式发表的诗词手稿,也有错字。比如《沁园春·雪》在《诗刊》发表时,词中也有笔误。词中"原驰腊象"一句,周振甫先生认为应作"蜡象"。"蜡",色白而凝重,用以形容雪原,好像白色的象群在原野上驰骋。周先生向《诗刊》主编臧克家征求意见。臧克家先生认为有道理,同意将"腊象"改为"蜡象"。

不要迷信名人,就是不能因为某位作者是名人、大名人,就放弃对书稿的审核和把关。也正因为作者——不论是什么人,有名无名,都可能有疏漏、有错误,所以才需要我们编辑的工作。

10. 学会勤用工具书

编辑可能接触各方面的稿件,天文地理、文史哲经、IT业务、股票房产,但任何高明的编辑都不可能记住所有的知识,而稿件中又会碰到各种各样的问题,唯一便捷的办法是查找工具书。过去老编辑传授我们的经验是"口勤""手勤",其中核心是多请教、多翻书。文稿中语言文字、干支纪年、统计数字,须一一核实。即使是专家,也常常凭记忆写下数字,就不一定有百分之百准确了。作为责任编辑,要手勤,勤于翻检,勤于核对。

为此,每个编辑案头都应有一批工具书。现择其要者,开列如下:

(1)《新华字典》 不要因为小学生也用,便不好意思用它。它经过十几次大的修订,收字讲究,阐释科学,约11100字左右,一般常用汉字都有了。目前它已发行4亿册,堪称世界工具书发行之最,而且它体积小,在杂乱无章的办公桌上占不了多大地方。价格低廉,用坏一本可以毫不犹豫地再购一本。

(2)《现代汉语词典》 此词典对现代汉语的解释准确。它收词56000多条,包括字、词、词组、熟语、成语、流行语等等。它从1958年开始编写,经过几十年的不断打磨,从送审稿—试印本—试用本—修订本,不断修改,目前已出了五版,发行达

3000万册，学术界对它的质量评价很高。

（3）《图书出版管理手册》 此书是1991年由我发起主持编辑第一版的，至今已修订4次。不断删除过时的文件资料，增加最新的文件和信息。它能帮助我们随时查找文件规定，帮助我们解决出版的政策法规问题。

此外，还应备有中国地图集、世界地图集、中国通史、世界通史、唐诗三百首、宋词三百首，以及宗教方面的词典工具书等等，随时碰到问题，随时可以翻检，不必东找西找浪费时间。

书架上应该备有什么书？在我看来最重要的是能构成工具书的书。我这里"工具书"的概念，不单是一般的字典、词典，而是可以查考的书，如《史记》《汉书》《后汉书》《三国志》，找寻三国以前的史实、人物从中多能找到线索。比如中外文学名著，某文引用其中文字，也需去这些书中查核。这就有了工具性质，就很有用了。

当然，今天已是网络时代，鼠标一点，手到擒来，十分方便，但一定要清楚，网络上的百科条目，只能作为参考，作为线索，千万不可以作为根据。一些重要的内容，似是而非的地方，根据网络上给我们提供的线索，一定要再找来原作核对，不可存侥幸心理，要脚踏实地，以免以讹传讹。网络上条目的差错可不在少数啊！

第二章

出版管理为的是多出好书

游　翔：1987年5月，您出任新闻出版署图书司司长，进入一线管理部门。到1995年12月担任新闻出版署副署长，再到您2002年离开新闻出版总署，工作了16年。这16年您一直做出版管理工作，您认为出版管理的最终目的是什么呢？

杨牧之：我在新闻出版署（总署）工作十六七年，主要职责是搞出版管理，出版管理的目的就是为多出好书服务。对出版管理历来有一些说法，很多人觉得你们整天不是管就是卡，最后不成了就压，所以张口闭口说管理是"管、卡、压"。很多同志恐怕是不了解情况，就这个问题我谈谈我的看法。

我在新闻出版署（总署）工作十六七年，主要是"八五""九五""十五"计划这样一个阶段。在出版管理方面围绕着多出好书主要是做了两方面的工作：一方面就是在出版管理上严格要求，按照规章制度办事；另一方面是正面的鼓励、激励，尽力帮助大家把事做好。在这两方面新闻出版署还是做了很多事的。大家平常讲的前面的因素比较多，因为管嘛，总有让人不愉快的地方，其实改革创新、加强完善管理、处理好两个效益的关系，最终还是落实到多出好书上。过去大家总说，你们整天的这不许那不许，那么你们正面告诉告诉我们，许什么，怎么样做对、怎么样做好、应该怎么做。所以我觉得我们在"八五""九五""十五"计划那些年，以至于现在出版管理的工作，都是围绕着这两方面去做的。刘云山同志有一个讲话，他说，导向为魂、质量为先、创新为要。很精辟。导向、质量、创新，魂、先、要，核心都是努力保障把书出好，让广大读者有好书读。

围绕这两个方面我来谈谈，谈谈在这一阶段我们都做了哪些事情。

一、出版管理方面的要求

（一）制定出版规划——谈第一个全国出版规划的制定

从出版管理角度来说，给我印象最深的一件事就是制定"国家八五计划"，它的全名是"国家八五重点图书选题出版计划"。"国家八五计划"应该说是第一次由国家出面组织的综合性的大型的国家出版规划。为什么说是第一次呢？因为这以前没有做过综合性的规划，专科的有，比如少儿的、辞书的，都是单科的。各学科综合性的全国的出版规划没有做过，这是第一次。这第一次图书出版规划在做之前，在酝酿的时候，也有很多争论。有的同志说，这个工作很难做，过去没有做过，如果做不好，就骑虎难下了。也有的说，难度太大，以后再说吧。还有些同志提出来有些选题好做规划，编本辞书，编多少本辞书，编什么内容、什么规模的辞书，计划什么时候完成，都可以规划。但是围绕文艺作品怎么做规划？规划谁哪天写本小说，哪天出本诗集，这个规划怎么做？这样的意见听起来似乎也有道理。总之就是觉得难度很大。难度很大一个原因就是过去没有搞过，没有搞过综合性的，没有搞过以国家名义策划选题的计划。但这项工作得到了署领导，特别是主管署领导刘杲同志的大力支持，也得到出版社的支持。大家都认为做一个规划，有一个目标，设定实施步骤是有好处的，而且项目列入国家规划，对出版社也是一个鼓励。大家跃跃欲试。

我们先是从广泛的调研工作开始。图书司先后到了五十多所科研教学单位，请了180多位专家、学者分学科展开讨论。我感觉他们毫不为难，因为他们心里都有一些重点项目，还有一些项目他们正在进行中，希望研究成果出书时列入国家出版规划，以便得到重视和支持。经过近两年的努力，形成了第一个"国家八五重点图书选题出版计划",总计是1169种。从初稿到二稿,到"征求意见稿",到定稿,费尽心思。这个"八五规划"的制定和它的实施产生了非常积极的效果,产生了巨大的激励作用。为什么这样讲呢?因为在制定"八五规划"的时候,首先就告诉他们哪些方面是重点、哪些方面是国家急需的、要优先考虑的,这就是一个导向。保证了导向、保证了国家的要求,保证了马列主义意识形态方面的建设,经济建设、文化建设方面的迫切需要,希望他们赶快搞什么,这"导向"就落到实处了,而不是一般的号召、一般的口号。

第二个特别明显的效果是什么?因为这项工作先是由上而下,由国家向各省、各个出版社布置要求,要求怎么搞,要求多大规模,这是自上而下。第二步是由下而上。各个出版社、各个省都动起来了,省里也发号召,做布置,要求出版社搞选题规划。出版社搞完了以后报到省里,省里再加以平衡,然后报到新闻出版署,这是第二步。第三步刚才我说了,新闻出版署在五十多个科研单位,180多个专家参与下,经过近两年的调研、论证、筛选,最后形成1169种选题。然后把这些选题,也就是这个规划再布置下去,就是从上往下了。所以实际上"八五规划"的制定是这么三个阶段:由上而下往下布置,要求怎么搞,规定时间限制。然后自下而上往上报。报了以后总署再论证、筛选、平衡,确定下来后,再从上往下发布,要求保质保量认真落实。这么上上下下的三个回合,就保证了规划的质量和实现率。因为这些选题是从实际中来的,是出版单位自己报的,经过专家们再三论证然后形成的规划。既坚持了导向,保障了重点,又能保证它的实现。

另外,在国家出版规划的带动下,图书出版规模得到了合理的调控,出版的质量也有了坚实的基础。围绕着1169种在五年之内完成，这就是重点。出版社还可以搞其他选题，但是入选国家规划的这些选题必须重点保证优先完成。

第四点，这个规划是可以变动的，不断调整、补充，而且定期检查督促，每年都要查一查完成的情况，再开会交流完成的经验，这就保证了与时俱进和新陈代谢。所以"八五规划"的制定是新闻出版署，也就是国家职能部门出面制定的第一个综合性的国家出版规划。

光这么谈还说得不够具体，我再具体谈谈这个规划到底有些什么好东西、产生什么效果。我曾经写过一篇文章，是谈这个"八五规划"的制定的。文章很长，近两万字了，读起来很枯燥，因为有很多数字，有很多陌生选题的名字。但是我常常在我编的书中把它收进去，为什么要收进去呢？因为这个规划能让大家看到在"八五"期间全国的出版社、全国的编辑是怎么样在那里抓重点、抓选题、抓质量，可以看出来当时出版社的编辑那种提高质量、多出好书的雄心壮志和澎湃激情。

再具体地说，"八五规划"有这么几个特点：一个是特别注意保证导向，要把出好书落到实处。比如说要出好高质量的马列著作，要抓住与之关系密切的编译局、外文局，以及研究宣传马列主义有关的一些科研部门。当时出版的《列宁全集》，新版的60卷。《马恩全集》，中文第二版60卷。这两个全集有什么特点？它是我们中国人自己根据原版、原文，比如说德文（有的是德文，有的是法文），我们自己翻译过来的新的《列宁全集》、新的《马恩全集》。不像过去，过去我们都是从苏联版本翻译过来的，从俄文翻过来的，这次是我们自己从原文翻过来的，更忠实马列的原著，更忠实于马列精神，这个意义就很大了。这是一个特点。

再比如科技方面的图书。科技方面的图书重点是中国当时在国际上领先的项目，比如说王元的《纯粹数学与应用数学》，冯康的《计算方法丛书》，还有《中国小麦学》《小麦育种与栽培》等等。选的都是在国际上领先的选题，这是第二个特点。

第三个特点，充分考虑到空白领域，注意填补空白。我们还有很多学术领域不够充实，需要补充。过去大家经常说，敦煌在中国，敦煌学在国外，日本人说敦煌学在日本等等。我们在"八五规划"期间，围绕一大批敦煌方面的选题进行比较，最后评议挑选了四种，一种是文物出版社的《敦煌石窟全集》一百卷。这部书差不多把敦煌主要的东西都收进去了。甘肃人民社的《敦煌石窟研究丛书》，甘肃人美社的《敦煌石窟书法选萃》，江苏美术社的《敦煌石窟代表窟选集》。四部书既有对敦煌全局的介绍，也有重点的单项的介绍，有面有点，点面结合。出版社的同志千里迢迢地到俄罗斯，到大英博物馆，到德国拍照，有的花重金把东西买回来，全部出齐后就弥补了敦煌学的空白。

另外，特别注重的一点是逐渐把"八五规划"的一些项目形成系列，把这个系列补齐补全，让读者一看就很清楚。比如在文学古籍方面，已经出了的《诗经》《楚辞》、先秦汉魏晋南北朝诗，接下来要将全唐五代诗、全宋诗、全元诗、全明诗补齐，这样就把古典文学中诗这一块出全了。词已经出了全唐五代词、全宋词、全金元词，再补入全明词、全清词，又是一个完整系列。还有文还有曲。那么诗词文曲赋，已经出的有哪些，没有出的还有什么，在"八五规划"中把没有出的都补进去，这样就形成系列，给读者一个全貌。再比如历史类，历史学三大体系：编年体、纪传体、纪事本末体这三个方面，纪传体就是《二十四史》和《清史稿》。从"文化大革命"中间到后来《二十四史》逐渐出齐了，《清史稿》也补上了，编年体的《资治通鉴》《续资治通鉴》《明通鉴》，纪事本末体的《左传纪事本末》《通鉴纪事本末》等等，体现了在史学方面的系统性和计划性。

第五个特点，是强调为经济建设服务，安排并逐渐出版了一大批当时非常有影响的书，比如刘国光的《十二年改革回顾》，上海人民出版社的《中国雇工问题调查》，还有《中国城市土地出租问题》《西部地区人口与经济》《特区经济丛书》《利用外资丛书》《国际经济惯例丛书》。从这些题目大家就可以看出来，当时这些有关改革开放、经济建设方面的图书读者是多么的需要。还有城市土地出租问题、地区人口与经济问题、外资如何利用的问题、国际经济惯例的问题，这些书都纷纷地列入了选题规划，而且落实了作者，后来也都一一出版了，主题就是强调为经济建设服务。

另外，大型的综合性的"八五规划"因为是头一次制定，所以也有诸多不足，后来我们在制定"九五规划"和"十五规划"时总结了这些问题，努力去弥补和改正这些不足。比如，当时总想多出一些大部头的。认为是五年规划，又是以国家名义制定发布的，总觉得应该多一些大部头的，要有规模、有气魄，这就产生了丛书、套书，大型选题的大同小异或重复问题。另外，面向农村、服务农村的图书数量还不够丰富。认为这些图书多半是几万字的，不列入规划也可以很好地完成。通俗图书选题还不多。第三，文学艺术图书选题比较薄弱。这可能与当时作家们刚刚从"文化大革命"的创伤中恢复过来，创作正在萌动和起步有关系。

在制定这个规划的过程中，困难不少，很不容易，主要是缺乏经验、工作人员视野和知识储备的原因，幸好大家团结一心，诚心诚意依靠专家、学者，集思广益，终于渐渐成型了，从全国出版社报来的几万种选题中，经过层层的筛选，确定了1169个品种，可谓精选细选，优中选优。

　　署领导看到排印出来的初稿，十分高兴，他们一致认为这个规划很有价值，要求我们赶快把这个稿子印出来，进一步征求意见。署党组还决定等到召开全国新闻出版局长会议的时候拿出来，请局长们提意见并带回去研究，然后把意见再报到署里来，以便尽快定稿。

　　那时候导正同志已不是署长了，木文同志任署长，刘杲同志是常务副署长。大家都很重视这个规划。这时候出现一个情况。印出了"征求意见"稿本，署领导看着很高兴，局长会就要开了，嘱咐我们拿到会上去。正在这时，突然中宣部通知，听说你们要开局长会了，怎么开，你们来汇报一下。木文、刘杲带着我急忙赶去。王忍之同志那时候是中宣部部长，他说，听说你们要开局长会议，都有什么内容？木文同志做了汇报。汇报完了之后，忍之同志对会议议程也没说什么，开头就说，听说你们制定了一个规划，全国的规划，这个规划是不是还不够成熟？原来是为"规划"召我们来的，木文、刘杲同志大概知道些情况吧？否则为什么专带我来？因为在这个规划的制定过程中间，中宣部出版局看到这个初稿以后觉得很好，就提出来两家合作，以便进一步修订搞好。我很赞成。双方发挥各自的长处，把"规划"修改完善，对于"规划"的质量和贯彻大为有利，"规划"就会搞得更好。

　　我和新上任的局长刘伯雄商量（可惜没过几年，他就去世了）。刘伯雄跟我谈合作的想法，我说很好，咱们一块儿合作，我们有个初稿了，还不成熟，你们把把关，缺什么、少什么，咱们再补充。谈后他就出差了。这一出差，半个多月，这时候，全国新闻出版局长会议就要召开了，通知早就发下去了，没办法改动，等不了了，我们只好把这个稿子印出来了。考虑再三，一起讨论的工作都没来得及做，他们的意见也没来得及吸收，不便印上他们的名字，后来就决定谁的名字都不印，便把印好的"征求意见稿"送到会场去了。

王忍之同志一召见就说了，听说你们那个规划还不够成熟，大项目很多，为农村服务的较少，净是几十万、上百万字的，还得修改修改。木文同志当即表示回去再修改。我记得非常清楚，已经运到会场去了，我们精雕细刻做好的"征求意见稿"，就堆到墙角下，没人理了。

过了两个多月，五一前夕，徐惟诚同志亲自给我打电话，事情又发生了令人激动的变化。徐惟诚同志当时是常务副部长，他在电话中说，牧之，听说你们弄的那个"八五规划"已经定稿了？我说没有最后定稿，还在征求意见阶段。我只能这么说，我心有余悸啊。他说，听说你们弄得不错嘛。我听他这么说，挺高兴。他说，我让新华社去采访一下，五一前发个消息。真没料到，只过了两个多月，情况突变，要让新华社，向全国宣传报道了。我急忙向署领导汇报。没过几天，新华社记者来采访，又过几天《人民日报》《光明日报》都做了具体报道。峰回路转，由国家制定的第一个"图书出版五年规划"正式宣告诞生。

现在看得很清楚，制定"八五规划"也好、"九五规划"也好，制定规划，它就是一个按照中共中央、国务院的整个导向去组织出版单位策划图书选题，安排出版单位有步骤、有秩序地去落实，作者、责任编辑、出版时间都要落实，按时督促进度，随时核查质量，根据国家政治经济文化情况及时更新，应该说这是一个很好的事情。同时，他还能控制规模和数量，围绕着1169种重点去做。

正如《中国出版年鉴》刊出《国家首次大型重点图书出版计划缘起和设计》一文时的"按语"所说：

由新闻出版署主持制定的"八五"国家重点图书选题出版计划于1991年底完成，这是建国以来首次编制的一项促进出版繁荣的大型基础工程。

编制国家"八五"（1991—1995年）重点图书出版规划，是为了贯彻中央提出的"一手抓整顿，一手抓繁荣"的要求，争取"八五"期间我国出版事业健康、稳定、持续、协调地发展，使出版工作更好地为建设有中国特色的社会主义服务。这项计划的制定带动了各省、各出版单位对重点图书的规划工作，形成了上上下下抓重点、抓精品图书的好形势。

（二）年度选题评析——综合性把握年度出书情况的好办法

制定"八五规划"，是一个中期计划。除此之外，我们每年还要做一个选题评析、选题分析，就是对每年的选题，做一个分析。每年做这个分析的时候，大家都很用心，为什么呢？因为这个分析主要从以下三个方面进行：一个是总量，一个是结构，一个是内容。就是说，图书出版今年一年的总量大概是多少，结构是怎么样的？比如社科书、科技书、文艺书、少儿书各占多大比例。特别是通过内容提要，介绍大概内容是怎么样的。

我以1994年图书选题做个例子。各省选题报上来后，汇总，分类，然后交由图书司各处的同志进行分析。1994年，全国图书选题评析完成后，我写了一个总结。署党组把这个总结报到中宣部，丁关根同志看了认为非常好，就批示让《光明日报》、《人民日报》、新华社一起发表，当然也包括《新闻出版报》了。所以1994年全国图书选题评析这篇文章，就在《人民日报》《光明日报》《新闻出版报》同时刊出了。此文发表后，几个大报同时见报，影响很大。对我们工作是个很大的鼓励。

实际上图书选题的分析是很有意义的一件事情，"调整图书结构"首先调整好选题的结构，"控制图书品种"首先要控制图书选题的品种，"提高图书的质量"首先要优化选题，提高选题的质量。如果我们把每年的图书品种控制好，把结构设计合理了，努力提高内容质量，那一年就不会出五十万种书了，因为你在选题阶段就做了调控，很难设计出那么多、那么高质量的选题了。不好不坏、又多又快的问题还会出现吗？我举个例子，当时有出版社大概500家左右，500家，有450家出版社报上来选题，总共59000种。平均下来，一家一年是133种。450家出版社报了近6万种。那要按这个平均数来计算，还有100家出版社没有报，那就是13000种，加起来也就73000种。这73000种肯定是出版社的重点或者是比较重点的，它有些小的项目是不会报的。那就是说，我们把这个总量根据他们报上来的或者是没报的我们估计出来的一共是73000种。当时我们有一个经验，每年到八九月的时候，出版社会调整选题。调整选题一般在20%~25%左右，那么如果按增加25%来计算，就是约9万多种。

这个9万多种就是我们掌控的一年的总量，如果一年是9万多种，这个数字我们认为还是适当的，一年不就10万种左右吗？这是总量。结构呢？就说科技的书、社科的书、文艺的书、教育的书、古籍整理的书、少儿的书各占多大比例，比例不能失调。我们以经济建设为中心，经济、科技方面的书当然要多，另外，社科的书面大，当然也要多一些，这样有些书的比例就会小一点儿，这是结构的分析。内容方面的分析也要注意到各个学科方面的特点，都有些什么问题。在这个分析过程中间，我们就可以看出来这一年出版社哪些选题比较多，哪些选题比较少，什么东西是热门，什么东西是冷门。如果我们把这个统计分析写成材料，传达下去，出版社就能够参考，并根据这个精神调控自己的选题。他一看哪方面选题是冷门，很少，就可能在这方面多挖掘点儿选题。他一看哪个方面选题很多，就有可能考虑自己的选题水平，跟人家差不多的选题，就能进行调控了吧。

就刚才我介绍这个是每年的选题评析。每年选题评析侧重在结构、品种和质量。总的品种是多少，各家大体数是多少，一年9万多种，结构是怎样的，科技书占多少，1994年我们统计的数字，科技类占31%，社科类32%，文艺类14%，教育类15%，少儿类占6%，那是1994年的时候。现在恐怕早已不是这样子了。现在少儿类图书还不得占到20%啊？我觉得这个分析是扎扎实实的，也是从实际中间来的，对出版社、对出版界是有一个参考和导向作用的。这是出版管理每年都要做的一件事情。每年的图书选题评析，确实对出版社安排选题有帮助。

（三）图书的审读工作——及时发现问题解决问题

我讲第三点，图书出版管理工作中的审读工作。审读工作，有的人一听说"审读"，就觉得这是一个管、卡、压工作，不许出这个，不许出那个。如果是这样理解那就太狭隘了。审读工作其实是一家出版社对自己所安排的选题、所策划的图书正常的必要的管理，哪家出版社不认真分析一下自己的图书选题，不认真审读一下自己的书稿呢？这个措施是正常的、必要的，不但中国的出版机构是这样，外国的出版机构也是这样。我有一个朋友在美国写了本小说，我问他这个小说美国怎么个出版流程？他说，那可费劲了。他说："我写了一个初稿，出版经纪人认为有出版前途，就给我指定一个编辑。这个编辑把我这个初稿看了一遍，然后告诉我，划出来的地方不行，都得改，怎么样弄才好，改的不行重来。当然，他们从艺术方面、市场方面考虑得多，同时还有是否违法，版权问题等等。我改一遍，他们审一遍。到现在我弄了三年了，还没有定稿。他们认为合格了，才向出版社推荐。出版社是不是接受还不一定。"你看他们严不严？不也很严嘛。所以审读工作是非常重要的，审读就是把关，内容质量、编校质量都需要把关。现在从审读方面说，问题多出在什么方面呢？问题主要出在两个方面：一个是不把关，拿过来看看就出，甚至有的不看就出。一个是把不住关。把不住关是什么意思？一个是水平问题，水平低，看不出问题来。一个是态度和思想观点问题。这部书稿有的地方思想观点是错误的，审读者也认同这个观点，那还怎么把关？所以审读就是把关，把关出问题主要有两个方面：一个是不把关，一个是把不住关。不把关，不按照出版程序做，填个表就发稿了，发完稿以后，干自己私活去了，甚至炒股票去了，发财去了。一个是把不住关，水平不够，或者自己的思想观点、意识形态跟错误的观点一致，所以他也看不出问题来。

一般来说，问题都出在这两个方面。这方面的教训很多，很典型的一个例子是，黑龙江一家出版社出的一套武侠小说，是从港台引进过来的，叫《乱世鸳鸯梦》，三本。后来出问题了，我还真仔细看了，三本有五六百页吧。第一本一点问题没有，第二本一点问题也没有。大家都觉得从名字上就可以看出来，《乱世鸳鸯梦》，无非是武侠加爱情，所以，我估计编辑看了一本两本发现没有大问题就发稿了。这本书问题出在什么地方？在第三本的最后50页，文字中加了很多反动的话。很明显这本书的作者是故意这样搞的，而编辑没有估计到作者的狡猾，没有从头看到尾。从这个例子也可以看出审读工作是多么重要。

一般来说，从出版管理方面看，审读有这么几个作用：

第一点，通过审读可以发现出版工作中带有普遍性和倾向性的问题。这些问题是从审读工作中概括出来的，这样就有了普遍的指导意义。

第二点，通过审读了解图书选题和图书出版的总量、结构和趋势，刚才我说到，这有宏观调控的作用。

第三点，通过审读发现书稿和图书中存在的具体问题，便于采取必要的措施加以解决，这是管理作用。在审读过程中我们会发现很多有倾向性的问题，提高我们的警惕，特别注意去解决。我举个例子，不知道现在还能不能见到这本书。书名是《拍马屁的艺术》，讲如何拍马屁的。书中说，说领导的好话，那是一定得做的。但是不要当面说，当面说领导，领导会很尴尬，觉得你当面吹捧。如果背后说领导好话，领导也听不见，浪费了，白说了。这书指导你要在领导最亲近、最信任的人面前说，你要说得诚恳，听起来很客观，要不断地说，这个人接触领导多，他肯定会把你的话传到领导那儿去。领导听到会很高兴。他会想，这同志还不错嘛，当面从来不阿谀奉承，背后净说我好话，可见是真心，得重用。这是本书传播的一个拍马屁的艺术。讲到送礼，这本书里说，讲廉政，说不要送礼，你别听那一套，什么不送礼，偷偷摸摸送你知道吗？书中说，如果谁都送了，唯独你没送，你不惨了吗？如果谁都没送，就你一个人送了，那领导对你该会多么另眼相看啊！这是书中传播的拍马屁的又一艺术。活灵活现，庸俗腐臭。

我再举一本更奇特的书，是宣扬封建迷信的。书中大讲算卦看相，后来发展到更高级的看星相、看风水。其实都是夹杂着很多宿命、迷信的色彩。这些问题我们暂且不谈。这些书特别有意思的是它的"前言""后记"。我们看看这些"前言""后记"如何表演。每本书的"前言"中间都要说，我们是为了研究尚未认识的世界，是研究未来学的。冠冕堂皇。这是这类书"前言"里都要说的话。又说，书中间不可避免地有糟粕有迷信，大家一定注意批判，千万别上当。这就给自己上了个保险。我有言在先，你们得注意批判。"后记"最后总要说，时间仓促，错误不可避免，请大家不吝指正。真是狡猾！所以审读的作用，就是发现问题加以及时管理，不要任其漫延而毒害读者。

第四点，通过审读可以发现好的典型，加以扶持和表扬。比如重点的好书，这是起到激励作用的。另外，通过审读发现一些有趋势性的问题，有倾向性的问题，及时通报，这是沟通信息的作用。所以审读在出版工作中是非常重要，不可缺少的一环。中外的出版社都重视这项工作，忽视审读工作的教训也是很多的，我们一定要更积极地投入，把这项工作做好。

审读工作的关键是什么呢？关键是把握政策。为了把握好政策，我们做管理的同志要不断学习，学习党和国家的方针政策，参加各种培训班，做大量的研究工作。把握政策为什么非常重要呢？我们在这方面应该做些什么工作呢？年轻的同志可能没经历过，年纪大一点的同志都是从这一段过来的，知道很多我们在出版工作中出过的各种各样的有关掌握政策的问题。有的人从字里行间看到了反党反社会主义，有的人从描写中发现了色情甚至淫秽内容。可是如果我们根据这些点滴问题就把这本书定性，说这本书反党反社会主义，这个书是宣扬色情淫秽，那就糟了，不但作者糟了，出版社也糟了，作者的家属也糟了，这就看我们政策掌握得如何了。从这个角度说，他们的命运就掌握在审读者的手里。

我是1987年下半年从中华书局到图书司的，1988年就开始"扫黄打非"。开始的时候"扫黄打非"是由图书司负责，那时还没有专门的"扫黄办"。我记得非常清楚，我一年审读了280

种书。后来当然我也审出经验来了，这些书根本谈不上艺术技巧，大多是夹杂色情淫秽内容的书，都是一个套路，多是从欧美引进的低俗、荒诞的读物。我们从中找出一些线索就能作出判断。

审读中有两本书给我印象很深，一本书是关于性学，性的发展史。我到了图书司没多久，有人就把这本书稿的审读意见给我送来了。审读意见认为这是一本宣扬色情淫秽的书，是借着研究性的发展史宣扬色情淫秽，而且有了处理方案。这部书的作者是某大学的一位教师，定性为宣扬色情淫秽。应该说这样一定性，这本书就被"枪毙"了。我认真地看了一遍，产生了相反的意见。那么性发展史要怎么研究呢？它属于什么范畴呢？我毕竟不是这方面的内行、专家，不能轻易作结论，于是就请了两位专家帮我们审读，两位专家都认为这不是宣扬色情淫秽，它是一部社会学的研究著作，而且是有一定研究水平的，是通过研究人与人的关系，男与女的关系，男与男的关系，女与女的关系，一步步怎么发展过来的，怎么变化的，这里边有什么特色，进而研究人类社会如何一步步从原始社会、母系社会、父系社会到封建社会、资本主义社会、社会主义社会。

经过这样一个调研、审读、请教专家的过程，我又把图书司的有关同志请来一块儿研究，大家都认为专家的意见是对的，不能说这本书是宣扬色情淫秽的。因为我们把握了政策，掌握了专业的知识，这本书不就得救了吗？这位作者不是也得救了吗？政府管理是很严肃的。什么叫政府管理？政府管理就是按照国家的政策要求、法律法规，说不行就是不行，没有谈判余地的。政府管理不是学术讨论，我们既然掌握了这个"生杀大权"，就得十分慎重。后来不知道那位作者怎么知道这个情况的，他给我写了封信，表示感谢。其中还有一个原因，是因为我刚刚从中华书局来，我从一个编辑到出版管理者,知道编辑的甘苦,知道作者的不易,另外,对历史问题、史学研究问题、社会学问题,我多少还有点儿知识。这件事也说明了作为一个管理人员,你的专业知识和政策水平都是十分重要的。出版物的"生杀大权"在你手里掌握着,为读者负责、为作者负责、为社会负责,我们可马虎不得。

还有《白鹿原》的评价问题。《白鹿原》由人民文学出版社出版,这部书的责任编辑是何启治。当时何启治已经是出版社的副总编辑了。有一天,他兴冲冲地到我办公室,告诉我说,有一部非常好的书,书名叫《白鹿原》,已经发稿了,这是中国的《静静的顿河》啊!我就想,可以和《静静的顿河》相比美,那一定水平很高。因为我特别喜欢《静静的顿河》,从大学到工作后,前后读了两遍,《静静的顿河》可以说是世界顶级作品。我想,何启治水平很高,他说是中国的《静静的顿河》,一定差不了。我就跟他说,这书出来以后你一定尽快给我送一本。不久,书出来了,我连夜看完,真的很好。小说通过陕西关中白鹿原上白鹿村白姓和鹿姓两大家族的恩怨情仇,表现了从清末到20世纪七八十年代的历史变化。作者追求中国文化的深刻价值,展示了一部家族史、风俗史、个人命运的沉浮史,努力塑造民族精神。但是,说它是中国的《静静的顿河》,好像还不好相比。

这事过了一段,有关方面突然通知要开一个会,研究一本书的评价问题。署里就派我去参加,到了才知道是研究《白鹿原》。参加的有相关方面的领导,还有好几个部门的负责同志,新闻出版署的参会人员就是我。有这么些一线的重要的部门负责同志参加讨论一本书,可见此书的不同寻常。有关领导先简要地作了一个主旨性的发言,他说,今天讨论一下《白鹿原》,有读者反映,这本书夹杂了色情淫秽内容,怎么看,请大家来讨论一下。当时正好在处理贾平凹的《废都》，大家对《白鹿原》特别关注。具体说在两个方面关注，一个是是否有色情的内容，一个是政治方面是不是有问题，负责同志请大家发表意见。

发言的人大都认为两方面都有问题，最后领导让我讲讲意见。我那时候还较为年轻，说话比较直率，思考也不够细致，我有什么说什么，就把我接触和阅读《白鹿原》的过程说了一遍。我认为这本书是比较好的。我说书里边确实有一些似乎是"色情描写"，但是我不认为是为写性而写性，不能说是色情描写，这种描写是人物形象塑造和小说情节发展需要的。我说它没有超过《红楼梦》贾宝玉初试云雨情，也没有超过《水浒传》里潘金莲、武大郎和西门庆的描写。大家都认为，《红楼梦》还有其他的一些著作，写这方面的内容是为了塑造人物性格的需要，比如说《静静的顿河》《查泰莱夫人的情人》也有不少很原本的描写，都是反映社会问题的需要。《白鹿原》的情况是否和它们类似呢？我说到这儿后领导马上说，即使不是夹杂色情内容，也有政治问题。那既然说到这儿了，我就把心里想的都说了吧。我说，所指的是不是里面一位共产党员，一心一意追随革命，却死于自己人的"肃反"中。我说，这样的在革命斗争中间被误会的、被冤枉的也不是个别的吧？这也就是阶级斗争复杂性造成的吧？我说当然不写更好，不过，写了是不是可以体现革命斗争的艰巨性和复杂性？会议最后的结论是，小说有些地方要修改，但没说停止发行。后来我听说作者陈忠实还是删改了几处性描写，最近又出版了一本"全本"《白鹿原》，是不是又恢复了原来的样子？这个会议讨论内容我没有和任何人说过一句。事情过了有一段时间，陈忠实给我寄了条幅来。当然了我觉得作为一个管理人员坦诚地说出自己的意见，认真地进行研讨，是必须的。但是也要求我们具备一些必要的条件。比如，首先你得认真地读过这本书，你不能前后翻翻就做结论，你必须从头到尾认真地读一读。其次对创作的基本理论多少应该懂一些。审读者要有专业知识、专业水平，才能做好审读工作。

我曾经写过一篇文章，题目是《〈金瓶梅〉〈查泰莱夫人的情人〉出版发行的故事》，其中特别引述了胡乔木同志关于《金瓶梅》和《查泰莱夫人的情人》的一封信，乔木同志在信中说：

关于劳伦斯的《查泰莱夫人的情人》一书在西方文艺界评价的历史，请参看最近出版的世界文学名著丛书《儿子与情人》一书的译后记，该书似是外国文学出版社所出。关于中国的《金瓶梅》，我想看看人民文学出版社所出的删节本（该书比郑振铎节本删节更多），如还能找到，也可以和郑节本做一比较，以便对此节本做出公正的评价和妥善的处理。当然，即使有控制地发行《金瓶梅》节本，也会为全本推波助澜，这是件难办的事。但是从长远说，这样一部开《红楼梦》先河的文学名著，国外争相翻译，学者争相研讨，出版方面绝不能只当作淫书一禁了之，都得想出一个恰当的方针。为此，请设法把两种节本找给我。

乔木同志的信谈到两本书。我觉得乔木同志非常慎重，对一本书不要轻易做结论，这种负责的态度很值得我们出版管理同志学习。

我写这篇文章的时候，写前把乔木同志谈到的这些版本、"前言"和"译后记"都从人民文学出版社借来了，我认真地看了一遍。

这封信写于1987年，那时候我们还没能完全从"上纲上线"，对一本书做政治结论这样一个阶段解放出来。或者还有一些人为了体现自己政治觉悟高，还有私心，所以不敢轻易地去说一本书好，特别是有争议的书。但是从乔木同志的这封信可以看出来，他头脑清醒，不回避矛盾。作为一名政治家，党和国家的一位高级干部，这样把握政策，对出版工作、对理论学术研究，都是很有指导意义的。今天，回过头来读乔木同志这封信，还是很有价值、很有意义的，从中能学到很多东西。

在安徽合肥召开全国审读工作会议

审读是必要的，中外出版社在制定计划的时候，在出版一本书的时候，都有审读这一环节。后来通过一段的实践，从80年代、90年代后期，我们差不多一年开一次全国图书审读工作会议。开审读工作会议的目的，就是交流情况、交流经验、交流教训，大家探讨如何把握政策，怎么样把工作做得积极、稳妥、健康。在这个过程中间，我们总结出了在审读方面容易出问题的环节，主要有15个方面。

1. 管理不到位，三审流于形式，有的只有初审，复审、终审跟着签字，有的初审也是走马观花，并不认真。这方面出现的问题最多，除了《新官场秘经》之外，还有1999年9月出版的《危机中的亚洲》一书。该书将台湾、香港混淆为国家，对社会主义和共产主义进行贬损和攻击。该书审稿工作只是经责编抽查了部分书稿，大部分书稿没有看，更无复审、终审可言。

2.出版环节失控，没有进行有效的监督，这种书多半是买卖书号，或以协作出版为名，变相买卖书号，作者或合作的书商找印厂，搞发行。典型的例子是《军事武器》一书。该书稿，社里经过三审后交给书商出版。书商又找人加进了许多内容，多属于保密内容。该书由于存在严重的泄密问题和政治问题，出版社受到严厉处分。

3.利用自费出版的名义，逃避三审或放松三审。对自费出版早有明确的规定，自费出版的书必须是非盈利性的学术著作。对非学术著作要求有两点：一是有一定的纪念价值，二要求内容健康。

4.对武侠小说审读不到位，认为武侠小说只会有色情淫秽问题，不会有政治问题，这种看法是很危险的。《乱世鸳鸯梦》《绝代天骄——鹤唳长空》给我们沉痛的教训。

5.迷信权威，放松把关，认为权威看过了，权威题了词，就放松了警惕。其实，权威也常常迷信出版者，他认为你们既然要出版，一定严格审过，他便放心题词。这方面典型的例子是《高山仰止》。

6.出版社工作人员内外勾结，欺上瞒下，搞非法出版活动。这方面典型的例子是《鹿儿沟》。

7.不打招呼，一意孤行。有的为了经济利益，有的因为认识上的错误，不听劝阻，强词夺理。典型的例子是《谈判系列丛书》。

8.有禁不止，该报批的不报批。有的属于不学习文件，不了解情况；有的属于明知故犯，为所欲为。

9.有的出版社领导带头，为了小团体利益，欺上瞒下，失去监督。典型的例子是《陆祀预言》的出版教训。

10.引进港台书和国外图书，轻信外商，上当受骗；加上放松审读，忽视国情不同及港台政策和处理不同带来的问题。前者典型的例子是《韩中辞典》，该书将台湾作为一个国家与中华人民共和国并列。后者的典型例子是《青春之门》。

11. 电脑操作失误，又没有认真核对软片，出现意想不到的错误。典型的例子是《家庭实用大全》。

12. 停业整顿的出版社，整顿时就事论事，对出版过的图书不进行全面清理，导致旧问题未了，新问题又生。如某出版社停业整顿期间没有认真清理存在的问题。最近，又发现该社出版存在严重政治问题的《己卯五说》一书。某出版社去年因出版《最新英汉活用词典》一书存在政治问题被停业整顿，今年又查出该社存在严重买卖书号的问题。一般来说，被处以停业整顿的出版社都比较混乱，问题便不可能是一个，不能就事论事，必须全面清理。

13. 有的出版社负责人认为，所出图书中选用的文章早已在报刊刊出了，不必再报了，而实际情况可能报刊出时也没有办备案手续；有的文稿可能报刊刊出时就出了问题，受过处罚，但出书时不知情。如《落日》一书即是这种情况。

14. 与"工作室"合作的问题。近年来，社会上出现了一批"图书工作室"和"文化公司"。这类"工作室"和"文化公司"的建立往往只需要经过工商注册登记即可，有的甚至根本不办理任何手续。即使办过，一般也没有经营出版活动的范围。他们很多通过与出版单位买卖书号、刊号、版号从事非法经营出版活动。最典型的事例是"××部落创作室"所推出的一系列书稿，如"××部落黑马文丛""××部落知识分子文存""××部落名报刊精品书系"等。

15. 网上下载的文章结集出版。这种做法极易出现问题。网上的东西随意性很大，多没有认真审读，从网上下载时要特别当心。

大家在工作中一边要认真做好审读工作，一边要切实总结经验教训。这样，审读工作对出版的质量、导向，品种的调控就会有很多积极的作用。

（四）图书的校对工作

这部分我要谈谈出版管理部门另一项重要工作：如何狠抓校对问题。这就让我联想到1993年新闻出版署图书司做的一件震动全国出版业、影响深远的大事：全国图书质量大检查。这样的做法在中国出版业是第一次，在全世界出版业恐怕也从来没有过。

当时，读者强烈反映出版物质量差，突出的是文字差错率太高。于是，我们从1991年、1992年两年的出书目录中随机抽出几十种图书，请专业人员检查书中的差错。

检查结果，很让人震惊，合格率仅为20%。但更令人震惊的还不是这种低水平的合格率，而是对这种"低水平"的态度。有的出版社居然跑到新闻出版署领导那里告状，说图书司检查他们的图书是"打击报复"。从这里我们可以看出来，我们的一些编辑甚至个别出版社的个别领导，对这种质量要求是多么不适应。

但我们的工作却得到读者、社会的热烈欢迎。随后，图书司又连续几年、多次从各个方面进行图书质量检查：大型古籍今译图书质量检查、少儿图书质量检查、文艺图书质量检查、优秀出版社图书质量检查……不断努力，终于扭转了图书质量严重下滑的局面。1999年，全国优秀出版社图书质量的合格率达到80%以上。

1. 这事情要从头说起。长期以来，出版物语言文字方面的问题相当严重，备受社会关注。从广大读者、作者，到出版印刷单位和政府出版行政管理部门，都在积极探讨如何提高出版物的质量。我们经常收到各界读者的来信，强烈反映出版物质量的问题，有尖锐的批评，也有合理的建议。更值得回味的是，在这个形势下还出现了一个"新职业"。有的人专门找来出版社的书校对找错，找出后再通知出版社付费。还声明，如不付费，便在报刊上给你曝光，而且专找大书厚书挑错。虽然差错只有一二十个，但他会说全书几百页我全帮你审读过了，得按几百页计算字数付钱。也许出版单位对这种做法不高兴，但也只好委曲求全，谁让你出的书让人家找出了这么多错呢？我们出版单位，一定要本着对读者负责、对社会负责、对子孙后代负责的态度，切实提高出版物质量，提供合格的精神产品，同时也要求出版行政管理部门，进一步加强对出版物质量的管理。

客观地说，那些年，出版行政管理部门在出版物质量管理和出版物用字规范方面，下了不少功夫，主要是抓了两方面的工作：一是抓规范管理，制定规章制度和行业标准；二是抓监督、检查和落实，逐步完善管理机制和监督机制。1992年7月，新闻出版署与国家语言文字工作委员会联合颁布了《出版物汉字使用管理规定》，明确要求所有报纸、期刊、图书、音像制品和电子出版物都"必须使用规范汉字，禁止使用不规范汉字"。1994年8月，就进一步落实上述规定的问题，新闻出版署发出《关于新闻出版行政管理部门要带头使用规范字的通知》。1995年以后，新闻出版署相继发布了《图书质量管理规定》《图书质量保障体系》《报纸质量管理标准》《社科期刊质量管理标准》等行业标准，力度不可谓不大。近年来又不断修订出台"编辑校对规范"，不断加强对校对人员的培训，要求持证上岗。

但顽疾难医，问题依旧。新闻出版署只好组织对出版物的质量进行具体检查，并考核出版单位执行上述规定的情况。这就是大搞图书质量检查的背景。

1993年，中国出版史上空前的全国性的图书质量检查开始了。第一次，主要是针对读者反映强烈的北京地区中央部委出版社的出版物进行质量检查。办法是随机抽查，从1991年、1992年两年的出书目录中抽查几十种图书。检查结果令人震惊，合格率仅为20%。但正如我前文所述，更令人震惊的还不是这种低水平，而是对这种低水平的态度。有的出版社居然认为，检查他们的图书质量是"打击报复"，甚至组织人到出版署领导那里去告图书司。明明质量不合格，还要告状，真叫人哭笑不得。从这个态度可以看出来，我们的有些同志对这种质量要求是多么不适应。

接下来，新闻出版署图书司又按计划对读者反映强烈的大型古籍今译图书的质量进行检查，检查结果同样令人震惊。检查了9种大型古籍今译图书，9种全部不合格，平均差错率高达万分之六点三。

这种全国性的图书质量检查，在全世界恐怕也没有第二家。功夫不负苦心人，经过上下一齐努力，事情渐渐向好的方向转化。1998年对全国文学图书进行质量检查，合格率达到60%以上；1999年对全国优秀出版社出版的图书进行质量检查，合格率达到了80%以上。

工作在进步，质量在提高，一方面靠行政的力量，持之以恒，一抓到底；另一方面也是靠社会来抓，靠广大读者来抓，靠各方面的监督。

2. 校对问题，事关重大，图书司经常以历史教训为例，召开专题会议呼吁大家切实关心和重视校对问题。不要因为校对上不用心，而把一本好书变成质量不合格的书，或者因为我们不小心，贻误读者，造成损失。

这其中的教训太多了。我记忆中有这样一件事："文化大革命"期间，某单位有一份8开的小报，那时候在报眼的位置上，多是放一两句领袖的语录。那天大概是个什么节日，放了句口号，口号是"敬祝伟大领袖毛主席万寿无疆！"小报字号太小，报眼上的口号是7号字，排版的工人误将"！"号植为"？"号，于是便成了"敬祝伟大领袖毛主席万寿无疆？"可能字号太小了，加上问号和叹号下面都是一个"·"，编辑没有发现，校对也没有发现，主编签字付印。报纸一出来，读者眼尖，马上写大字报，这下炸了锅。这是"现行反革命"啊，哪个领导敢担这个责任？于是从主编到校对一个不落地全部撤职、开除。

还有将马列毛主席语录排错的情况。那时候，对领袖的话，丢一个"的"，少一个标点符号，都是严重政治错误，不但已出版的报刊要全部收回，与之有关系的人都得作检讨，接受处分。那还得是不涉及内容方面问题的。如出现了涉及内容问题的差错，处分就更加严重了。从那以后，凡是校对马列毛主席语录，校对员、责编，至少校对十次。发展到后来，有的校对怕习惯性顺着读下去会把差错放过去，还倒过来校，一段语录，从后往前一个字一个字地校。因为如果发现领袖语录出了差错，全书就得收回、报废，那费的功夫就大了。因为不能算经济账，要算政治账。

经过这样风雨锻炼的编辑、总编辑，怎敢不重视校对工作？

当然，我前面所举的例子都是从消极方面说的。消极方面的教训，也是经验，十分重要，而且这些教训会记得特别深刻，经久不忘。从积极方面说，经过不断总结经验教训，不断呼吁提醒，大家认识到校对工作确实非常重要。出版物是传播思想文化信息的载体，要把思想文化传播给读者，必须准确无误。试想想，如果一本小学生的教材出现了语言文字差错，那不是要影响孩子一辈子吗？另外，人类文化遗产的积淀、传承，首要就是其中的文字要准确无误。否则几百年、几千年之后，考据这个记载的正误，可是要有大学问、下大功夫了。今天校勘"二十四史"及《清史稿》，集中了那么多大学问家，一二十年做下去，谁也不敢拍胸脯说，万无一失。当年吕不韦说，谁能找出《吕氏春秋》一个错字，赏银一两。悬赏日久，居然真的没人找出一个错字。其实那不是没有一个错字，是没人敢找。在秦王"仲父"头上动土，不要脑袋了？

3. 我们定期办培训班，讲解中国图书出版的历史、借鉴前人的经验。我国是一个有五千年文明历史的国家，自古以来就有重视出版物"校对"的传统。

校书这个概念，早在距今2800多年前的西周就有了记载（见《国语·鲁语下》）。据史书记载，孔子也做过校书的工作，编校过"六经"。对后世影响最大的当属西汉时期。汉朝建立，文化上面临的是秦始皇"焚书坑儒"的荒芜。大量图书被焚烧，朝廷为了资政的需要，必须赶快整理一批有用的书。公元前26年，朝廷组织收集和整理图书，经学家刘向便是负责校对整理经书的一员。经过实践，他提出"校雠"的概念。刘向说，校雠是什么意思？即"一人读书，校其上下，得缪（通谬）为校。一人持本，一人读书，若怨家相对，故曰雠也"。刘向的这个定义告诉我们：校与雠，是两种校对功能和两种校对方法。校，是说做校对的是一个人，面对的是一本书，校对的人多采用通读的方法，发现并改正谬误。雠是两个人，面对的是一种书的两种或多种版本，一个校对人读，另一个人将不同版本来比照，发现版本间的差异，然后对"差异"进行考辨，"择善而从之"，目的在于改正传抄的讹误，恢复原著本来的面貌。

刘向为什么用"雠"来表示"校对"呢？雠是一个会意字，左右各一个"隹"，隹是象形字，甲骨文里像鸟之侧形，本义"短尾鸟"。两个"隹"中间夹个"言"，意思是"对鸣"。由"对鸣"引申为"对答""对头""仇敌"。刘向用"雠"表示"校对"，除了用它的"对鸣"义外，还用了"仇敌"之义，表示"猎错如猎仇"，所以古代学者又将"校雠"称作"校仇"。这也说明了"校雠"的严肃性，一个差错就是一个"仇敌"。

经过不断实践，不断总结，为了尽量不出差错，古人又提出"三校一读"的要求，即校对三次，最后要由总监纂通读一遍。据专家考证，隋唐时代官方翻译佛经，在誊抄过程中，实行"初校、再校、三校"，最后由"主持"详阅。这是中国校雠史上最早的"三校一读"记载。宋太宗下令重校"三史"，明确规定"三复校正"，最后由他"御览"，也是"三校一读"。清乾隆时代编纂《四库全书》，对誊录本的校对，最初只设分校、总校两级校官，乾隆皇帝翻阅总校后的《四库全书荟要》，发现了错别字，提出严厉的斥责，于是在分校官与总校官之间增设复校官。全书誊录完成之后，乾隆又命负责总纂的陆锡熊"详校全书"，又发现了许多错讹，也是"三校一读"。现代的"三校一读"与古代的校法和任务虽有不同，但精神是一致的。一而再，再而三，目的就是消灭差错，保证质量。

4. 社会发展到今天，人们对信息交流，对书、报、刊阅读的要求越来越高，校对人员的责任也就越来越大。校对工作同样是一种编辑工作，是编辑工作的延续，是对编辑工作的补充和完善。这个观点大家都已认同。校对工作不到位，书的质量得不到保证。有两位大人物都对校对工作发过言。一位是鲁迅，他说过，校对和创作的责任是一样重大的。一位是列宁，他说过，校对是最重要的出版条件。可见他们对校对质量感触之深。

在大家不间断的努力下，认识得到统一，重视程度普遍提高。

我记得一次评选国家图书奖时，一家著名出版社一本很厚重的书，进入了"国家图书奖"正式奖的入选名单，只剩最后一道关卡：图书质量检查。大家都认为胜券在握。因为大家坚信，一部这样好的书，校对一定差不了。但经过专业校对人员检查，差错率居然超过了万分之一的要求，让人大出意外。评委们一致认为，不能迁就，不能获奖。"国家图书奖"两年评一次，正式奖每次只有30个名额。在全国两年出版的图书中只评出30种书，能进入30种的名单中那是多大的光荣！特别是眼看奖杯到手了，又被拿了下来，多让人可惜！但是评委们为了让大家吸取教训，还是咬着牙坚持撤了下来。

千万不要轻视校对工作，校对工作同样是一种创造性劳动。清代校勘大家段玉裁曾说过，校雠有两大功能，概括为六个字：校异同，校是非。校异同，是照作者原本校对，不能错，不能漏字，不能多字。校是非，则是对校对人员更高端的要求。发现"异同"好办，发现"是非"，亦即判断原稿文字表述是否正确，就要有相当的语言文字和各方面知识的储备，所以段玉裁说："校书之难，在于定是非。"

"定是非"能发现作者书稿的错误，这样的校对必须是有学问的，某些方面甚至比作者高明。有篇研究校对的文章说："校对与编辑的关系，可以用八个字来概括：同源、分流、合作、同归。"（见《论编辑校对人员必备的素质和自我修养》）很好地诠释了编辑与校对的关系。"同源"因为古代的书是手写的，编书、校书基本是同一人。"分流"是在纸和印刷术发明后，出版手段改变了，编辑和校对有了分工。"合作"，校对工作有特殊性，但同样是编辑工作的一部分，二者必须彼此合作，互相沟通，才能保证书的质量。"同归"，校对和编辑都是为了一个目的，最后都归到一部书的质量上去。

有鉴于此，我们不但思想上要高度重视，而且还要有一定措施保证，把思想重视落到实处。总结各出版社的经验教训，我们要求出版社必须做到以下三点：

（1）要配备有专业的、合格的、一定数量的校对人员。术业有专攻，学问很大的编辑，眼前的错别字不见得能够发现，甚至在大标题上的头号大字，愣是发现不了，这里就看出校对专业知识的重要。

（2）要有严格的校对规章制度，并且不断宣讲这些规章制度，定期培训从事校对的人员。

（3）最好设有专门负责校对的科室。

上述三点，似乎都是常识，似乎很多出版社都明白这三点的必要，但据我所知，就是这谁都明白的三个常识，不少出版社却仍然做不到。有的以"编校合一"的名义，把校对科室取消了，专职校对没有了，图书编校质量问题还是不断出现，真快到了"无错不成书"的地步。所以，今天回忆起来，仍然还是这两句话：图书的质量问题，编校质量问题，任重道远，千万不可怠慢啊！

（五）图书品种总量的掌控——每年安排的出版品种要与编辑力量和经济实力相协调

1996年1月，我写了一篇题目叫《"两减两增"说明了什么？》的文章，记得是代表新闻出版署替新华社写的新闻稿。1995年，图书总量减少0.2%，新书品种减少13.2%，在整个社会大讲数字，大讲GDP增长的年月，居然把减少作为一件值得肯定的大事向全国报道，这不是很有意思吗？

今天，二十多年过去了，回忆当年"两减两增"的情况，这中间所包含的内容和意义，还是会有很多思考。当时我在文章中总结了如下三点体会：

第一，新闻出版署党组坚决纠正规模和数量的过快增长，努力追求优质高效，多出好书。

第二，新闻出版署党组不慕虚名，不图"显赫一时"，为读者负责，为国家负责的实事求是精神。

第三，为了巩固规模数量增长向优质高效增长所做出的努力，新闻出版署又制定了"长远发展规划""阶段性转移目标体系"等方案，这些举措让人增长信心。大家坚信经过踏实工作，真正的出版繁荣一定会很快到来。

现在，我们年出书已经超过50万种。这50万种中，好的有多少，不好不坏的有多少，坏的有多少，有关管理部门是否也应该认真分析一下？

下面，我回忆一下当年（上个世纪80年代）的情况，对我们今天搞好出版工作也许会有借鉴意义。

党的十一届三中全会以来，出版工作取得了很大的进展。1978年，全国年出书是12500种，出版社是105家，到1995年全国年出书101381种，出版社达到563家；过去出版的力量主要集中在北京、上海两大基地，而现在江苏、浙江、湖南等省，正在成为新的出版基地，有很大的实力。出版社布局更加趋于合理。我们出版了一大批优秀图书，比如《中国大百科全书》，两万名学者，历时15年，努力奋斗，终于完成。它虽然只是一种书，但从出版的角度来说，一个国家高质量的百科全书的出版，既是一个国家科学研究水平的体现，又是一个国家出版水平的体现，这两方面如果达不到相当的高度，就不可能编撰和出版高水平的百科全书。《汉语大字典》的出版是新中国出版史上一件了不起的大事。原来收汉字最多的字典是日本人编的《大汉和字典》。

后来我们的台湾同胞编出《中文大字典》。《汉语大字典》的出版，超过了前两本书的规模和质量，成为收汉字最多的字典，这是很有意义的大事。我们克服了种种困难，搜寻在国外的敦煌文献，出版了《英藏敦煌文献》等多种有关敦煌的图书，扭转了"敦煌在中国，敦煌学在国外"的现象。还有我们自己编的中文版50卷《列宁全集》，新版《马恩全集》，标志着我们对马列著作的研究和出版达到了新的水平。为什么这样讲呢？因为中文版《列宁全集》是我们自己根据列宁著作的原文重新翻译编辑的。《马恩全集》也是把搜集到的马克思、恩格斯用各种文字撰写的文稿，由我们自己翻译编辑，这就更加忠实于原著。还有许多自然科学的著作，诸如《杂交水稻育种栽培学》《工程控制论》《中国土壤》《泌尿外科》《中国矿床》等等都达到或超过了国际水平，为经济建设、科学研究做出了贡献。但更令人振奋的是这无数好书背后，中国出版工作者那种拼搏向上的事业心，那种千帆竞发、百舸争流的精神风貌，那种对未来的期望和信心。

我们年出书10万种，如果从绝对数字看，我们从排在世界第十几位，而今成为世界前列，确实是值得大家自豪的。但是规模和数量并不是繁荣发展的主要标志，质量和效益才是衡量水平的重要标准。所以，我们透过规模和数量这个表面现象进行深入的分析，就可以看出隐藏在大数字背后的问题。

第一，对出书总数的分析。日本年出版新书虽然只有4万种，但年再版书却高达20万种，可供书目多达30万种。德国年出版新书虽然只有5万种，但年再版书多达30万种，可供书目达70万种。再版书与可供书的多少，说明了图书质量和市场的供应能力，标志着出版业的总体水平。我国图书再版率1996年达到44%，这是创纪录的数字，但以年出书总数10万种计算，也只有

4万多种。我们的可供书恐怕也只有10万余种。

第二，对生产要素与生产数量的分析。从1979年到1995年，出版社由105家增加到563家，增长了436%；而反映生产实物量的总印张数不过从135亿印张增加到315.41亿印张，增长134%；总印数从37亿册增加到62.6亿册，只增长69%。生产要素的扩张远远大于生产效率的提高，粗放型增长的特征十分明显。

第三，从图书的平均印数来分析。1985年总共出版图书45603种，总印数62亿册，1995年总共出版图书101381种，总印数63.22亿册。10年间，图书年出版品种增加了1倍多，而总印数与过去基本持平，说明图书的平均印数下降了一半多。

第四，从发行情况来分析。改革开放以来，各出版社对发行工作都十分重视，自办发行、参加书市、推销员直销，多种手段，不遗余力，而书并没有真正送到读者手中。我们年出书10多万种，可供书目10多万种，一般县级书店平均备货不到3000种，省会城市书店大门市，多的备货3万种，少的也就1~2万种，从这些数字可见，绝大多数图书并没有真正进入市场，即不了了之了。

第五，出口比重低。从版权贸易情况来看，我们买进的版权大大高于售出的版权。改革开放刚刚开始时，国外书商看到中国图书那么多好东西，蜂拥而来，风土民情、中药武功、世界之最，我们卖出不少。这几年，这些"世界之最"人家买得差不多了，主要是我们买人家的了。我们的图书在世界市场上占的份额很小。

从以上五点我们可以看出，这个时期，我国出版业整体水平还是不高的，我们的发展还主要是靠出版社总数的增加，也就是靠规模的扩张，而日本、德国等发达资本主义国家的发展主要靠再版书的增加，也就是靠内涵发展。我们的出版业生产要素的数量扩张远远超出生产效率提高的比率，客观上走的是一条高投入、高消耗、低产出、低效益的路。在这样的产业基础上，出版工作中出现了一系列的问题，这些问题处理不当又会产生连锁反应。出版社增加过快，缺少高质量的经营管理人才和编辑人才，致使图书的整体质量难以提高，质量有问题的图书时有出现，不少出版社追逐经济效益，抢热门选题，造成品种重复，同样内容的图书几十种、上百种，而相当多的学术著作出版困难。在这种广种薄收、不顾质量的情况下，拜金主义抬头，买卖书号、非法出版屡禁不止，严重地影响了出版业健康有序的发展，严重地影响了图书的质量。从这些情况可以看出，中国出版业面临着严峻的挑战，这些问题如果得不到妥善解决，我们的事业就不能前进和发展。

针对出版业发展面临的新情况、新问题，1994年初，新闻出版署党组适时提出了推动出版业从以规模数量增长为主要特征向以优质高效为主要特征的阶段转移的工作思路。其总的要求是：控制总量、优化结构、提高质量、增进效益。这一战略思路提出以后，逐渐在全国出版界达成了共识。

为了有效控制总量，新闻出版署和各地出版管理部门采取了对书号使用总量进行宏观调控的措施，并对造成出书品种恶性膨胀的"买卖书号"行为进行了严肃查处。

为了优化结构，各出版社在制定出版规划时，强化了以经济建设为中心的意识，增加为经济建设、科技进步、提高人民精神文化生活水平服务的选题，大力压缩平庸选题，同时加强选题论证工作。

为了提高质量，新闻出版署和各级主管部门，在采取奖励、建立出版基金等多种措施鼓励和扶持优秀图书的同时，针对近年来社会反映强烈的图书编校质量差的问题，制定了《图书质量管理规定》，并大张旗鼓地在全国范围内进行了5次图书质量大检查，对质量低劣的图书进行了曝光、查处，引起震动，使全行业质量意识普遍提高。

另外，出版社的同志、省局的同志和署里的同志，大家一起总结和推广了一些管理经验和好的工作方法。从署党组提出阶段性转移的思路以来，大家在加强管理，促进出版事业的繁荣方面作了很大努力和积极探索：

我们确立了出版社年检制度，一年一自检，两年一统检（全国统一检查），及时总结经验教训；

评出良好出版社、优秀出版社，树立典型和榜样；

建立审读制度，组成全国审读网络，把选题审读与成书审读结合起来，及时发现问题、解决问题，努力把问题制止在萌芽状态、成书之前；

设立"国家图书奖"，历届评奖的水平和评委会的工作作风，确立了国家奖的权威地位，确实评出了精品作为导向；

继"国家'八五'重点图书出版规划"的胜利完成，又制定了"国家'九五'重点图书出版规划"，体现国家对图书出版趋势、总量、结构、重点的宏观调控和引导；

抓少儿读物"5155工程"，长篇小说每年30种重点选题，"邓小平理论研究书系"，有组织、有力度地攻克重点图书的出版工程；

及时预见热点，加大调控力度，保证重点选题出版，避免一窝蜂现象，取得了较好效果；

发行方面，实行"书刊征订委托书"制度，对总发行实行严格管理，不给非法出版活动以可乘之机；

实施了"国家常备书目"制度，加强对读者阅读的导向，带动了一般图书的发行；

推出一批"全国新华书店系统精神文明示范单位"，作为窗口行业，带动全国新华书店的精神文明建设；

更为重要的是，大家在实践中认识到，出版工作千头万绪，但要以《出版管理条例》为依据，树立有法必依、执法必严、执法有序的意识。

经过近两年的阶段性转移的实践，图书出版业质量效益都得到了提高。

了解图书出版业的人都知道，衡量出版业整体质量水平和生产效益高低的重要标志之一，就是重版率。质量是图书的生命，只有真正质量好的书，才会受到读者欢迎，才会有市场，进而可以不断地重版，才会有长久的生命力，经济效益才能像滚雪球一般，不断地得以扩大。好书越来越多，出版社形成品牌，出版业才会更加繁荣。这是推动出版业发展的硬道理。

就拿1993年和1995年两年的重版书相比：1993年是30448种，重版率是31.5%；1995年是43055种，重版率是41.6%。两年间重版率增加了10.1个百分点，而两年间重版书品种的涨幅达41.4%。

以上所述变化充分证明，阶段性转移的思路，符合社会主义市场经济条件下出版业发展的内在规律要求，也充分说明，只要措施到位，全国上下形成合力，控制总量，走优质高效之路，会越走越宽广。

成绩还只是初步的。我们应该看到，我国出版业同发达国家出版业相比，整体实力还有差距，经营管理水平和劳动生产率还比较低，严格说来，增长方式还属于粗放型范畴，要实现中央提出的"两个根本性转变"的要求，实现符合社会主义精神文明建设的要求，还任重道远。特别是当前，出版业的工作尤为艰巨。为巩固和发展已取得的成果，达到党和国家的出版要求，出版业的同志们正千方百计，为使我国出版业达到一个前所未有的繁荣局面，建立起有中国特色社会主义的出版体制而努力奋斗。

二、鼓励多出好书的措施

（一）"国家图书奖"的设立与评选

1992年下半年，经过近三年的研究和努力，设立"国家图书奖"的方案终于在新闻出版署党组会上通过了。接下来又以新闻出版署的名义颁发了《国家图书奖评奖办法》。在下发的《国家图书奖评奖办法》的"通知"中明确申明，设立"国家图书奖"是"为促进社会主义出版事业的发展，鼓励和表彰优秀图书的出版"。

当时，我们都感到出版管理如果只是"管""卡"，这不许，那不许，是远远不够的，还要树立榜样，让人家知道怎样做，什么样是好的，应该以鼓励为主。

我们当时考虑，设立"国家图书奖"是中国最高级别的图书奖项，评出中国最好的书，以国家名义进行表彰，这不就是树立榜样吗？

另外，要把精神表扬与物质鼓励相结合，不但要给作者，还要给责任编辑（包括美编、校对等）以物质奖励。

想得很好，大家也都认同，但第一个问题就来了。到哪去搞这笔钱？总不能也像一些评奖那样收参评费吧？"国家图书奖"奖金要有点分量。比如标准是作者一万元，责任编辑六千元，如果每届评30个左右，就需要五十万元左右，再加上评委费、场租、会务费、评委住宿、饮食等费用，没有二三百万元是办不下来的。在那个时期，这笔钱是很大的一个数字。署计财司的司长唐砥中同志找到我，说："牧之，你抓紧制定方案，我去给你搞钱。"今天想起来，我都十分感动，感谢唐砥中司长的大力支持。计财司上上下下，请示申诉，终于得到了财政部的理解，这笔钱国家财政做出了支持。这件署党组先后讨论三年的大事，终于定下来了。

万事俱备，1993年，大家兴致勃勃地开始了第一届"国家图书奖"的筹备、评选工作。

第一件事是制定《国家图书奖评奖条例》。首先明确，设立"国家图书奖"是为了"促进社会主义出版事业的发展，鼓励和表彰优秀图书的出版"。其次指出"国家图书奖"由中华人民共和国新闻出版署主办，强调是全国图书评奖中的最高奖，代表国家水平，以国家名义表彰。评奖的指导思想，坚持以党的经济建设为中心，坚持改革开放的基本路线，坚持为人民服务，为社会主义服务的方向，百花齐放，百家争鸣，古为今用，洋为中用等。这些既是评奖活动的指导思想，也是对图书内容的原则要求。

第四届国家图书奖评委合影

第二件事是选聘评委。评奖条例中明确讲，要经社会各方面推荐，要选聘一流专家、学者，一定是了解这一学科的"领军人物"，做事公道，作风正派，从而确保"国家图书奖"的权威性。

大出意料的是评委选聘工作十分顺利。既有像王朝闻、季羡林、任继愈这样德高望重的学术大师，也有像陈芳允、庄逢甘、路甬祥这样的科学院院士，还有袁行霈、邢贲思、金开诚等著名学者，出版界代表薛德震、戴文葆、巢峰、叶至善、周明鉴等等。这些专家热情支持评奖工作，有的带病坚持工作，有的推掉已安排好的活动，有的放弃休假，有的特地从外地赶来参加评奖，这些都让我们感动，给我们鼓励。

第三件事是明确了两年评一次，每次授奖名额为30个，不得超过；另设提名奖50个。获奖图书正式确定之前需要公示征求读者意见。后来，我们把初选书目在专业报纸上公布，听取广大读者意见，引起社会很大反响。与此同时，请专业人员进行图书质量（校对）检查，差错率如超过万分之一，一律不得入选。由于准备充分，评奖进行得很顺利。

第一届"国家图书奖"评完，颁奖大会随后在人民大会堂隆重举行。全国人大常委会副委员长卢嘉锡、全国政协副主席雷洁琼、中宣部常务副部长徐惟诚、新闻出版署署长于友先等参加了颁奖会。中国当代著名学者季羡林、王朝闻、任继愈、卢良恕、邢贲思、叶至善等光临为获奖者颁奖。获奖出版社的上级主管部门领导，包括部长、副部长二十余人热情参会，我们请他们都坐在主席台上，他们都感到十分光荣。整个会场气氛热烈，各界代表喜气洋洋。刚刚退下来的新闻出版署副署长刘杲主持会议，新闻出版署党组成员全体到会，可谓盛况空前。

颁奖之后各种报纸、电台、电视台的评介报道盛况空前，用现在的一句话说叫"好评如潮"。光看这些报道的标题，可见大家的热情和喜悦。

《人民日报》：群星灿烂，美不胜收——第一届国家图书奖评选揭晓。

《光明日报》：第一届国家图书奖揭晓。并配有"短评"说："众所瞩目的首届国家图书奖评选结果已经揭晓。这不仅是我国文化出版界的盛事，也是广大读者为之庆贺的一件大事。"

《文汇报》于1月18日和22日破例地作了两次报道，大标题是：广大读者和出版界人士盛赞首届国家图书奖。小标题是：获奖135种图书选自50多万种图书，在学术上是高质量的。并说，这次评奖可称得上是我国有史以来最具规模的一次图书评奖活动。一些读者看了获奖名单后说："我国终于有了一项权威性的图书评奖。"

《新闻出版报》1月18日全文刊登了获奖书目。1月30日颁奖会后，在头版头条套红大书"首届国家图书奖颁奖"。

《中国青年报》在2月13日二版头条发表专文，标题是"中国有了国家图书奖"。

《文汇读书周报》发表近两千字的专文《群星灿烂，美不胜收》予以评论，还利用半版的位置刊发了获奖图书名单。

此外，中央电视台、中央人民广播电台作了专题报道，《文艺报》《人民日报·海外版》《北京日报》等多家报纸都以十分显著的位置作了报道。

获奖单位兴奋异常。山西省获奖出版社代表下了飞机，省新闻出版局和出版社有关领导敲锣打鼓到机场迎接，并在机场合影留念。各省和有关部委的出版社获了奖，得了奖金，很多省和有关部委为了鼓励多出好书，还再增发了一份奖金。

各种新闻媒介这样热情，这样慷慨，令人感动。究其原因，难道仅仅因为它是国家举办的图书评奖吗？我想大概有这样几个原因：

第一个原因：评出了好书

新闻出版署1992年10月《关于下发〈国家图书奖评奖办法〉的通知》中说："为促进社会主义出版事业的发展，鼓励和表彰优秀图书的出版，特设立国家图书奖。"三十多个字，概括和凝聚了出版界同行的许多思考和期望。设立"国家图书奖"，一为评出好书，以国家的名义予以表彰。这就告诉编辑和出版社，出什么样的书是好书，希望多出什么样的书。这也就是评奖的导向作用。二是为全国的图书评奖工作起一个带头作用、规范作用。当时图书评奖活动实在太多。当然，有很多评奖活动搞得好，评得严肃认真，但也有不少评奖活动搞得不够好，有的甚至把内容有问题的图书也评上奖。这就让人怀疑：评奖的导向究竟是什么？设立国家图书奖，也有树一个样板，进而整顿图书评奖的目的。

今天，当奖状已经颁完，奖杯已陈列在获奖出版社的社史陈列室中的时候，我们回头总结一下，这两个目的是否实现了呢？

是否评出好书，评出导向，评价这个问题，要看三个因素：

第一点是评奖的广泛性。要从全国出版社所出图书中找出几本好书来并不难，关键是要把全国的出版社都动员起来，挑选好书，送书参评。第一届"国家图书奖"参加评选的图书出版时间是从1980年到1992年年底，总计13年，这期间全国共出版新书50余万种，共有400家出版社（占全国出版社总数的76.5%）报来1105种参评图书。评委经过初审，从中选出189种作为初评入选图书。随后，经过广泛征求意见和充分讨论，又从189种中评选出135种作为获奖图书。可以这样说，这135种图书是从50万种图书中评选出来的。应该毫无愧色地说，这次评奖图书基础雄厚，来源广泛，覆盖了13年间全国出版社出版的全部新书。

专家们审读国家图书奖参评图书

第二点是获奖图书的导向作用。评奖要评出好书，以引导出版界向这些好书学习。什么是好书？在今天，好书就要为经济建设服务、为改革开放服务、为建设有中国特色的社会主义服务。

综观获得第一届"国家图书奖"的135种图书，贯穿了这样一条"导向"主线：举凡我国改革开放在政治、经济、法律、文化、民族、宗教等方方面面的重大问题，这些图书都有较为深入系统的论述和探讨。如刘国光主编的《中国经济体制改革的模式研究》一书，对我国市场取向的经济体制改革作了系统的、深入的、科学的分析，对我国的经济体制改革起了重要的促进作用。《孙冶方选集》是"中国当代经济学家文丛"之一种。孙冶方是我国学术界倡导经济体制改革的先驱者，他的论著是在当时历史条件下所达到的最高学术水平，他的学术观点对我国的改革理论和改革实践，都起了重要的推动作用。此外，费孝通先生的《行行重行行——乡镇发展论述》、李江帆的《第三产业经济学》、黄硕风的《综合国力论》、韩德培的《国际私法》、王家福的《中国民

第二章　出版管理为的是多出好书　　117

法学·民法债权》等都是直接为改革开放服务、为经济建设服务的好书。

第三点是获奖图书的高质量、高水平和巨大贡献。按《国家图书奖评奖办法》"质量优秀，贡献突出"的规定，要具备下述5个条件之一：①对于中华民族的科学文化的发展有重要的贡献的；②对于宣传马克思主义及党和国家的重大方针政策有重要贡献的；③对于国民经济、国防建设有重要贡献的；④对于出版事业的发展有重要贡献的；⑤有重要思想价值、科学价值、文化艺术价值或在思想界、学术界及社会上产生重大影响的。如《中国美术全集》（古代部分），共60卷，是我国迄今为止最全面、最系统、具有较高学术水平的大型图集。到现在为止，已先后出版了大陆版、台湾版，还出版了部分英、法文版，在海内外产生了巨大影响。《甲骨文合集》费时30年，共收甲骨41956片，为现有最全的甲骨资料总集，具有较为严密的科学体系和实用价值，是研究中国古史重要的参考资料。《中国大百科全书》是中国第一部综合性现代百科全书。编纂出版历时15年，集中了全国2.2万名专家学者参加编纂，选收条目7.7万余条，涵盖了整个人类的知识和历史，记述了现代科学文化的发展和成就。它的出版，对于中华民族的科学文化发展有重大贡献，在国内外产生了重大影响。再如《乾隆版大藏经》《中国历史地图集》《杂交水稻育种栽培学》《实用儿科学》《工程控制论》《汉语大字典》《汉语大词典》《西藏简明通史》等等，真是"群星灿烂，美不胜收"。

好书评出来了，表彰、奖励了出版社、编辑和作者，但更为重要的是，通过评奖提出了一个要求，这就是：图书出版最重要的是把握政治方向，努力提高文化品位，努力提高图书质量。获奖的出版社已经开始为第二届评奖作准备，这次没有获奖的出版社憋足了劲，一定要在下一次评奖时榜上有名。

从这个结果我们可以说，"国家图书奖"的导向作用实现了。

第二个原因：做出表率

一般来说，图书评奖只有一个目的，就是评出好书来。但在今天的形势下，新闻出版署设立"国家图书奖"还有另外一个目的，就是期望通过这次评奖为全国的图书评奖做个表率，进而整顿和规范全国的图书评奖工作。

第一届"国家图书奖"评选工作是在十分严肃、认真的情况下有步骤、有计划地进行的。第一阶段是确定参评资格。首先，新闻出版署发出评奖工作通知。各出版社经反复筛选、评议，提出参评名单，并经两名以上专家推荐，上报"国家图书奖"评奖办公室。不少地方出版社的参评图书是经过省一级评选后确定下来的。评奖办公室对参评图书逐一进行了资格审查，看是否符合评奖所要求的出书年限，看是否有明显的质量问题及其他方面突出的问题。第二阶段是按9个门类分送9个评委会初评。评委在认真阅读参评图书资料、审读参评图书的基础上，经过充分讨论，以无记名投票方式确定本门类初评入选图书。第三阶段是评奖办公室将初评入选的图书在《光明日报》《新闻出版报》上加以公布，广泛征求对初评入选图书的意见。在半个多月的时间里，评奖办公室共收到几百名读者的来信和电话，其中包括台湾和香港的读者。在此基础上进入第四阶段，即复评阶段。评委们经过充分讨论，以无记名投票的方式表决，最后选出135种获奖图书。

这个过程应该肯定的有这样五点：

第一，周密准备，充分宣传，调动尽可能多的出版社参加评奖。

第二，评委的高水平和严肃认真的态度。七十余位评委全是学术界、出版界、教育界的著名专家学者。他们把对文化出版事业的责任心与个人名誉（评得不好会丢了个人的名誉）结合在一起，一丝不苟，兢兢业业，认真比较，反复磋商。

第三，四个阶段（确定参评资格、评委会初评、公示初评入选数目、复评），层层把关，每一阶段有每一阶段的责任制。

第四，初评之后，公诸报端，向全社会读者征求意见。这个办法是《文汇读书周报》读者进的言，意见很好，效果明显。

第五，复评定案前充分讨论、反复研究，尤其要认真对待社会的反映和意见，然后无记名投票，产生获奖图书。

由此，我们想到社会上名目繁多的图书评奖活动。这些评奖活动，多数是好的和比较好的，但有一些现象值得注意，这就是：

1.搞评奖是为了总结工作的需要，所以这些出版社很在乎中奖率。如果一本书获了奖，下一次再有评奖活动，无论档次多高，也不再将这本已获奖的书送去参评。

2.搞评奖是为了评聘职称、涨工资，有关的编辑千方百计送自己责编的书参评，多方找门路甚至请客送礼使自己的书获奖。

3.搞评奖是为了捞钱，每本书参评费200元、300元不等，再以扶持出版、加强精神文明建设为名四处拉赞助，拉上10万元、8万元，评奖者的"劳务费"就很可观了。

这样搞下来，评奖的结果可想而知了。有的按出钱多少分配获奖名额和等级；有的根本不懂出版工作，无论哪个出版社送评什么书，只要交了一定数额的钱就让它获奖。有一个声势很大的评奖活动，居然将内容有问题的书评上奖，影响很坏。

针对这些情况，结合第一届"国家图书奖"的评选经验，随后，新闻出版署对图书评奖活动作出规定，进行整顿。

1.任何图书评奖活动（出版社内部评奖除外），都要经过出版管理部门批准。

2. 国家级图书评奖，只能由新闻出版署主持进行。在"国家图书奖"之下，设单科图书评奖，如：优秀科技图书奖、优秀少儿图书奖、优秀古籍整理图书奖、优秀文学（中外）图书奖、优秀辞书工具书奖、优秀美术图书奖、优秀哲学社会科学图书奖、优秀民族文版图书奖等。评奖由新闻出版署主办，委托某群众团体或学术团体承办。这8种奖作为"国家图书奖"的基础，获此8类图书奖一等奖的书，可以直接进入"国家图书奖"的评选。

3. 跨省、跨行业的图书评奖活动，要经新闻出版署批准，评奖结果要送署备案。

4. 各省、市、自治区级的评奖活动，要经省、市、自治区新闻出版局批准。

第三原因：再实践的依据

"国家图书奖"评完之后，我们收到很多朋友、同行、前辈的来信，这些信既给评奖工作以充分肯定，又诚恳地提出建议，希望我们总结经验，不断改进，把下一届"国家图书奖"评得更好，尤其是著名学者陈原先生、语文专家李行健先生的来信，热情诚恳，感人肺腑。上海著名出版家巢峰同志对"国家图书奖"获奖图书、获奖出版社进行了仔细分析研究，写出专文，对评奖活动大加鼓励，同时还提出宝贵意见。这些建议经过我们的消化、理解，我归纳如下，以作为再实践的依据：

1. 由于受报送图书数量和办法的影响，不可避免地会有遗珠之憾。为了尽量弥补此类缺憾，参评书的报送推荐单位可以扩大。除出版社外，还可请国家级和省级研究所、学会报送推荐专业范围内的图书，写出评语；可请该学科的权威学者推荐图书，写出评语；甚至还可以选定若干大企业、大事业单位的有组织的读者（如读书会）推荐图书。

2.评委提早聘定，评委会提早成立，参评书尽量提前送请评委审阅。评委虽说是专家，却不能认为他们对所有参评书都已过目。送书太晚，便不得不临时翻看，仓促之中难免疏漏。而且，提早聘定，评委平时便可留心其专业范围内的图书。但也应注意，评委聘定过早，名单传出，要注意去评委处"走后门"，给评委添麻烦的问题。

3.获奖图书的质量是综合质量，任何一个环节出了毛病都会影响获奖。鉴于此，对校对、美编等都应给以适当的奖励，不宜只奖书的责任编辑，以利于激励和调动大家的积极性。

4.评奖的分类应该再进一步研究，分得更合理些。每类获奖数目先予确定，评定结果只能等于或少于而不得多于此数，宁缺毋滥。荣誉奖应按实际情况来定，有就评，没有就不评。

5."国家图书奖"是综合性大奖，下面各单学科评奖应尽快完善。科技图书评奖相对来说评得顺利，一个很重要的原因就是新闻出版署早已设立了"优秀科技读物奖"，每两年评一次，路甬祥等老一辈科学家和科学界领导大力支持，探索出了一套周密的行之有效的办法，这就为"国家图书奖"科技图书的评选打下了坚实的基础。这种办法值得提倡，各大学科都应单独评奖，并在评奖时间上与"国家图书奖"相协调。

好的建议还有很多，这些建议都可以作为后来的"国家图书奖"评选工作的依据和参考。总之，"国家图书奖"的设立和评选出来的好书，都起了很好的作用。

（二）评选优秀出版社和良好出版社

这项活动是为了正面表彰优秀的出版社，以形成一个遵纪守法、多出好书的局面。当时设想是分三个等级：优秀出版社、良好出版社，此外的都是一般出版社。优秀出版社一共只评了三批，一批15家，三批才45家。被评上优秀出版社是很光荣的，一是少，全国五六百家出版社，获此荣誉的不到十分之一；另外，还有实惠，优秀出版社出书不限书号。良好出版社的名额比较多，良好出版社书号增加20%。一时间出现争当优秀出版社的热潮。

这里就说到书号管理问题了。在当时有关领导提出限制书号，按人头分配。这个办法，署里多数人是不赞成的。一个编辑一年五个书号，一个出版社按编辑人数来算总书号量，按照这个办法领书号。这样做是否会管得太死？但是，后来图书的品种逐年大增，内容方面的问题越来越多，新闻出版署压力越来越大。比如，四川某出版社出版日本的所谓写真集挂历，裸体的或者半裸体的，满大街挂着那些东西。开头有些人还觉得挺新鲜，接触多了以后就觉得挺讨厌，特别是到年底了这些挂历还卖不出去，所以那时候人家嘲笑说，在呼啸的北风中，挂历上的美女全身裸露，被冻得瑟瑟发抖。虽然一本挂历要用一个书号，但书号不限量，随便用，客观上方便了这些低俗东西的出版。

这时候有关方面的领导着急了，要求一定要加强管理。但在书号管理的办法上新闻出版署党组研究了多次，都还没想出控制书号、限制书号保障图书质量的妥善办法。主要认为这些问题的出现并不完全是书号数量问题，而是指导思想、选题标准和编辑素养问题。这些问题不解决，书号减到再少，问题仍会出现，而且限制书号还会给国外一些不怀好意的人以口实。

后来有一天，徐惟诚同志给我打电话，让我到他那里去。他一来电话我就紧张，因为惟诚同志非常有经验，也有水平，说的事常常让你无言以对。领导召见，我只好硬着头皮去了。见面就把我批评了一通。他说，早就让你们控制书号，你们就是不控制，现在出了这么多乱七八糟的书，牧之，你有责任没有？我赶忙说，有，没有管理好。他又说，一定控制书号，限发书号。我说今年都发得差不多了，现在已经四五月份了，从明年开始吧。惟诚同志说，不行，从今年的6月份就开始。我说，回去我向领导汇报，尽快开始。这事就再没有回旋余地了，限书号，就从1993年6月开始了。

当时，我心里还是有一些想法。我认为为了保证图书质量，克服"不好不坏，又多又快"的现象，控制、限发书号是一个办法。也可以说是一个不得以的办法，但还要辅以其他措施。要从选题、内容、结构方面去下功夫，才能切实保证图书质量。

评上优秀出版社不限书号，也是有道理的，既然是优秀出版社，说明工作已经很棒。出的书质量都会不错。工作优秀，遵纪守法，我们干吗还要限制呢？评上良好出版社你可以多拿20%的书号。当时的目的也是想，用一种好的机制来解决书号的问题，顺势平息一部分出版社对限制书号的不满。大家会讲，如果你认为"限制"不好，那你就努把力，把出版社办好，成为"优秀出版社"，就谁也不会限制你了。评选优秀出版社和良好出版社，取得了正面激励的好效果。到现在，二十多年过去了，还有很多出版社的广告上写着，曾被评为优秀出版社、几次获得良好出版社称号等等，可见作用很大。优秀出版社很光荣，又不限书号。良好出版社也不错，不但有面子，还适当增加了书号数量。总之，起到了正面激励的效果。

附：《1994年全国图书选题评析》

图书选题计划的制定对图书的出版至关重要。一般来讲，"调整图书结构"首先就要调整好选题的结构，"控制图书品种"首先就要控制图书选题的品种,"提高图书质量"首先就要优化选题。当然,选题并不就是图书,但从对图书选题计划的分析中,我们能够直接看到,新的一年图书出版的总量,各类图书的结构比例,以及图书出版的主要趋势和应该注意的问题。可以说,年度选题计划,是全年出版的"雏形"和"缩影",从中可以检验一个出版社的设计能力和出版水平。

新闻出版署图书管理司对全国450家出版社1994年的图书选题进行了系统的审读。审读工作的指导思想是"一个指针,四项任务",即以邓小平同志建设有中国特色的社会主义理论为根本指针,以江泽民同志要求的"以科学的理论武装人,以正确的舆论引导人,以高尚的精神塑造人,以优秀的作品鼓舞人"为主要任务,大力贯彻新闻出版署党组提出的新闻出版工作要"从总量增长为主要特征的阶段向以优质高效为主要特征的阶段转移"这样一个要求,着眼于为改革开放服务、为经济建设服务,着眼于高扬我们时代的主旋律。

下面,是我们对1994年图书选题的概括和分析。

一、总量分析

我们总计审读了450家出版社计59784种选题,平均每家133种。如果以这个平均数计算,将未报来的100家出版社的选题,计13000多种统计在内的话,1994年全国出版社的选题,合计约73000种。就一般而言,出版社每年增补的选题约占初报选题总量的25%左右,也就是说,1994年的选题预计是73000种再加上它的25%,约计90000种左右,会比1993年的出书总量(97000种)有所下降。

当然,不能一概说选题减少了,图书品种减少了就好,但从当前出版社的实际情况来讲,由于人员素质、经济实力、印刷发行条件等方面的限制,控制或适量减少图书品种总量,是保证图书质量、提高效益、促进繁荣的必要手段。

就1994年选题来看,在总的减少、下降的趋势中,各社的情况也有所不同。一些老社、出版条件好的地区的出版社,选题控制得反而紧,如军队17家出版社共报选题2266种,比1993年降低16.3%;浙江省局直属社共报选题828种,平均下降4%;广东省局16家出版社共报选题1795种,也比去年有所下降;上海市33家出版社,品种总量继续控制在零增长。相反,出版条件不那么好的,特别是一些新建社,选题品种却猛增,如:有一家新建社,各方面条件都不算强,三四十人却安排了338种选题。这实在是多了。

今年四川各出版社选题有很大改进。全省20家出版社,共报来2476种选题,平均每家124种,在全国的平均线以下。但重点书却有526种,占21.2%。总量控制,重点书增多,这是很好的现象。当前保证图书质量,首先从总量控制下手,是一个较为现实的手段和措施。没有这第一步,保证图书质量就会成为一句空谈。

二、结构分析

从1994年的图书选题结构情况看,各学科分类比例大致平衡,选题结构比较合理,已审读的59784种选题的分类情况大致如下:

科技类选题18857种,占选题总数的31.5%;

社科类选题19336种,占选题总数的32.3%;

文艺类选题8760种,占选题总数的14.6%;

教育类选题9251种,占选题总数的15.5%;

少儿类选题 3580 种，占选题总数的 6%。

从门类最大的社科类和科技类选题情况看：在社科类选题中，数量最大的是经济类和法律类选题。这是正常的，因为这两类图书为现实和实践的服务更直接，已成为社科类选题和图书的两大支柱。科技类选题一般占全部选题的四分之一到三分之一，数量越来越大，适合以经济建设为中心、科技是第一生产力的要求。科技类图书中又以应用技术类选题为最多，一般要占科技类选题的 30% 以上。文学类选题的结构情况是：30 家文学出版社平均每家选题 116 种，比 1993 年平均 200 种下降 40%，但重点书却有 480 种之多，占全部选题的 13%，比去年的 8% 增加了 5 个百分点。这是个可喜的现象。

在整体结构中，很多出版社重视高品位、高质量的学术著作，这方面的图书占有相当的比例。值得介绍的是浙江几家出版社学术著作所占的比例：浙江人民社占 49%，浙江文艺社占 36%，浙江古籍社占 22%，杭州大学出版社占 71%。这种平均高水平的情况，值得倡导。

出版社按专业分工安排选题是保持合理结构的重要因素。专业分工，对出版社既有约束，又是其优势和长处所在。从 1994 年选题情况看，超分工安排选题的现象大为减少。许多出版社在图书市场的激烈竞争中意识到，要想在图书市场中发挥优势，就要注意扬长避短，并要形成自己的出书风格和特色。这也是从图书出版的实践中总结出来的宝贵经验，如四川省的 7 家大学出版社，今年对选题超分工现象严加控制，教材、学术著作占到 70% 以上，这是一个很大的变化。

但也有的出版社在这方面注意不够。我们对 4 家师范院校出版社的选题进行了分析，发现超分工现象严重。其中一家，大专教材、学术著作选题只占32%；辅导类读物选题达47%，幼儿读物选题达9%。这个结构显然是不合理的，因为大学出版社主要是为教学和科研服务，大专教材、学术著作比例太小，显然是与办社宗旨不相一致的。

从1994年的选题结构来看，重版书的比例比1993年又有所提高。重版书是反映图书的文化积累价值和图书整体质量水平的一个重要标志。据对部分出版社重版书比例的统计，重版率已达到选题总数的27%，比去年增加3%。一批实力雄厚的老字号出版社是重版书的生力军，如：商务、人民文学、人民教育、科学、中少等社的重版率都在40%以上。商务印书馆1994年安排选题270种，其中重版书142种，占53%。上海市33家出版社平均重版率在40%以上，显示出雄厚的实力。一些地方出版社的重版率也有所提高，如山东科技社重版书达43.2%。成都地图出版社1994年安排选题74种，重版书28种，占38%，这对于一个小社来讲是很不简单的。一些年轻的社重版率也在提高，如中信社达35%。但也有不少出版社重版率还不到10%，有的甚至全是新书，没有能够拿来重版的图书。这一点应引起有关出版社的高度重视。

三、内容分析

如果说以上两方面是对1994年选题做的直观分析的话，那对选题素质优劣、品位高低的分析，便是对其内容做出的深入分析。这里，我们重点对社科类选题、文学类选题、少儿类选题和科技类选题做出分析，和大家讨论。

（一）社科类图书选题的特点和存在的问题

特点一：宣传马列主义、毛泽东思想的选题占有十分突出的位置。

继 1992—1993 年出版了新版《列宁全集》（60 卷）、新版《毛泽东选集》（1—4 卷）、《邓小平文选》第 3 卷之后，1994 年这方面又有几个大的工程：《马恩全集》（第 2 版），这是经中央批准的又一大工程，计划 15 年出齐，1993 年开始发稿，1994 年计划出版前 3 卷；《列宁全集》（第 2 版），根据新版《列宁全集》重新编辑；《毛泽东文集》，经中央批准，系"八五"重点规划选题，1993 年出版了 1、2 卷，1994 年出版 3、4 卷，计划 1995 年全部出齐；重编再版《邓小平文选》1、2 卷。

特点二：关于建设有中国特色的社会主义理论方面的选题，有大的拓展，选题多而不乱，注重质量和效果。

特点三：经济类和法律类图书选题已成为社科类图书选题的两个支柱。1994 年的这两大类选题贴近现实，实用性和可操作性如《实用期货贸易手册》《中国大陆涉台法律》《市场经济实用法律法规快通丛书》等。

特点四：有关集体主义、爱国主义和社会主义教育方面的选题大大增多和优化。

除了上述特点，1994 年社科类图书选题也有几个特别值得注意的问题。

问题一：特别应该注意以下 4 类选题：

① 关于描写党和国家主要领导人生活和工作情况的图书选题。

1993 年有关这类图书出版的教训不少，也出了一些歪曲、丑化党和国家领导人形象的图书，应该吸取教训。这类书并不是不许出，而是有分工，还要履行报批手续，要经有关权威部门审定书稿内容，这既是对读者负责，也是为作者和出版社负责。

② 有关民族宗教问题的选题。

这类图书涉及民族政策，很敏感，处理不当，容易引起不良后果，1989年的《性风俗》，1993年的《脑筋急转弯》，都引起很大的风波，今后对这类选题应该十分慎重。

要遵守《关于对涉及伊斯兰教的出版物加强管理的通知》的有关规定。

③有关在军事、外交方面可能泄露国家秘密的图书选题。有关方面很快会下发《关于加强军事题材出版物出版管理的规定》，请大家严格执行。

④有关"文革"的图书选题。

去年这方面图书出了一些问题，诸如《文革酷刑录》《文革死亡档案》等书，效果不好，应该吸取教训。应该肯定的是，任何历史都是可以而且应该研究的，但"文革"这段历史，背景特殊，时间距离又近，许多当事人都还健在，写得不好容易导致翻旧账，引起矛盾，甚至会干扰以经济建设为中心。因此，从有利于动员和团结全国人民集中精力进行经济建设这样一个高度来说，我们应该根据中央有关团结一致向前看、历史问题宜粗不宜细的精神，高度负责地，十分慎重地对待有关"文革"图书的出版。当然，确有研究价值的书稿，经过有关部门的审批，还是可以出的，但那种专以记录"奇闻轶事"为能事的东西，就不要出了。希望我们出版社的领导能对下面的编辑同志多做解释，晓以利害。

问题二：有关政治生活中容易导致不稳定问题的图书选题，如物价、工资、工厂停工停产等方面的图书要慎之又慎。时刻注意主观动机与客观效果的统一问题。另外，对政治生活的猜测，将道听途说的材料演义成一本书，此类做法都是很不严肃的，出版社的总编辑，应该特别注意审读把关。

问题三：宣扬封建迷信的图书选题。

读者对这类图书意见很大。对这类书我们有过明文规定，任何出版社也不能出版宣扬封建迷信的图书。但去年以来，这类书的出版又有新花样。主要有三个特点：

①这些书一般都打着研究"神秘文化"的招牌，声言是"探讨人类尚不能认识的问题"，似乎肩负着历史的重任。这些书多冠以"神秘文化研究""神秘文化"书系等名目，号称是"人相学""神秘文化探源"。

②这类书多半前有"前言"，后有"后记"。"前言"大讲批判封建文化，批判伪科学，劝读者一定区分精华糟粕，切勿上当；"后记"多半讲提供这些材料目的是供大家批判，编者水平所限，研究不够，希望大家运用马克思主义理论作武器，批判继承。正文中则不厌其烦地注解占梦、看风水、算命、看相的方法，整个一个大兜售、大甩卖。

③这类书多半是买卖书号或以协作出版为名行买卖书号之实。这类书大多印数多，质量差，定价高，发害民财。

问题四：重复、追逐热点选题的现象，仍比较严重。

热点一是股票、期货方面的书，1993年已出了200多种，今年仍安排了不少。

热点二是大型古文今译，吃老祖宗的饭，几十个人半年、一年就编译出上百万、上千万字的东西，质量很难保证。

热点三是中小学生的教参、教辅图书，许多出版社超分工的都是这类图书，给中小学生及家长造成很大的负担。

热点四是生活类用书，这方面的书安排得太多，而且内容大多重复，造成浪费。

（二）文学类图书选题的特点及趋势

1994年文学类图书选题有许多可喜之处。第一个可喜的现象是：当代长篇小说的选题有突出的增长。多年来，长篇小说的创作比较寂寞，好的长篇小说不多，令人交口称赞的就更少。今年这方面的图书可望有所突破。从选题上看有这样几个特点：

1. 量多。

30家文艺类出版社报来的长篇小说选题有600多种，占整个文学类选题的18%，比1993年增加了10%。如人民文学出版社有16种，上海文艺出版社18种，海峡文艺出版社23种，中青社"90年代长篇系列"有分量的选题达几十种。长篇小说选题数量的增多，说明文学图书的出版迈上了一个新的台阶，开始建设富有时代气息的新的文学大厦。

2. 作者阵容强大。

如谌容（《人过中年》）、张炜（《你在高原》）、韦君宜（《露沙啊，路在哪里》）、魏巍（《心程》）、周而复（《雾重庆》）、黎汝清（《故园暮色》）等等。这些作者都是久负盛名，颇有功力。这就给小说创作的质量提供了坚实的基础。

3. 从内容方面看，多为严肃的纯文学作品，与去年的陕西流派所谓"秦军东征"大不相同。这说明文艺图书出版的品位在逐步提高。

第二个值得高兴的现象是：港台的通俗小说、浅层次的武侠小说选题大大减少。

通俗文艺作品各文艺社报来的选题仅100种左右，而其中大陆版的通俗文艺作品又比港台的多。

出版社将注意力由港台通俗作家身上转移到大陆作家身上来是明智之举。因为，无论从人数、作品分量和著作权方面来衡量，都是后者占有明显优势。如：山东文艺社"新潮女性系列"安排了山东籍女作家郑建华的女性系列通俗小说5种；长江文艺社安排了两套通俗小说系列，每套7种；江苏文艺社也在开始培养自己的所谓"言情小说"作家，都表现出文艺出版社在培育自己的出版风格，培养自己的作者队伍。这种主动精神和战略眼光是应该肯定的。

文学图书选题值得注意的问题：

1. 翻译作品数量急剧下降。

新中国成立以来，文学翻译工作成绩斐然，国外文学名著几乎都及时地翻译过来了，但这两年来翻译作品数量骤减，这既不利于中国文学的发展，不利于借鉴外国好的文学成果，也不利于改革开放，不利于深入了解世界的发展与变化。这一点我们应予以特别的关注。在所报来的文学类选题中，外国当代文艺作品的选题不到100个，有的文艺社过去以出版翻译作品著称，今年也只安排了几种选题，如有一个较有影响的地方文艺社，1993年外国文学选题60余种，今年仅有6种。照这样下去势必导致图书结构的失调。

当然，这里有一个重要原因就是中国加入了国际版权公约后，翻译出版国外作品要受著作权法的约束，要保护著作权人，也就是要签约、要给人家版税。但从大局出发，从长远出发，还是要计划好、安排好，避免几年后出版断档和空白。

与外国当代文学作品减少相映衬的，是近两年出版出现了一股"名著热"。原因在于翻译出版名著不需要付版税，同时，读者的眼光高了，愿意买名著，有阅读价值，也有保存价值。出版社充分看到了这一点。然而，名著的大量重复翻译出版，会造成很大的浪费。如《红与黑》已有13个译本，《呼啸山庄》和《简·爱》

也有六七个译本，它们在质量上不见得超过傅雷、杨绛等名家。出了一个本子又一个本子，有人认为这是出版社"跑马圈地"。这样做恐怕不是明智之举。

2. 小说创作中的性事描写过多过热。我们不是一概反对性事描写，问题在于怎样写，写到什么程度。有的书中根本无需写什么性事，作者却去着力渲染，显然是另有所图。

3. "明清艳情小说"热。

所谓"艳情小说"即夹杂有色情描写的古小说。这类书在清代即曾被查禁。新中国成立后，出版管理部门对此类书一直持严肃慎重的态度，但1993年，几家出版社不经报批，安排了此类选题多种，而且都以"足本""全本"自称。这类书中有许多露骨的性描写，对读者特别是对青少年读者身心健康不利。新闻出版署去年发了一个文件，规定了这类图书的出版要专题报批，并且开列了书目，一定要切实执行。

4. 港台图书的选题仍需要履行报批手续。一些出版社采取"先斩后奏"的做法，不利于图书出版的管理工作。今后此类选题仍旧要实行专题报批、严格审核的制度。

（三）少儿类图书选题的优势及其不足

少儿读物是我国出版界成绩比较突出的一块，近几年进步尤其明显。1994年少儿出版社的选题计划，内容丰富，颇成气候。从整体规划上看，少儿社选题可谓琳琅满目，各有千秋。真可谓"小读者，大世界"。从选题分布来看，各社多能根据自身的特点，进行规划。选题多的高达700多种（含重版书），少的只有30余种。已到选题的出版社有25家，共申报选题约3000多种。平均每个社的选题约120种。其中重点图书约250种，占整个选题的8.3%。

综观这些少儿选题,有以下几个特点:

1. 丛书、套书蔚为壮观。

1994年少儿图书选题,几乎每个少儿出版社都安排了大部头的丛书、套书。这些选题既有系统,又有针对性,尤其是少儿百科方面的套书、丛书较多,而儿童文学、低幼读物,也多是以丛书、套书的形式出现。这类图书选题约占整个选题的40%,如果算教材、课本类图书,便可达到90%以上。如:上海少儿出版社共报选题239种,其中丛书、套书40余种(套),每种(套)图书多至12册(卷),少的也有4册(卷),从中可见出版社对选题的全面考虑和设计。例如《幼儿十万个为什么》(1—12卷),《365夜的故事》(1—12册),《1—3岁娃娃益智故事》(1—4卷),《少年现代科学丛书》(6册)等等。这些属于知识结构类套书、丛书,从低幼到少儿,方方面面都有所照顾,可以看出少儿出版社对选题的规划和设计已趋向系统化、科学化。

2. 文化积累性图书仍占较大比例。

这一类选题,在整个少儿图书选题中约占85%。除了上述的套书、丛书多是文化积累方面的选题外,还有相当比例的课本、教材和辅助读物。除此之外,则有10%的选题属于创作类。如:明天出版社,除了文学创作类图书外,多属于文化积累类图书选题。如《中国民族丛书》《古希腊神话选粹》《锦囊妙计》《奥秘丛书》等等。这些图书将人类文化从某种角度给予概括总结,表现形式深入浅出,很受家长、教师的欢迎。这类图书在1994年的少儿选题中很是醒目。

3. 重版书比例较大,选题趋向成熟。

少儿图书选题中,约有30%以上是重版书。有的出版社甚至达到50%以上。如:明天出版社1994年少儿选题有699种,其中再版图书达383种，再版率高达54%，是少儿出版社选题再版率最高的出版社之一。这说明少儿图书的选题较为扎实，有生命力，适合图书市场的广泛需求，呈现出一种趋向成熟化的态势。

当然，尽管少儿图书选题比较丰富，有它的优势，但不可否认，也还存在一些薄弱环节和不足地方，大约有以下几点应该特别引起注意：

1. 文学创作的选题仍是薄弱环节。

文学创作方面的选题是少儿出版社的一个薄弱环节，当代题材的儿童文学创作更少，应该集中研究，进行攻关。否则，照这样发展下去，儿童文学的图书出版比例就会失调。图书结构也会倾斜，不利于图书出版的繁荣和发展。

2. 知识读物中的科学幻想作品少。

知识读物中优秀的科学文艺作品少，科学幻想作品更少。这不能适应"四化"的需要。"科技是第一生产力"，让孩子们张开科学幻想的翅膀奋力飞翔，对于培养一代新人大有好处。

3. 大部头"套书""豪华本"丛书太多。

少儿出版社由于资金雄厚，敢于投资，所以，少儿图书越来越豪华，越来越高档，套书、丛书大量增加。书漂亮、美观、成套、成系统，让人高兴，但从小读者的角度考虑，少儿图书还是应该"小"一点、"薄"一点、实用一点。第一，让孩子们拿得动；第二，使孩子们买得起，父母掏腰包时不必考虑半天，斗争半天，才下决心；第三，孩子们看一会儿就可以看完。

4. 少儿图书"成人化"现象仍很突出。

从以往的少儿图书中发现，少儿图书"成人化"现象比较严重。有些书的读者对象并非是少年儿童，而是有钱又有闲的成人。1994年少儿选题中，"成人化"现象仍旧存在，集中表现在一些古文今译、依据名著编绘的套书选题中。这些图书出版后,不见得有很多读者,即便买来作为礼物送给少年儿童,他们多半束之高阁,并不真读。少儿出版社应该时刻提醒自己,少儿图书的读者多是求知欲旺盛、理解能力有限、购买依靠父母的少年儿童。

(四)科技类图书选题的状况和建议

科技类图书的出版是图书出版中十分重要的一个方面。我们审读了91家科技出版社的选题,总计18857种,占所有图书选题的31.5%,平均每社选题有207种,超过了全国出版社平均数。

科技图书出版形势非常好。党中央明确提出我们的一切工作要以经济建设为中心,各行各业都要抓住这个中心不放,服务于、服从于这个中心,邓小平同志关于"科学技术是第一生产力"的论述,给科技出版工作以巨大的推动,国际国内形势,高科技在军事上的应用,给人以震撼,让人深思。这些强大的动力,使全国科技出版社奋发图强,决心多出好书。适应这种形势,新闻出版署及时提出科技出版社要"立足本专业,面向大科技"的要求。这一重大决策,大大解放了科技出版的生产力。1994年科技图书选题正是在这样一个大的背景下产生的,带有明显的时代特点,主要表现在三个方面:

1. 促进科学技术的应用推广,促进科学技术直接为经济建设服务的图书占主要部分。配合"科技攻关计划""星火计划"等较大规模的国家科技活动,大批不同层次的应用技术图书选题列选。

2. 高科技著作依然是科技出版社的重点图书,在出版的资金、质量和时间上都予以保证。高层次的科技著作出版难是科技出版界的一个突出问题。几年来,陆续有二十余家科技出版基金相继建立，为缓解高层次的科技著作出版难起到了重大作用。今年将要出版的高层次科技著作约有900余种（其中有100余种由基金资助）。

3. 科技出版社执行立足本专业，面向大科技的政策后，大大拓宽了选题思路。围绕本专业分工，开拓相关相近的选题，眼界更宽，系统化更强。

此外，综观整个选题，我们建议科技出版社在如下三个方面要引起注意：

1. 生活类图书选题安排过多，热度不退，应该注意调控。如室内装修、时装菜谱、美容美发、健美长寿等等，这类图书社会需求量大，但是重复出版，炒来炒去，不但造成浪费，还会影响重点图书的出版。从图书的结构看，我国高水平的科技学术著作偏少，只占科技图书总量的10%左右，而生活类用书却不少于20%。相比较，美国生活类图书只占5%，英国占6%。结构上的差异，说明我国科技图书的整体学术水平亟待提高。

2. 翻译图书品种继续下降，近年来尤其明显。前几年，科技方面的翻译著作一般占科技图书年度出书总量的20%~30%，1994年下降到5%左右，形势严峻。我国的科技水平在很多方面还是落后的，通过翻译国外的科技著作，引进国外最新科研成果，洋为中用，十分必要。科技出版社应该从大局着眼，尽量调剂资金，努力改变这种状况。

3. 科技出版社执行"立足本专业，面向大科技"的政策，首先要牢牢把握住"立足本专业"。如果忽视了这一点，本专业分工图书不占主体，出版社就会失去个性和特色，失去竞争能力。

总览1994年图书出版选题，令人振奋，令人高兴，但其中仍然不乏引人警惕注意之点。各出版社应该不断研究新情况、新问题，优化选题，调整结构，在图书内容方面，要大力弘扬时代主旋律，宣传建设有中国特色社会主义的理论和党的基本路线，宣传爱国主义、集体主义和社会主义，宣传人民群众从事改革和现代化建设的创造精神，宣传中华民族的传统美德，为我们伟大祖国的宏伟事业，做出我们应做的贡献。

第三章

中国出版集团成立始末

游　翔：您是中国出版集团公司的首任总裁，当时集团初建，集团总部"房无一间，地无一垄，钱无一分，人只几位"，您和几位同事，从无到有，艰苦创业，建章立制，经营管理，请您谈谈其中的具体情况，对研究出版改革历史一定会有帮助。

杨牧之：这个问题很大，过程很复杂，谈起来未免啰唆，不过，对于我们这些创业者，其中的快乐和苦恼回忆起来还是能总结出一些经验教训的。

今天，我们回顾中国出版业改革历程，应该怎样评价呢？应不应该改革，这个问题很容易回答。事物都是变化的，为适应变化了的世界，当然需要改革。这是一个普通的道理。怎样改革，这却是一个仁者见仁，智者见智，难以统一的问题。谁能保证你的方法就万无一失，你的主张就万人赞同呢？只能试着来，不断实践，不断总结。

几十年来，中国出版业改革真是波澜壮阔。党的十一届三中全会特别在两个方面给我们指出方向，一是否定了"两个凡是"的方针，重新确立了解放思想、实事求是的思想路线；一是停止使用"以阶级斗争为纲"的口号，把党和国家工作重心转移到经济建设上来，实行改革开放的伟大决策。这就为全国各项工作的开展指明了方向，为全面改革吹响了号角。

在中国出版集团挂牌成立之前，已有几家出版集团挂牌成立，如上海世纪出版集团是1999年2月，辽宁出版集团是2000年3月，等等，在当时影响都很大。但应该说中国出版集团的成立，影响更大一些。最主要的原因，恐怕有这样两点：一是中国出版集团所属出版社很多是百年老店，如商务、中华、三联书店、荣宝斋等等，在中国甚至在世界上都有很大影响，确实出版了很多影响巨大的好书。全国甚至全世界出版业都想看看这些百年老店要怎么改革。第二点是有中国特色。它归中共中央宣传部领导。中宣部是中国共产党最重要的部门之一,主管理论、政策、思想意识形态,它直接领导的一家出版集团,得天独厚,改革的走向应该体现中央的精神,人家当然另眼相看。

中国出版集团出席国际图书博览会
部分出版社主要负责人:左二起:聂震宁、黄书元、刘玉山、杨德炎、杨牧之、宋晓红、李岩、田胜利、沈建国、郜宗远、敬谱、刘伯根、吴希曾

我要谈中国出版集团成立的前前后后,才力不逮,资料不足,思想水平不够,谈起来可能不会很准确,但再一想,我毕竟是首任总裁,参与了集团的筹划和挂牌工作,前后有七八年之久,我是不是了解情况更多一些?因此,回忆和总结一下中国出版集团成立、改革和发展的情况,是自己应尽的义务。特别是时间一久,记忆有褪,尽早回忆、记录下来就很有必要了。我尽量做到忠于历史,有根有据吧。

一、中国出版集团改革的背景

出版工作,一般来说,大家都以1979年在湖南长沙召开的全国出版工作座谈会作为出版改革有标志性意义、留下深刻回忆的一件大事。1988年，中宣部和新闻出版署颁布的《关于出版社改革》《关于图书发行体制改革》两个文件，又进一步点明了主题，推动了出版改革。2001年12月，中央批准成立中国出版集团。我是成立中国出版集团决定的具体执行者之一，回忆当初集团成立的前前后后，有很多故事，有很多坎坷和试验，这些故事我们今天怎么看待和评价呢？

为了将中国出版集团的成立说清楚，必须先谈谈中国改革开放的大背景。这个"大背景"要说清楚，非得一部"中国改革开放史"不可。我没有那个能力。我把党的十一届三中全会以来，与出版改革有关的大事罗列如下，也许就能帮助大家有一个大致的了解了。

1978年12月 党的十一届三中全会在北京举行。贯彻三中全会精神，解放思想，实事求是，开拓前进，出版工作进入健康发展的新时期。

1979年3月30日 邓小平在党的理论务虚会上要求："思想战线上的同志们一定赶快组织力量，定好计划，在尽可能短的时间里陆续写出并印出一批有新内容、新思想、新语言的有分量的论文、书籍、读本、教科书来，填补这个空白。"

1979年12月 国家出版局在湖南长沙召开全国出版工作座谈会。国家出版局代局长陈翰伯在会议总结时指出："地方出版社要求立足本省，面向全国或兼顾全国，可以试行。不受'三化'（即地方化、通俗化、群众化）限制。"这次改革，大大促进了地方出版社的发展。

1984年6月 全国地方出版工作会议在哈尔滨举行。提出适当扩大出版单位自主权，提高出版单位经营的主动权。肯定了1979年长沙会议的改革思路。

1987年1月13日 国务院决定成立中华人民共和国新闻出版署。

1988年5月 中央宣传部、新闻出版署发布《关于当前出版社改革的若干意见》和《关于当前发行体制改革的意见》两个文件，出版改革紧锣密鼓地向前推进。

1988年7月 延边人民出版社出版的《玫瑰梦》、工人出版社出版的《情场赌徒》引起广大读者强烈反应，由于品格低俗，夹杂色情淫秽内容，受到新闻出版署严肃处理。

1989年5月 新闻出版署发出《关于果断处理〈性风俗〉一书的情况通报》。

1989年9月 中宣部、新闻出版署在北京召开全国整顿压缩报刊和出版社会议。随后中办、国办联合发出《关于整顿、清理书刊和音像市场严厉打击犯罪活动的通知》。

1991年7月 新闻出版署举办研讨班，探讨推动出版单位由单纯生产型向生产经营型转变。

1991年12月 新闻出版署首次制定促进出版繁荣的综合性的大型出版工程《"八五"（1991—1995年）国家重点图书选题、出版规划》共1169种。

1992年7月 调整科技类出版社出书范围，扩大为"立足本专业，面向大科技"。

1992年10月 新闻出版署设立"国家图书奖"，为全国图书评奖中的最高奖励。第一届颁奖大会1994年1月在北京举行。

1994年1月 新闻出版署第一次明确提出了"阶段性转移"的工作思路，即出版业的发展要从以规模数量增长为主要特征的阶段向以优质高效为主要特征的阶段转移。

1995年4月 中办、国办14号文件（"两办"通知）重申"一手抓改革，一手抓管理"的工作方针，要求深化出版改革，加强宏观管理，繁荣出版业。

1999年2月　上海世纪出版集团挂牌。这是新闻出版署批准成立的第一个出版集团。

2000年3月　辽宁出版集团成立。

2001年1月13日　国务院决定将新闻出版署升格为新闻出版总署。

2001年12月　中央批复成立中国出版集团。2002年4月9日在人民大会堂正式挂牌成立。

从上述大事年表可以明显看出，中国出版改革的轨迹和一步步前进的决心。

从探讨改革开始，目的是抓发展，抓繁荣，同时，出现什么问题解决什么问题，抓管理，抓整顿，为改革发展扫清道路。小步走，试着走，时刻思考完善改革的顶层设计，制定政策和规划。时刻不忘改革发展，抓繁荣，抓多出好书。

试点先行，总结经验，带动面上的改革。

特别是1987年设立新闻出版署，2001年又升格为新闻出版总署，署和总署的设立和职能的提升，意义重大，更说明了党和国家在新时期对新闻和出版事业的高度重视。

二、辽宁出版集团挂牌问题

1987年、1988年，杜导正同志是新闻出版署署长。1989年下半年之后，导正同志就不任署长了，宋木文同志任署长。因为木文同志、刘杲同志都是有丰富经验的出版管理者和领导者，所以关于出版改革的两个文件主要是由他们主持制定的。我作为图书司司长也参与了起草工作。制定这两个文件的时候讨论热烈，有很多争论，现在看来都是再普通不过的常识，那时候却得有突破的胆量，字斟句酌的谨慎。举几个例子来说吧。因为一说"抓紧多出好书"就怕引申到唯生产力论，一说"奖励"就怕引申到物质刺激，这些不都是"文化大革命"批判的内容吗？物质刺激，唯生产力论，搞生产"宁要社会主义的草，不要资本主义的苗"，这些奇谈怪论都很难说已经从人们头脑中去除，或者说余悸犹在。所以大家连提奖励、按劳取酬都瞻前顾后，十分谨慎。1988年文件里面讲到"生产型向生产经营型转变"的问题，这是一个重要问题。过去出版社特别是编辑，普遍有一种观念，认为我作为一个编辑把书生产出来就完成了任务，卖出去还是卖不出去没有关系，因为大锅饭，反正是国家拿钱，赚了也到不了我手里。有一个老出版人，很著名的，他就跟我说过，如果是让我负责，我只管出书，卖出去卖不出去我不管。后来我写过一篇文章，还讲过这个问题。我说如果真有这么一家出版社、这么一个岗位，可以只管生产不管销售，那我也愿意去当个社长、副社长。我的意思是说，在市场经济条件下，哪有这么好的事呢！可见当时大家的观念还是这么一种状况，所以文件中提到生产型向生产经营型转变的问题，讲到既是图书的出版者，又是图书的经营者，包括出版社开始以多种渠道发行，利用社会力量、扩大资金来源、自负盈亏等等。应该说在1988年的文件中能够明确提出这些问题，也是很不容易的，体现了大家的认识又深化了一步。

后来我任副署长。我作为分工主管出版、发行的副署长在出版改革的问题上介入就更深一些了，担当也不同了。那时候，宋木文同志和刘杲同志因为年龄的关系先后都退了，本来是拿大主意的人，现在退到二线了，工作得主要靠我们自己努力探索了。我接触和负责的工作比较具体，思考的问题也比过去多了。所以，上海世纪出版集团成立前的考察是我负责的，我也是想去直接了解一下上海同志是怎么考虑的，怎么做的，学习他们的经验。随后（1999年2月）的成立大会、挂牌也是我去的。在上海开大会的时候，主席台上坐着五六位领导，有上海市的一位副书记，叫什么名字我记不起来了，还有龚心瀚同志，中宣部的副部长，新闻出版署是我。可见各方面都是很重视的。会上，我宣读署里的决定，批准成立上海世纪出版集团。

后来，辽宁出版集团成立也是我和图书司同志做的考察，成立大会也是我代表新闻出版署参加的。辽宁出版集团的成立有点儿波折。成立之前任慧英同志到署里来汇报，因为他时任出版局长，已经内定，集团成立后他将出任集团的总裁（或总经理），所以他考虑得很周到。他讲到他们这个集团打算怎么搞，如何政企分开、政事分开，他特别讲到由宣传部管选题，由新闻出版局管集团的产业发展。他说如果不提事业性质就得不到批准，如果不提企业化管理就不能发展，所以只好还说事业性质、企业化管理，两头兼顾。听得出来，他们的意思是不愿意再提事业性质，但是按当时的政策，如果不提事业性质确实很难得到批准。任慧英的汇报也讲了一些他们内部的具体考虑，特别是体制问题和机制问题，上级管理单位的问题，谁管他们，他向谁请示、汇报，就是刚才说的那个出版物的选题由宣传部管，产业发展由新闻出版局管。他原来是新闻出版局的局长，后来如愿到集团去了，好像集团一成立他的头衔就是董事长了。

任慧英汇报完了以后，党组讨论原则上通过了他们的方案。任慧英说，很快他们就要挂牌，挂牌时希望署领导能参加。署党组当时就决定，派我去参加他们的挂牌仪式。出发之前，于友先署长特地叮嘱我，这次挂牌只挂辽宁出版集团一块牌，不挂公司牌，并告诉我这是中宣部的意见。

我是晚上六七点钟到沈阳的，任慧英去机场接我。见了他，我立即就问他明天打算怎么挂牌。他说两块牌一起挂。我跟他说，部里和署里的意见是先不挂两块牌，只挂一块牌。他急忙问，先挂哪块牌啊？我说，挂辽宁出版集团的牌子。他一愣。看得出来他没有思想准备，很为难，因为一切都准备好了，要挂两块牌，一块牌是辽宁出版集团，一块牌是辽宁出版集团公司，也和省委书记闻世震汇报过，得到了省委批准。他说，我还得再去省委汇报，你等着我的消息。他把我送到宾馆，连夜去向省委书记闻世震汇报。第二天早晨见着我就和我说，闻书记说了，一切照中央指示办，只挂一块牌，就是辽宁出版集团的牌子，公司的牌先不挂了。我心里想，这是我预料中的，省委书记肯定会这样答复他的。

我当时的感觉是任慧英心里很失望，他本来是想两块牌子一块儿挂。这样"公司"的体制和机制就可以正式亮出来了，可以按企业章法去运作。中宣部和新闻出版署让他们先挂"集团"这一块牌子，说明了什么？说明集团仍然是"事业性质，企业化管理"。这还真是一个大问题，一个关键性问题。当时中央还没有发布这方面政策和文件，至少还在研究之中。

三、上级决定由我主持建立中国出版集团

上面我讲的是我们中国出版集团成立之前出版改革的一个脉络，我指的是从1979年湖南长沙的出版座谈会开始，后来1988年的两个文件，进一步明确改革的内容，还有上海和辽宁的榜样。如前所述，那时候对一些基本的问题大家仍然很谨慎，都还在摸索着，走一步，瞧一瞧。比如说图书到底是不是商品，有人说是，有人说不是，很有争论。说是的也很谨慎，还要加上两个字，说

是"特殊"商品，反正不敢坦然地、直截了当地说是商品。这时候，2001年，新闻出版署升格为"总署"，尽管我在总署是副署长，是主管出版、发行的领导，却怎么也没想到后来我会受命亲自去操刀，由我去组建中国出版集团这样一件全国出版界瞩目的大事。

当时，得到让我去做这件事情的消息时，我觉得很突然，也很为难，因为我既没搞过经营，对市场也不熟悉，我就是一个编辑，间或写点儿文章，转眼在中华书局干了20年。1987年，上级调我到署里工作。我又干了十六七年出版管理工作，策划个选题，组织有价值、有意思的图书出版，搞规划，抓重点图书，制定规章制度，我还有些想法，但对经营、市场，以及企业的运作等等都是外行，不懂。署里"三讲"时，有的同志说，牧之就是一个书生，常常把问题想得很单纯。确实，我从来没有"不想当将军的士兵不是好士兵"的想法，我只想在我的岗位上帮助大家把事情办好，我要早知道后来会让我去干集团的话，我早就把上海那个方案，把辽宁那个方案，都背下来、抄下来了，至少把其中的奥妙问个底透。

署里做这项改革，成立中国出版集团，原本也没打算让我来做，是让于永湛同志来做的。永湛因为在署里面分管财务、办公厅，他对经营管理很在行，比我懂得多。那时，署里还成立了一个集团筹备领导小组，他是组长，我临时帮助他，号称副组长。还有一些老领导，包括宋木文、刘杲，组员还有一些司长，大家一起研究，是这样一个格局。我记得我协助永湛开过几次研究出版改革的会，研究成立中国出版集团的会，我都是协助他，主要是因为我分管出版、发行，跟出版社比较熟悉，可以给永湛介绍一些情况。他多次开玩笑地说，牧之，筹备集团的事，我不做你做得了。我说你可别开玩笑，你做最合适。他也觉得这是党组分配给他做的工作，所以他也很认真地去思考、筹划。

后来情况发生变化，出版改革统由中宣部领导。中宣部决定由署里先起草一个方案报中宣部批准。署里因为早有准备，很快就研究、起草了一个方案报了上去。中宣部基本同意。当时的署长石宗源通知我，中宣部决定由我来负责这件事。我大出意外。刚开始我实在不敢接受这项工作。那时候我已经五十七八岁了，我觉得当当编辑，管管出版，一辈子和书打交道，退了以后有时间写点儿东西，就挺好。而现在让我做的，是我所不熟悉、不懂的事情，不熟悉、不懂，很难做好，怕影响大局。我请教宗源署长，他毫不犹豫地说，你去好，那是一个新集体、新事业，能开拓一个新的天地。宗源署长的话，确实鼓起了我一点儿激情，可我还是犹豫。

但是，部里这么决定了，自有部里的考虑，想不干也难。先是由李从军副部长来找我谈，我表示部里信任我，很感激，但这么大的事，我确实没胆量担当，真是"临大事而惧"。后来刘云山同志跟我谈，我跟云山同志解释说，我之所以说干不了，就是怕把这事干坏了，这是部里抓的一个试验田，一个典型，成败影响巨大。当时中宣部搞了两个集团，中国出版集团和中国广电集团。我说让我去负责，当一把手，我实在是怕做不好，做坏了，影响部里的工作，所以我不敢应承。云山同志说，部里领导信任你，相信你一定做得好。云山同志说得这样恳切，还说大家一起来试验，我还能说什么呢？只好说感谢领导的信任。后来丁关根同志找我谈时，我就表示一定努力去做，不辜负领导的信任。这样，就定下来由我来主持筹划建立中国出版集团的工作。

当时能下这个决心，还有另外一个原因。因为经中央批准成立中国出版集团《关于组建中国出版集团的意见》的文件里明确写着:"集团作为国家级出版机构和宣传思想文化的重要阵地,属于事业单位,实行企业化管理。"又明确规定:"组建后的中国出版集团由中宣部领导,新闻出版总署依照有关法律法规和'三定'方案规定确定职能实施行业管理。"总的来说,仍然是事业性质、企业化管理,这些我还是比较熟悉的,不至于做得太离谱吧?这是2001年底2002年初的时候。

定下来由我来做,其中有一个问题就是我的身份如何定。我离不离开新闻出版总署。看起来这是我个人身份问题,其实不是。有一次关根、云山、从军同志和我在一块儿谈话,关根同志明确地对云山同志说,牧之还是要兼副署长,如果他不是一个副部长,光是一个管委会主任(那时还不叫总裁),或者一个总经理,到财政部、发改委办事,恐怕见个处长都不容易。关根同志还说铁道部的铁通集团也是这样做的,由一个副部长来兼任集团的负责人,效果好。

从这个考虑也可以看出当时改革艰难探索前行的情况,可见领导们不拘于形式、实事求是的精神。其实,这样兼着后来也给我带来很多困难。为什么呢?我兼了两年多。在这两年中,总署党组每次开会都通知我回去参加。总署党组差不多一周开一次会。集团刚刚建立,很忙,开头我还勉强可以回去,后来我就回不去了,总有很多事情要尽快商量,脱不开身,但是宗源同志一定要我按时参加,还说党组成员必须得参加党组会。这话是没错的,我当然遵照执行。每次去参加会议,我都跟党组汇报集团干了些什么,下一步打算干什么,听取总署党组意见。今天我回头想想,从工作角度来说这点很重要,因为有总署党组支持,能提出一些工作建议和意见,及时完善工作思路,避免重大失误,不是很好吗?这话先说到这儿,后边还有故事。

后来,就是研究剥离的方案。研究哪些出版社和新闻出版总署剥离，归到集团里来。按照中宣部的意见，原总署管辖下的出版社，全都剥离出来。这样一来，新闻出版总署所属单位剩不了什么了。当时我对宗源同志很赞赏，因为他作为一个新到任的署长，二十多家直属单位，而且都是很有影响的大单位，一下子全都脱离出去了，剩下的都是较小的单位了。有人跟我说，总署开领导干部会议的时候，只有七八个所属单位，而且都是小单位，七八个小兄弟了，什么条码中心、版本图书馆这些单位，大单位都出去了。人教司管干部，大单位的干部都剥离出去了，他们的工作量大大减少，所以这次改革肯定给他们带来许多困难。我当时觉得宗源同志很了不起，面对这样一种局面，刚到任没多久，他下属的大单位全都分出去了，他还很坚决地支持这种改革，很不简单。

四、关于成立中国出版集团的两个重要文件

再说中国出版集团的成立。

关于中国出版集团成立的文件我都保存有复印件，也是厚厚的一套。最近，我把这些文件又认真看了一遍，往事历历在目，觉得历史真是精彩，迂回曲折、波澜壮阔，值得好好回顾，认真总结。其中两份文件最重要。第一份包括两件：《关于组建中国出版集团的意见》和《关于组建中国印刷集团的意见》。另一份是领导班子的组成的文件，还包括集团编制，编办的批准文件。这些文件内含都很丰富。

《关于组建中国出版集团的意见》，这是中国出版集团成立的一个根据，一个大纲，一个基本原则。这个意见报上去，中央的主要领导只用六七天就全看过了。过程是这样：2001年12月15号石宗源同志把这个意见报出，报给中宣部丁关根同志，12

月 16 号关根同志批道：请锦涛、岚清、邦国审批。12 月 17 号吴邦国批了，12 月 18 号李岚清批了，12 月 19 号胡锦涛批了。锦涛同志又批给曾庆红，写道：请庆红同志审核。庆红同志 12 月 20 号圈阅。这么一个报告，中央的几位主要领导都审阅了，而且，只用六天的时间就批示完毕。这让我们感到责任的重大。

集团领导班子成员组成方案的报告，也是先报的中宣部。当时上报的是五个人，关于杨牧之的职务，文件上明确写着：新闻出版总署党组成员、副署长兼任管委会主任，下面还有几位管委会副主任的名字。中组部成文之后，又报锦涛、岚清同志审阅，同意后，中组部正式下发文件。所以这两个文件，一个是组建集团的方案，组建中国出版集团的大政方针、整体构想；一个是关于集团领导班子成员的组成方案，政治局常委几位主要领导六天的时间全审定通过，批准同意，说明他们把这件事情当作一项十分重要的大事对待。我和集团领导班子的几位同志都很受激励。

我为什么要强调六天的审批速度，强调集团领导班子的人员、职务是经过中央几位领导审批决定的，强调是中组部正式下发的文件，而且，中组部成文之后，关根同志还要再送几位中央领导审阅。特别是经过中央批准的领导班子，其中的一把手特别找了一位总署的副署长、副部级的干部来兼任，我觉得这些都体现了中央对成立中国出版集团的高度重视，体现了党的方针政策。中国出版集团的成立在当时是有特殊意义的。这个情节明确告诉我们，这是文化体制改革的一件大事，全党都十分重视。正如后来云山同志所指出的："没有中央领导同志的支持，恐怕中国出版集团就成立不起来了。"

这期间还有一个细节，要记录下来，对总结我们的改革历程有帮助。集团成立不久，遵照有关领导的指示，我们去向国务院大企业工委汇报。目的是争取大企业工委的领导。

大企业工委有关领导十分重视，认真听取了我们的汇报，还询问了不少具体问题。汇报后，领导表示，中国出版集团的建立，是一个新生事物，应该支持。但大企业工委管的都是经济领域的大企业，对文化部门（企业）怎样管理，没有经验，也没有先例。等我们研究后再定。因为集团最后要由事业性质向企业化管理转变，而且中国出版集团又是经中央政治局几位常委批示同意建立的，不能怠慢，但涉及文化领域改革这一大块，不同于经济领域改革，怎么管，他们心里没底。看得出，当时，大企业工委的领导对接收中国出版集团是很犹豫的。

后来，没有谈成。据说除了关于意识形态的管理大企业工委为难，另外一个重要问题是，要是接收到大企业工委中来，"管人"和"管事"都得归他们。不能只"管事"，不"管人"。可是中国出版集团的"管人"问题，也就是干部管理问题，归中宣部，中宣部认为这是一个重要问题，不能放。这个问题协调不成，达不成一致意见，这事也就拖下来了。

不久，集团的一家出版社的图书出了点儿问题，大企业工委急忙叫我们去汇报，因为毕竟他们也没有正式拒绝管理。这件事成了一个导火线，大企业工委说，我们这管的都是经济方面的企业，文化方面我们不熟悉，意识形态更是中宣部在抓，我们不能接手管理，主要是没有这方面的经验，也没有这方面的力量。这样，争取由他们管理的事也就作罢。

从这件事可以看出，中国出版集团成立之初，作为文化产业到底归谁管，怎么管，还在探索之中。从中可见改革是不容易的，所以我把这件事记录下来。

五、李长春同志视察总署，听取了集团的汇报

2002年4月9号，中国出版集团成立了。成立大会在人民大会堂召开。会场辉煌壮观，中央有关部委领导，各省市有关出版业代表，齐聚一堂。云山同志和中组部的副部长张柏林同志两个人揭牌。那个场面，在中国出版集团史上应该说是很有纪念意义，也很有价值的，今天再看当时现场的照片，我仍然十分激动。

2003年初，李长春同志到总署来视察。那时候新闻出版总署成立也只有两年的时间，原来是新闻出版署，副部级，成为总署，升格为正部级。李长春同志很关心新闻出版改革，特地来总署视察。

当时，云山同志出国访问。吉炳轩、李从军两位副部长陪着李长春同志到总署来。其时新闻出版署虽然升格为"总署"，办公还是在原来那个老楼，东四南大街85号。长春同志来调研。总署的署、司领导，下面各单位一把手，早已有秩序地坐好。集团领导班子成员得到总署的礼遇，都坐在前面，和总署领导坐在同一排。长春同志落座后先作了一个简短讲话，然后边听汇报，边作指示。

先是宗源同志向他汇报。宗源同志汇报完了以后，我来汇报。因为中国出版集团刚刚成立，作为总署也好，中宣部也好，都是一件大事。云山同志出国前，交代炳轩和宗源同志，让牧之同志也做个汇报，谈谈集团成立的情况，目的是得到领导的指示。我汇报的时候，刚讲了两句，长春同志拿着我汇报的稿子，说：少两个字嘛！会场上的人大都莫名其妙。我想了十几秒钟突然意识到，这"少的两个字"就是辽宁出版集团成立时让他们去掉的"公司"那两个字吧？中国出版集团，没有叫中国出版集团公司。因

为当时中央批准的成立中国出版集团的文件上就是"中国出版集团",文件上规定的还是"事业性质,企业化管理",当然没有"公司"二字。然后我又汇报中国发行集团的筹备情况,长春同志说,你们都挂上"中国",这还能有竞争吗?你这个发行集团也叫"中国"不都垄断了吗?

我在汇报的过程中,长春同志就具体问题还做了很多指示。这些指示体现了他对出版改革的关注,体现了他的改革思路。

从这件事可以看出来,当时大家的认识还是很不同的。在几个月之前辽宁出版集团成立时,就不要那"公司"两个字,只能挂集团的牌子,"事业性质,企业化管理"。在几个月之后,"中国出版集团"之后就要加上"公司"这两个字了。这说明出版集团要从"事业性质,企业化管理"转变为完全企业化了。

会后,署里立即把长春同志的讲话整理出来了,然后就原原本本地传达,不但是向直属单位逐级传达,向北京地区传达,开各省新闻出版局局长会议时还向全国传达。

长春同志讲话后,大家都在认真思考。改革是艰难的,要解放思想,同时要认真研究,稳步前行。

六、刘云山同志的讲话让我们倍受鼓舞

2003年2月8日,春节上班后,我去向云山同志汇报工作。云山同志跟我说,中国出版集团成立是改革的成果,是根据中央领导同志的意见"政事分开"的结果。我出国回来第二天,长春同志找我谈工作,我借这个机会汇报了中国出版集团成立的情况。长春同志说,中国出版集团已经搞起来了,关键是如何深化。所以,你们要把长春同志讲话作为动力,推动集团"三统一"。中国出

版集团是经中央领导批准的，现在的关键是如何加快步伐、深化改革，要经过重组形成合力、形成拳头。

2月20日，中宣部办公厅通知，云山同志要到中国出版集团考察。2月24日，云山同志、炳轩、从军，还有宗源等总署的一些领导，以及部里的几位有关局长一起来的。那时候我们办公地点还在中图公司那个小楼。会场不大，挤得满满的。

后来正式印发的云山同志的讲话稿，我认真学习多次。至今事情过去这么多年了，再看云山同志讲话，我仍然很激动。云山同志对我们很信任，对我们工作很支持，对我们要求很严格，对我们的期望很高。当时，整个集团都还在学习长春同志的讲话，都在想下一步如何贯彻长春同志讲话精神，所以来不及想更多的事。但过了这么多年后，看当时领导能这样讲话，这样有担当，而且告诉我们如何继续前进，我真是觉得在这样的领导之下做工作，是我们的一个幸运。

云山同志讲了一些什么呢？那时候云山同志带领在总署听长春同志讲话的原班人马，专门又让我做了一次汇报。我汇报完，云山同志说，刚才听了牧之同志的汇报我很满意，对去年工作总结的16条，比较充分，比较全面，确实做了大量的工作。对今后一个时期工作的设想，指导思想正确，工作思路清楚，工作重点突出，任务目标明确，工作措施比较有力。这是一段话。下边云山同志又讲，关于中国出版集团的组建，从一开始到现在一年多的时间，我一直是直接参与的。对出版集团改革发展的具体意见，我过去已经讲过多次，春节过后上班第一天牧之同志来见我，我也讲了比较明确的意见。最后云山同志说，现在我再讲几点意见：第一点，要对过去一年的工作有一个实事求是、准确全面的评价。这些话，叫人感动。特别是他说"我从头到尾都参加了"，你看这样高层次的领导把一切全承担起来,我们是不是更应该努力工作,大胆改革,应该义无反顾地、无私无畏地把中国出版集团建设好!

云山同志还讲道,中国出版集团的组建是改革的需要,首先是行政体制改革的需要。大家知道这届政府的工作重点之一就是推行行政体制改革,要求政企分开、政事分开,那么新闻出版总署原来直接管的出版社怎么办呢?这是新问题。对这个问题中央态度非常明确,就是要脱钩,脱钩以后怎么办?我们这一二十个单位去什么地方?过去搞无主管企业,最后没有搞成功,我们这些事业单位具有很强的意识形态性质,能不能搞成无主管的事业单位?恐怕也不行。是不是交给大型企业工委?企业工委说,我是管企业的,是生产物质产品的,你是生产精神文化产品的,我管不了。中央领导觉得有道理,所以,最后提出要组建出版集团,把这些单位组建成中国出版集团,由中宣部直接管。这段话云山同志交了底,讲了中央当时的考虑。

然后,云山同志讲到要如何评价新成立的中国出版集团。他说要实事求是,准确、全面地做出评价。首先就要看中国出版集团改革效果如何。一年多来的实践,集团下面那么多的出版社都是社会主义文化阵地,通过这一年的改革,这个阵地是加强了还是削弱了呢?我看我们所有的成员单位,作为社会主义文化阵地应该说是巩固了,是加强了。同时,我们还要看,这一年的运作,中国出版集团整体实力是增强了还是削弱了,事业是发展了还是萎缩了,我们从根本意义上讲,要促进生产力的发展,推动事业的发展。从牧之同志刚才讲的这些数字来看,同集团成立之前相比,应该说集团的事业是发展了,实力是壮大了。检验的标准是什么?发展应该是检验的标准。此外,从整个集团内部机制改革来看，这一年也做了大量的工作，总体上看，内部机制更加灵活了。所以，我们完全可以说改革是有成效的，改革是成功的，出版集团这一年的工作开创了新局面，这是历史性的贡献。

这些，就是云山同志对中国出版集团改革的全面的评价。然后，他讲到，组建中国出版集团的依据就是中办、国办17号文件，对中国出版集团的组建和发展，中央领导同志都有重要的指示，组建中国出版集团的工作方案也是经中央领导亲自批准的，在具体筹备集团过程中，得到中央领导的具体指导和大力支持。

然后，云山同志又说，实事求是地讲，中宣部抓工作一向是比较宏观的，像对中国出版集团这样具体地抓，过去从来没有过。云山同志讲了中国出版集团的方案经谁批准的，批准的整个过程，并说，关于成立中国出版集团的事，从一开始到现在，将近一年多的时间，他一直直接参与，从筹备到建立都有他一份。他讲的这些话是对我们的鼓励，让我们有了信心，深化改革，不可能一蹴而就，要坚定不移地执行中央的决定和要求。

云山同志随后又讲到，长春同志讲话的根本目的是促进改革，加大力度，本质上是给中国出版集团加一鞭。加一鞭干什么呢？要求我们进一步加强发展的紧迫感，所以应当从这样的高度和角度深刻理解和全面贯彻长春同志的讲话精神，以此推动中国出版集团改革和发展。

云山同志讲话后的第二天，即2月25日，记录稿原原本本地整理好，打印出来后，送给云山同志审定。云山同志在个别地方做了文字的修改，然后作了批示。他写道："个别处我圈了一下。怎样传达由牧之同志定。"其实所谓圈了一下，只是一两句话，也没有什么特别的。

后来，在中国出版集团的会议上，我代表集团党组，把长春同志讲话原原本本地传达了，把云山同志的讲话也原原本本地传达了。全集团同志，决心沿着中央指示精神深化改革，大步前进。

七、我对出版社转企、股份制的想法

说心里话，我对出版改革是有我的看法的。我虽然承蒙领导信任，担任了中国出版集团第一任负责人，但我对后来的完全走向市场，彻底转企，心里没数。前面我说到，中国出版集团经中央批准的组建方案是"事业性质，企业化管理"，相对来说我还是熟悉的，不至于做得太离谱，所以我比较踏实地接受了任命。但转企、集团化、股份制、上市，怎样看呢？应该认真讨论，不能一个人说了算。党的十一届三中全会以来，特别是最近十多年来，出版业进步很大。从出版业观念的转变，到出版体制和机制的巨大变革，极大地解放和发展了出版生产力，中国出版业正经历着广泛而深刻的变化，应该认真回顾和总结。

对于中国出版业的改革，我把我的观点概括为这样几点：

第一，中国出版业必须改革，否则我们没有办法大步前进。我们已经落后于国际出版业大的潮流，必须赶上去，超过去。只有深化改革，我们出版业才能为建设社会主义先进文化做出我们应做的贡献。

第二，怎样改革？这里面有三点应该首先明确：一是如果要转为企业；二是要认清出版是文化企业；三是要明确是中国的文化企业。

第三，按市场经济规律办事，实事求是，多加实验，不要自己给自己设定框框，也不要自以为是，实践是检验真理的唯一标准。

第四，是否出版并持续出版好的出版物，这是检验出版业改革成功与否最重要的标准。没有好书，没有好书的持续出版，赚一百个亿也不算成功。

"要转为企业"。原来我们的出版社是事业性质，企业化管理。在计划经济情况下，全国各地一个样：每个省区（直辖市）都有一批同样的出版社：人民、文学、少儿、美术、科技或古籍、音乐等等，北京、上海是这样，新疆、青海、宁夏也是这样。也就是大家比方的，有的省市，没有金矿，也要有个黄金加工厂。出版社赚了钱上交国家，赔了钱也没大关系，工资照发。这是由出版社的国有事业性质决定的。转为企业就得自负盈亏、自主经营、自我发展了。没有"金矿"的地方，他那个"黄金加工厂"还能搞下去吗？

"出版是文化企业"。"文化"是讲"内容"的，就是这两年大家说的"内容产业"。这个"内容"是以马克思主义为指导的，是坚持社会主义先进文化前进方向的。"文化企业"不是生产暖水瓶、自行车的工厂，只要质量合格，生产得越多越好。出版单位的产品是有"精神"的，是有"灵魂"的。这就要求产品的内容导向正确，健康、有益，讲究高尚的、有益于人民、有益于社会的价值观、道德观和人生观。这很要"文化企业"的"技术员和工人们"下些功夫、动些脑筋，而且，它还很有特殊性。有的出版物确实有价值，有一定的认识价值，有特别的保存价值，或者对特定人的参考价值，比如《金瓶梅》，此类图书可以出，但必须区别读者对象，而且也并不是越多越好。这个道理搞出版的人都懂。再一点，"内容"的增长是有其特定规律的，它是累积的、渐进的，很难"跨越式发展"。我们见哪个作家一出道就打造出《红楼梦》《战争与和平》《静静的顿河》？见哪个学者几个月、一两年就完成其学术思想、构建出学术体系来？这就要求我们发扬踏踏实实、十年磨一剑的精神。另外，作家、学者出不来东西，出版社怎能做无米之炊？不弄明白这一点，一着急就去与金融、房地产搭钩，冒个险、投个机，钱也可能"跨越式"了，但那也只是赚几个投机的钱罢了。何况十有八九你也做不过房地产商。

"中国的文化企业"。这里强调"中国"。中国有14亿人口，中国有五千年历史的文化积淀，中国有几百年来积贫积弱的痛苦经历，中华民族有千百年来孔孟之道的深刻影响，中国有社会主义先进文化的要求，要符合中国社会的审美要求、道德取向、民族特色，讲求核心价值体系和政治方向，不是引进或仿制几个韩剧就能解决问题的。中华文化绵延几千年而不衰，中华民族团结和睦、统一而发展，文化的贡献肯定是第一位的。

"企业"是什么？特别是股份制、上市的企业，它要"追求利润最大化"，它要"自主经营"。企业只要不违背宪法，不违背出版法（现在还只是"出版管理条例"），不偷税漏税，就很难再管他什么。现在，中国的文化企业，完全照这两条做得到吗？我们能公开提倡我们的出版社"追求利润最大化"吗？我们要坚持把社会效益放在首位，坚持社会效益和经济效益的有机统一，而且，经济效益与社会效益发生矛盾时，社会效益永远是第一位的。但如果坚持按市场经济规律办事，上了市就要听"股东"的，股东就有发言权、决定权。股东要求多赚钱，买了股票的人希望股票升值，什么书赚钱出什么，大打"擦边球"，到那时又怎么办？

又要叫企业，甚至得上市，又不能倡导"追求利润最大化"，很难真正做到"自主经营"，我总在想，这不是矛盾吗？中国出版集团也要这样做吗？

也有一些人这样说，如果真的建立现代企业制度，就应该放开审批制改为注册、登记制，任它在市场上打拼，"自主经营、自我发展、自负盈亏"。两个法管着，一是宪法（包括出版相关法律法规），二是国税法。违背宪法、出版相关法律法规要求，就撤社长职务；偷税漏税就罚他个倾家荡产，直至破产，让它没法子再办下去。这家"自主经营"的集团公司要有一个政治强、懂业务、团结进取的领导班子。这个班子，应由上级主管部门广泛征求意见后审定批准，而集团下面成员单位的领导班子，由公司领导班子按规定自主选拔确定，报上级领导部门备案即可。至于这家出版公司出什么，不出什么，什么多了，什么少了，让市场去调剂。白菜种多了，烂在地里，明年就少种了。种少后白菜又涨价了，后年就会聪明地调剂好——这才是企业。这样的"文化企业"我们今天具备条件吗？

有人会担心，如果都自主经营了，有些国家需要的出版物出不来怎么办？其实，我们的编辑有很高的政治觉悟，党和国家利益永远是第一位的；再者，国家需要的书，一定有市场，为什么不出？至于形式主义、假大空的东西，出少了，不出了，不是很好吗？而且，我们还可设一个"国家印务中心"，国家急需的东西请国家印务中心承印。

这样放开现在我们做得到吗？如果一时乱了套，能承受得了吗？我看还需要相当的准备。如果有实施的气魄，暂时出了问题，认真去纠正，各方都能够承受，就去做。如果一时做不到，就不要一刀切、一窝蜂，可以先试点，试试，积累经验，看清了，看准了，再推广。分阶段，分步骤，分类型实施，让出版社改革逐渐取得成果，让改革方案逐渐完善，让舆论逐渐适应。

党中央文件明确指出：要科学界定文化单位的性质和功能，区别对待、分类指导，循序渐进、逐步推开。"区别""分类""渐进""逐步"这些用词都是十分谨慎、十分讲究的。所以，我们不能要求齐步走，要求都要"转企""集团化""上市"。弄不好或者会流于形式，或者挫伤大家改革的积极性。在改革初期，我们都盼望造大船，造航空母舰，去世界闯荡，但也说要有小船、小舢板，可以灵活周转于大船之间，弥补其不足。这个意见当初大家都是认同的。

有些事光有良好的愿望不行，在贯彻的过程中一时真的做不到。比如，"成立集团不能捆绑"，很对，但我看至今没有一家集团做到了，甚至经济企业也做不到。因为资产所有权是国家的，进不进集团我都不会破产，不下命令"捆"我，谁愿意被人捆绑、被人兼并，给人家去做部下呢？何况，现在的出版社大体上还是属于垄断行业，还不许随便成立，垄断之下岂有竞争，有的同志还认为靠卖书号也能混下去。

又比如，既然是企业、上市公司，领导们最终的业绩得落实到营业额、利润指标上去，要看股票的行市，出好书就落到第二位了。何况还有排行榜、评几百强，这"榜"、这"强"是靠什么排出来的？主要还不是资产总额、增长的指标、利润数字吗？这些"经济"方面的数字不就成为实际的"导向"吗？因为大部分图书都属薄利多销，有的书甚至无利、赔本也要出，畅销书一年能有几本呢？出书赚不了大钱，就去做金融、房地产，经营其他产品，甚至投资煤炭产业，搞运输，好书就出不来了。或者去卖书号，美其名曰"合作出版"，一年卖几百、上千书号的社不在少数吧？否则光凭现在出版社的生产力，怎能一年出版四五十万种图书啊？四十余万种、五十余万种，能给读者留下深刻印象，放在书架上常读常新的作品能有多少？千分之十？万分之十？

上述的议论可能不失偏颇，但确实是我当时的想法。

八、加快研究、推进集团的转企改制

想法归想法，不同意见归不同意见，组织原则必须遵守。上级的指示，上级的决定，必须照办。这之后，我们认真学习中央领导同志的讲话精神，研究加快转企改制的方案和措施。大家特别认真地体会长春同志和云山同志讲话中的具体要求。

可能是一些同志对出版工作，对中国出版集团也不是很了解。比如说，有的同志就说了这样的意见，他说，作为一个集团不打出"集团"这个品牌是不行的。书出了，这本是人民出版社的，那本是商务、中华或另外一家的，各署各的名字，那是没有用的，集团必须用统一的品牌，都应该统一用"中国出版集团"这块牌子。今天看来这样的意见就不见得合适。因为至少在现在，商务印书馆、中华书局、三联书店、人民文学社、人民音乐社等等，它们的品牌远比"中国出版集团"这块牌子要响亮。而且国际上的经验也是这样，成立一个集团或者公司以后，甚至一个著名公司被兼并了之后，它的成名的品牌不但不能弱化、不能湮灭，还要继续让它发扬光大。须知，这样一个品牌是一家公司几十年上百年打造的，怎么能自我毁灭呢？须知，在一个集团中，有这样几个著名的品牌，那是该集团公司的优良资产，哪个懂行的老板会放弃而再另起一个名字呢？

有的同志还讲到，发行改革、新华书店改革，你们就把沃尔玛那一套学过来，就成功了。这个也是不了解情况。因为他可能认为各地的新华书店还是都归新华书店总店管，总店一声令下各省的新华书店、各市的新华书店都会一呼百应，像沃尔玛那样统一供货，都由总公司一个标准，一家来负责。他以为利用已有的新华书店就行了，这不是连锁店就都搞起来了吗！如果真是那样岂不太省力气了吗？其实不搞出版的人大概不了解那段历史。因为"新华书店"这块牌子从延安时期就有了。延安时期的新华书店是编、印、发一体，而且是以出版为主的。早在新中国成立初期就渐渐地分开了，但是那时总店还能够通过订单和行政手段跟各地新华书店，跟省店、市店联合，形成一个体系，一个网络。因为那时是计划经济体制。后来就讲总店这种体制机制要改革了，不改革不行了。为什么不行了呢？当时流行的一个形象说法，说新华书店都是一批"小辫子"在领导。什么叫"小辫子"领导呢？原来书店的销售员多为十八九岁的女孩子，多半扎着小辫子嘛，总店发下来的订单，一般情况她们就按照她们的理解和爱好去填数，然后所有订单的数字加在一起，变成一个总数，八百本还是一千本，送到出版社，就是这本书的基本征订数了。常常一个店要多少由这些"小辫子"们根据她们的知识水平、兴趣爱好，顺手一填，这不就是"小辫子"领导吗？到后来改革不断地开展，各省都把自己的书店控制起来了，谁还听新华书店总店的呢？不但人早就不归总店管，连产业和经营都不听总店的了，也就是挂"新华书店"这么一块金字招牌罢了，其他的早就不是一回事了。

但有这种想法的同志过去不是做这方面工作的，不了解具体情况也很正常。真要是把商务、中华的品牌，三联、人美、音乐等等老的品牌都去掉，一律写成"中国出版集团出版"怎么行？这样做恐怕不但中国的出版人会感到震动，甚至国际出版业也会感到愕然。再说新华书店，各省早就把自己省里那块组织起来了，或叫省发行集团，或叫省发行公司，而且连省内地、市、县都统起来，自主经营，自负盈亏，自己任命干部，哪还容别人染指。如果像这些同志所说，把各地新华书店像沃尔玛那样，用一个标准再统起来，"发行改革就成功了"，这么简单的好办法，全国几十万，甚至上百万的发行人员怎么都想不到呢？沃尔玛名声显赫，但到底人家是怎么做的，我们了解多少？

我讲这些具体事例，是想说明大家的认识都有个过程，不论是老出版还是有丰富经验的同志，出版改革到底怎么搞都在摸索。2001年，我陪中央领导去考察贝塔斯曼，亲眼见后你不能不佩服。那真是一个了不起的大公司，但是那样的公司，在中国当时的条件下恐怕还是不容易做起来的。它的声光电磁多媒体，它的整个介入传媒融合发展，那时咱们还不行。参观他们的计算机机房，一台计算机在那儿运算几万亿、几十万亿的数据，几十台计算机日夜24小时操作，所得大数据为经营做参考，当时咱们哪有那个条件呢？而且它跨行业、跨地区、跨国，没有任何障碍，什么"融合发展"，大概也不是问题，只要你资本足够就行。那时候很多先进的电子网络技术我们还没有，所以，当时看他们那个配书的流水线，立体的书库，没有几个人管理，全套自动化，机器人操作，心里赞叹不已。快速的送书网络，上午下单，即便是外地，下午或晚上便可送到，第二天已经摆到书柜上了。做出版并不是他们唯一的业务，还有很多其他的产业也搞得很好。当然，十几年过去了，现在我们很多方面做得也不错了。

贝塔斯曼作为企业，管理科学，纪律严明。我认识他们管印刷的一个负责人，算是总公司的一名中层干部吧，是我们到他们公司考察的时候认识的。有一次他从美国开会回来到北京，到总署来看我。我跟他聊天。我说你在美国都到了什么地方？他说什么地方也没去，就在开会那个地方待了两天。我说你怎么不趁这个机会到周围看看？他说到周围看看我也想去，但我得请假。会议是两天，加上路程得几天，来时就算好了的。到别处转得事先请假，这几天的工资要扣除，去那个地方的路费、食宿得我自己出，又扣钱又多花钱，开销太大。所以我去美国三四次了，除了开会的地方，我哪儿都没去过。

我听了以后挺感慨，当然我们现在已经开始转变了，可是从前不是这样的。你只要到了法兰克福，在书市上待两天，然后利用申根协定的方便条件，租个车就把欧洲转完了，是不是？不少同志对去法兰克福书展感兴趣，两次三次地去，可能有的同志就是因为能够从那儿走向欧洲。现在规定多了，没有工作需要，连出法兰克福市都不允许，所以一些同志再去法兰克福书展的积极性也不像从前那么高了。

像人家贝塔斯曼这样一个管理办法，我认为是对的。哪个老板愿意把钱拿出来让职工满天下玩儿去呢？国家的钱更不能这么做，总得有一个章法啊。作为产业来说、作为企业来说，得有成本核算，就得这样管理。我当时听他说完以后，挺赞成贝塔斯曼的这种管理办法。

一次开会时，我听一位同志讲过这样的话，说你们搞出版的我知道，你们都抢着上德国法兰克福书展，你们那个书卖不出去，然后你们打个包，在当地找一个熟人，存在他那里。第二年再去参展的时候，你们就把这些书拿出来，再摆上。他说这话的时候，当时没人给他解释。但是，我听了以后觉得这个说法外行了，今年的书卖不出去，明年法兰克福书展再拿出来，那书还行吗？书的版权页上是有出版年月日的，拿旧书来参展那不叫人笑话吗？在那样一个高端的国际书展上，谁会把头两年的书拿出来摆上啊？今年的新书恨不得是刚刚赶出来还冒热乎气的才好呢？谁还能把头一二年的书摆在那个世界图书博览的庄严殿堂上？这个说法，也不知道他是从哪里听来的。其实卖不出去的书就地都送人了。当地有很多华人，就直接给他们，也交个朋友，互有来往嘛！

因为托运回来，运费太贵，不上算。有时候也管他们要个一折两折的，等于白送给他们了。他们也高兴，有个小忙也帮助我们。

我这里并不是要求一个人什么都得懂，但是如果是负有一定责任的同志话讲出来就成为指示，甚至政策，那就要慎重了。政策影响深远，真是不能想当然。何况有时还讲得很具体，好像真是那样，这个影响就更大了。另外，我们没有一个人敢于在领导讲话的时候站起来说，你说得不对，不是这样的，谁敢说？没人敢说。如果有决策权的领导说得不对，真要把商务印书馆、中华书局品牌取消了，一律用中国出版集团这个品牌，又没人敢谏诤，这麻烦可就大了。

九、集团收到了盖着中国政府最大的印的国务院文件

在中国出版集团成立的前后，有这么一些矛盾，这么一些不同的认识。所以，当时出版改革确实处于探索阶段。但中央是高度重视的，2004年，国务院下发了专门给中国出版集团的"国函〔2004〕22号"文件。当时，中国出版集团刚刚成立，办事情很困难。这么大一个单位，当时因为我是以副署长的身份过来的，所以就说这个集团是副部级单位。可是，你这个副部级单位到什么地方办事，人家都没办法和你接头，你什么地方都没有口，跟人家对不上。财政部你没有账号，人事部你没有户头，怎么给你办事？各个部委都不认识你。所以我们就想请国务院办公厅给集团发一个文件，宣布集团的成立和对我们的认可，希望得到各部委支持。当时负责我们这段的国务院副秘书长高强，后来他到卫生部当部长去了。他任副秘书长时还是挺支持我们的，说一定抓紧给你们办。我们说文件上有国务院办公厅大印就满足了。最后

下文的时候，不是国务院办公厅的大印，居然是国务院的大印，是中国政府最大的印盖在给我们的文件上，大家都喜出望外。

这个文件就是《国务院关于中国出版集团转制为中国出版集团公司并授权管理国有资产等有关问题的批复》。这个文件明确要求中国出版集团转制为公司，而且文件明确授予中国出版集团公司行使出资人的权利，这一点很重要。你作为一个国有企业没有得到行使出资人权利的授权，那有什么资格进行管理呢？还讲集团公司以资产为纽带，对所属企业依法实行资产或股权管理，中国出版集团公司的财务关系在财政部单列，公司可与国务院有关部委直接对口联系，接转各种工作关系，报送、接收各种文件等等。

这个文件的意义不只是解决了集团的具体困难，最为重要的是国务院宣布了"中国出版集团转制为中国出版集团公司"。这样，我们既成为屹立于中华大地上的一个新的文化产业集团，又面临着转折中的许多具体的问题，比如说清产核资、身份的转换、定岗定编、管理文件的制定、干部的遴选等等，千头万绪。关键时刻到了。

国务院这个文件，即"国函〔2004〕22号"文件是2004年3月25日下发的，4月4日开始，《新闻联播》那时候有一个叫"整点播报"节目，每天播报数次。国务院关于中国出版集团的这个决定，"整点播报"连播了三天。当时我们十分震动，给我们鼓励太大了。

许多事情在当时的忙忙碌碌之中好像不是什么了不得的事，因为一天太忙，发生的事情太多，没有时间更多地想它内里包含的复杂内容。当我们今天回头想的时候，你会感到当时在那样一个热火朝天的改革大潮中间，得到这样的重视、关心，是多么幸运，多么不简单。我们正处于改革大潮的中心啊！全国的关注，党和国家领导人的期望，你想"整点播报"连播三天，这是什么新闻啊？这么一个班子，中央领导同志亲自审定，这是一个什么单位啊？今天回想起来，我们实在是肩负着一个千钧之重的使命。当时在这个热潮之中，在艰难的搏斗之中，就来不及细想这些，好像那些是播放给别人听的，自己所想到、听到的，自己整天琢磨的、烦恼的，就是如何办这件事，如何办那件事，压力、焦躁，没完没了，漫无头绪。比如说办公楼，没有办公地点怎么办公？我记得国函〔2004〕22号文件下来以后，部里面很关心，说要听听我们的意见，看看我们有什么困难，打算怎么执行。我们提了十几条建议、要求，当时有关具体工作部门的同志就说，你们这些要求是"白日做梦"上面不可能答应。你们已然转企了，怎么还会给你们解决这些问题呢？文化部一个什么什么公司，想要装修一下他们那个小楼，要一点儿装修经费都没有批准。这话听起来也是很有道理的，但事涉生存、发展，也得按政策去争取。后来在上级领导支持下，经过一再努力，我们的一些迫切要求，居然也都一一实现了。

为什么能实现呢？"国函〔2004〕22号"文件要求我们转企，但是文件也说了，转企得有转企的条件，你条件没给我，政策文件没有（2004年前后还没有一个正式的、明确的文件，后来才有一系列文件发下来），转企的资金也没有，首先碰到的第一个问题是，变成企业了，很多老编辑五十八九岁、六十岁了，退休以后怎么办？按什么标准发退休金？这都是问题，而且是重要问题。所以，领导同志跟我说，牧之，你要抓紧，赶快转企。我说，好，我一定抓紧。2004年、2005年条件仍然没落实，我们没转。2006年，领导同志又要求我们抓紧转企，并且说，部里有两个试点，一个是广电集团，不搞了，就剩中国出版集团了，如果搞不好，影响很大，你们要抓紧转企，抓紧改革。

我深深理解领导同志的要求和希望。他既领导中国出版集团改革，也领导着全国的新闻出版业的体制改革，担子很重。我向领导同志解释说，我理解您的要求，您说得很对，我也知道中国出版集团转企的重要性和迫切性。如果我们搞不好，对外面影响太大了。可是现在转企的一些必要的条件也没有具备，怎么办呢？我们作了调研，我们办公所在的西城区（那时集团办公地点是借新华书店总店的一个旧楼，位于西城区），退休的职工基本工资只有900多元，我们集团的那些老编辑，他们编的书到现在还在为国家创造着财富，他们退了以后却只能拿900多元退休金，这怎么向他们交代呢？然后我又跟领导同志说，当初我接手这项工作的时候您跟我讲过，一定要稳定，要处理好各种矛盾。我说我始终牢记这一点。我很担心，万一有人写个请愿书到部里来，部里离中南海那么近，一转眼他又跑中南海新华门去了，我怎么向领导交代啊！我心里还有个想法，没说出口。我好办啊，我退了以后，领导让我还回署里去。那时，我走了，以后我怎么面对留在集团的同志啊！领导同志不但是坚持原则的，而且是实事求是、通情达理的，他说，你要处理好各种矛盾，多做思想工作，抓紧把转企的事办成。我听领导同志这样说，心里稍稍宽松了点儿，当然，我们一定要抓紧工作，但是这几个关键问题得不到解决，还得坚持一下，争取一下，还不能到工商总局去注册，不能签这个字。因为签了字，注了册，说什么都来不及了。一直到2007年我不做总裁了，我也没签这个字。因为没签这个字，也就是说没有正式转企，还是事业性质企业化管理，于是得到了办公楼，得到了转企经费，全集团职工还得到了涨一级工资的机会。

十、得到了发改委批准的办公楼

我再说说办公楼的事。因为这也跟转企有关。集团成立初期，我们先是到处寻找可租用的房子，中宣部李从军副部长和我们一起东城西城地寻找。空房子很多，什么档次都有，终于看中了建国门外使馆区附近的一栋小楼。独门独院，安静又安全。目标有了，但每年的房租从何而来？没人回答。从军同志也不敢做这个主。我们只能在集团单位中想办法了。最初是借中图公司旁边的那个小楼。那座楼实在太小，后来又租新华书店总店打算卖掉的、在人民医院后边的那个旧楼。几个月下来，找来找去，挪来挪去，诸多不易。"国函〔2004〕22号"文件下发后，有懂行的同志说，你们现在还要办公楼真是"痴心妄想""白日做梦"。我们从得到国务院"22号函"的激动大喜之中一下子又掉进了郁闷之中。还是实际一点儿吧，先想法租一个办公地点吧。我们当时也没有信心了。还是云山同志支持，让我们去发改委请示。2006年，在各方面帮助下，总算得到发改委批准，和北京市新闻出版局合建，就是现在这个甲55号大楼。千辛万苦，总算有了一个落脚之地。

我们去发改委，拜访分管的副主任张春贤。就是从发改委后来到交通部当部长，然后又去湖南、新疆当书记的张春贤同志。云山同志十分重视、关心，派部里分管集团工作的领导给我们助阵。我们见到张主任先是聊集团成立的故事，聊了半天了还没说正题。部里领导经验丰富。他说，牧之，你今天干什么来了，在这儿闲聊。领导给我搭了个台阶，我赶忙上。我说，张主任，我不是闲聊，我不知道怎么说啊，也不敢说啊。他说，你什么事不敢说，大胆地说吧。我说，你看我们集团这么大，七八千人，二十几个大单位，集团总部到现在还没个办公地点。张春贤说，那你们现在在哪里办公呢？我说是借人家的房子，暂栖身呐！我们现在是房无一间，地无一垄，钱无一分，就这么一个状况。但却是中央抓的、中央领导亲自审批的一个大型挂"中国"字样的出版集团。我们没有经费，还是中宣部借了我们三百万。第一年借了二百万，第二年又借了一百万，那二三百万对于一个正在筹建的大型集团来说还算钱吗？买办公的桌椅板凳都不够啊，但确实是这种状况。

春贤主任说，你们都转企了，哪还有国家给企业盖办公楼的呢？我说，张主任，您不知道，我们现在还没转呢。他说，怎么没转，报纸上天天宣传你们改革如何如何。我说确实没转，您可派人到工商总局去查，就是因为什么条件都没有，我们不敢贸然转哪！他说，你们要是没转企的话还有希望。我一听张主任态度有变化，又滔滔不绝地讲了许多困难情况。后来他就基本同意了。

这次谈过话不久，春贤主任调交通部去了，我们的心又悬了起来。发改委管我们的又换了一位新领导。但是前任领导已经同意了，也不能再改吧。不过换的这位副主任管得比较严，按原则办事。他说编办给你们批了多少编制？我说批了70个名额。他说，那只能给你们70人的办公面积。我说集团还要发展啊，不能总是70人哪。他给我们讲了国家的规定，办公室一个人几平方米，多少钱。后来给了多少钱我记不准了，大概不到一亿元。这个钱，盖现在这个办公楼还是不够，但是也得知足。集团党组研究采取集资的办法，找了集团的人民音乐出版社和中图公司合伙建。当时大家都庆幸多亏没有转企，要是转企了这办公楼就吹了。另外，加上北京市新闻出版局党委书记冯俊科、局长孙向东，跟我们关系都非常好，很支持我们。他们那边一期工程弄完了以后，计划弄二期。我知道后，就抓紧跟他们商量合作。他们很够朋友，他们的地，分配面积时对我们也很优惠，而且开工的时候什么"三平一整"、拆迁打架，种种繁难之事，一切都平息了，办好了。中国出版集团应该感谢他们。十几年过去了，现在这个楼，这块地皮应该很值点儿钱了。

还有一件事，也应该记录下来。2006年事业单位调整工资，因为我们还没有转企，集团的广大职工也得到了这次调涨的机会。本来有关方面不同意给中国出版集团再调涨，说我们已经是企业了，不在调资范围了。经过我们再三说明，他们又去工商总局核实，了解到我们确实还没有在工商总局作企业注册，终于在年底调资休止前几天，批准我们涨了工资。据办事的同志讲，我们在事业单位中已经是最后一个调资单位了。

后来，大约是2007年左右，根据国家的政策，先后又给了我们4亿多元的转企经费。

我讲这几件事，不是说没有转企就好，而是说，在政策等方面没有保障之前，还是要考虑周到一些，做得稳妥一些，不能急于求成。领导心里要有数儿，不能被眼前的利害所左右。因为只有保证了群众的基本工作、生活条件，解决了他们的后顾之忧之后，集体才能稳定、团结，工作才会有成效。如果稳不住，一旦转企了，一切都得按企业规定去办，很多矛盾都会出来了，到那时，谈什么都晚了，谁也很难再帮你忙了。

十一、集团要实现化学反应、融合发展

弄了一个办公楼，大家又涨了一级工资，得到编办认可，给了70个人的编制，又过了一阵子，4亿多元的转企经费也落实了。虽然这几件事，还只是集团建立之初生存、发展的几个必要条件，

还都是些具体事情，也很值得高兴一下了。但是，更重要的问题接踵而来。集团的建立，主要靠"行政手段"把几十个单位结合在一起了，用当时的说法叫"行政捆绑"，是"物理反应"。如何把这几十个单位真正整合在一起，实现"化学反应"，在观念和精神上一致起来，却并非易事。

改革是复杂的，大家认识不同。就连集团的主要负责人，比如一把手究竟怎么称呼，全国各个集团也是各种各样。我们中国出版集团当时叫管委会主任，上海世纪出版集团叫社长，还有叫总经理的，叫董事长的，叫总裁的，五花八门，这从一个方面也说明了大家对集团的性质定位是多元的，看法是各异的。你叫社长多半还是按事业定性吧？你叫管委会主任这算什么呢？是人民公社，还是街道办事处？

后来，在"国函〔2004〕22号"文件的鼓舞下我们重点抓了两件事。一件事是，既然把这些单位都"捆"在一起了，如何从物理反应进而到化学反应，怎么样从体制和机制方面形成一个真正的集团，从心里到精神成为一家人。二是，改革的目的是发展生产力。对出版单位来说，就是抓紧多出好书，在出好书的过程中融合起来。

先谈如何实现集团体制和机制上的整合，实现"化学反应"的问题。体制问题是上面规定的，一纸文件就定了，但真正做到并不容易，为体制服务的机制改革起来就更非易事了。我们首先在"三统一"上做努力，即人事统一任命、财务统一管理、资源统一配置。

人事统一任命比较容易，因为反正我们这些人本来都是中宣部、中组部、总署任命的干部，现在集团归中宣部领导了，领导层面的干部都是中宣部审批。集团这一层面很明确。下面出版社的正副职，集团要把关，报中宣部或审批或备案，人事统一稍许好做，没有什么太大的阻力。但是集团本身考察这么多干部，任务还是很艰巨的，怎么看得准、选得好，也还是很不容易的。另外应该注意的是，在选拔干部时，尽量避免"近亲繁殖"，努力争取做到"五湖四海"。中国出版集团在出版界的重要地位是公认的，再加上地处北京，争取到天下英才，还是有条件的。在这方面我们作了很大努力。

资源统一就比较难，特别是十几家大出版社，还有中图公司、新华书店总店等等，资源早就是独立自主的了，经营一向是自负盈亏的，而且他们一个个羽翼丰满，早就是成熟的出版发行单位了。不像地方出版社原来多半属于省的人民出版社，多半是省人民出版社的一个编辑室，后来独立成若干专业社。现在成立集团，再合到一块儿换个集团名称，矛盾少了很多。地方很多省是这样的，原来是若干小社，也是跟全国一样，人民、文学、少儿、美术、科技、古籍都有这么一套，有的省多一个，有的省少一个而已。成立集团，再合起来，大的方面就完成了，所以阻力不是特别大。中国出版集团不一样，中华、商务、荣宝斋，是百年老店；人民文学、三联书店、人民音乐、人民美术，也都是古稀之年了，说把人家资源都弄过来，集中起来，似乎找不出法律或政策根据不充足，再说，弄过来以后就真的比人家自己管得好，比人家运作得好吗？我觉得风险很大，而且我看多半不会有人家自己管得好。但是你作为一个集团，集团本身对资源没有管理权，这个集团肯定办不好，何况"国函〔2004〕22号"文件明确地讲，集团本部是"经营管理单位"，资源统一就是必须做到的。

财务统一相对好做一些。我们曾经想要实行委派总会计师制度，就是各个社在财务处或者财务科，设一个委派总会计师。这个总会计师是集团选拔的，归集团来管理，甚至当时曾考虑由集团给他们发工资，在集团办公，目的是实现财务统一管理。因为财务管理是很重要的，一个单位，一个公司，最重要的一个是人，一个是财嘛。后来，一两个单位实行了，整个集团就很难做，因为这个总会计师他毕竟还坐在原来这个单位，还领这个单位的工资，还受这个单位的社长来管，你不按社里的意见办，那社长还给你涨工资吗？给你发奖金吗？这是实际情况吧，不好办。而把他们都调上来也不好办，调上来怎样开展工作呢？怎么做啊？所以这个"三统一"，当时是一个颇费脑筋的事。

捆在一起了就要争取实现"化学反应"，实现"化学反应"首先要从"三统一"入手，人事统一任命、资源统一管理、财务统一核算。人事管理权、资产收益权、资源配置和重大事项的决策权，这都是"国函〔2004〕22号"文件给中国出版集团公司本身的权力。权力是很大，但怎样用好这个权，有个摸索的过程。到现在回头看一看是不是就顺了，是不是真正意义上的公司，现在已经是股份制公司了，而且已经上市，我觉得这中间还是有很多问题需要继续探讨的。

回想起来，当时，集团党组在整合工作方面，还做了很多细致的开创性工作，以求得思想与情感方面的融合。如下几点，值得记录下来：

1.集团要规模化、集约化、专业化，培养集团的新业态，首先是集团几十家本来各自为政的单位的自我整合。特别是集团中的老字号：百年老店商务、中华、荣宝斋，古稀名店三联书店、人民文学、人民美术、人民音乐等等，个个响当当，羽翼丰满，名满中华，要认同集团、融入集团，才能真正成为一只大船，一艘航空母舰，形成一支市场竞争中的巨大力量。而求得认同和融和，光喊口号是不行的，要做细致的工作。

中国出版集团成立之初在整合和重组方面做了巨大而艰苦的努力。一开始，我们讨论的一些问题，看起来是具体的业务工作，实际上是为一个目标共同思考、出谋划策，心就往一处想了。

比如说"香山论坛"。立足于集团本身，又邀集全国出版改革先进单位，大家坐下来，共同研讨出版改革之路。而图书选题创新的思路、提高质量的关键环节、打造重大工程的经验等方方面面，中国出版集团是长项，全国的出版社也服气。论坛一开，中国出版集团无形中成为一个改革研讨中心。目的是整合。

编辑大型系列丛书《中国文库》。我们把集团二十余家出版社几十年出版的优秀作品遴选出来，又邀集全国的近百家有规模的出版社把精品图书选送过来，先后出版5辑，500多种，产生了巨大影响。共同做一套书的过程，也是融合的过程。中国出版集团无形中成为一个打造精品的中心。目的是整合。

后来，集团又开创了"读者大会"的形式。中国出版集团每年在各省召开的书博会期间，邀请全国的作者、读者、出版者和编辑，召开"读者大会"共同畅谈读书和读者对书的要求。中国出版集团无形中成为一个号召和引导读好书、出好书的中心。目的也是整合。

整合的结果既增加了这个新生集团的凝聚力，也增加了中国出版集团广大员工的自豪感，而且在全国出版业起到中央领导期望的带头和表率作用。

2. 集团成立后，"国函〔2004〕22号"文件授权中国出版集团公司对国有资产所有权和经营权的行使问题。出版单位企业化，出版企业集团化，在全国、在当时是新事物，所以要试点。作为试点单位之一，中国出版集团公司率先推动了所有权和经营权分离的改革，推动国务院授权中国出版集团公司经营所属成员单位的国有资产。以此为先声，各省、各部门出版集团、出版企业的政府授权经营工作渐次展开。

在这个探索整合的过程中，集团公司管什么，成员单位管什么，集团早期建立的两级法人、分级管理体制，是适合中国出版集团实际的，至今仍在发挥基本作用。

集团：管人，管资产，定规划、目标、任务。

成员单位：管事、管生产，是经营中心、利润中心。

在这中间，首要的，不论是哪一层级都要坚持社会效益第一，坚持服务大局，坚持集约化与专业化分工相结合，坚持行业领先，发挥示范、带头、表率作用。

3. 集团虽然草创初就，但由于它多年的业绩，几十年、逾百年的盛誉，得到国际出版业的认同，所以成立伊始就十分重视"走出去"的问题，讲好中国故事，传播好中国声音，努力成为国际出版巨头。2004年，中国出版集团即组建对外合作部，提出"两翼齐飞"的目标，统筹海内、海外资源，开展国际合作，建立国际网点，开辟走出去渠道。注重把中国出版集团打造成国际大型出版巨头。这既是集团发展的目标，又是增加集团成员荣誉感的举措。

第二件事情，就是怎么样多出好书。出版改革的目的是什么？成立集团的目的是什么？我认为最根本的任务就是多出好书。出不来好书，什么集团化、股份制，甚至上市公司，都是瞎忙乎，没有抓住根本。中国出版集团成立的时候，全集团整个图书品种大概是8500种左右，还不到一万种。我记得一次云山同志找我谈话，我说全国的出版业有三块比较重要的地区。一块是以中国出版集团为中心的北京地区出版社，一块是上海和江浙的出版社，一块是湖南、湖北的出版业。我说这三大块如果搞好了，中国的出版业就没问题了，所以应该多给这三大块地区优惠政策。我还说，中国出版集团虽然每年只出八九千种书，但是，任何一个有品位的书店如果没有这八九千种书，它就不成其为好书店，任何一个家庭如果它书架上没有中国出版集团出版的书，它就不叫有文化。他说，你是什么意思呢？我说因为他们重要，他们是中国出版主力，出版大户，所以国家要给他们政策，要多支持他们。有些地方出版社，重要的是为地方、为省里的工作、学习服务，出好这些指导工作、学习用书就可以了，其他的书依靠租型就行，不用他们自己再费力。再说，他们也缺少作者资源。硬要出，也会影响图书质量。还有一些出版社，出不了几本书，光靠买卖书号维持日子，有什么意思呢？还不如让他们停办。

从国际上出版发展态势看，各国竞相努力，各显其能。美国，早期在文化上十分自卑，认为自己是"文化乡巴佬"。后来历届的总统，都是很努力地抓文化。先是利用"二战"机会，乡村音乐、好莱坞、农村歌谣趁势发展起来了。后来各种各样的演出，各种各样的文化项目，风起云涌。那些著名的大传媒、大报、大刊、大出版家，蓬勃发展。对于美国的文化，你无论怎么说它腐朽堕落，全世界都在关注它、引进它，都在研究它，都在影响着你。我们对美国的文化怎么样看？我们有什么"文化"能影响全世界呢？所以优秀的文化，后来学者们想出来一个词，叫软实力。它们不是飞机大炮，不是汽车、拖拉机，但是，靠这些，包括他们的电影大片的输出，不知道挣了多少钱。但更为重要的是，这些文化输出着他们的世界观、人生观、价值观，影响着我们的下一代，可见多出好的出版物多么重要。

还有韩流滚滚，韩剧长驱直入；日本的动漫，小小阿童木"征服"了中国的儿童。我觉得在这种背景下面，中国的出版改革，包括各种传媒的改革，确实是有巨大的压力。经过这么多年，应该说是有了很多成绩，出了很多好书，但是有多少能称为"经典"，现在还很难说。光靠数量的扩大，那是初级阶段，那个繁荣还不是真正的繁荣，必须有质量、有经典的繁荣，那才是真正的繁荣。我们这么些年出了很多好书，比如往大了说，《中国大百科全书》《中国美术全集》《现代汉语词典》《汉英辞典》，还有《汉语大词典》《汉语大字典》，以及《辞海》《辞源》的修订本，"二十四史"及《清史稿》的整理，《汉译世界学术名著丛书》《中国古籍总目》，汉英对照版《大中华文库》等等，还有很多好书。这些书都是具有时代标志的著作。一个具有国际影响的出版集团，应该有这个雄心壮志。集团开展制定五年、十年规划，连续组织中国出版集团出版奖评选，开展编辑培训工作，下了很大功夫，也都是为了多出好书，为了出版业真正的繁荣。

所以，中国出版集团成立之后不断强调多出好书，多出精品力作，不断强调队伍建设，人才建设，应该说是抓住了集团建设的根本的。

十二、公益性出版社——人民出版社从集团转出

人民出版社从中国出版集团分出去，成为公益性事业单位，大家的心情颇为复杂：有羡慕，有留恋，也有不情愿。

（一）剥离

2006年5月11日，中国出版集团成立四年零一个月，在人民出版社召开了一个特别的会议，由中国出版集团和新闻出版总署举办了一个"交接仪式"。人民出版社被正式确定为"公益性文化事业单位"，从已转为企业体制的中国出版集团中剥离出去，

成为新闻出版总署直属的公益性文化事业单位。

我代表中国出版集团党组出席。人民出版社办公楼（与人民文学出版社在一起）已经很旧，桌椅讲台好像上世纪的，都很简陋，掉了漆，露出了木纹，我目睹这一状况，心里戚戚然，但我想到他们以后有特殊地位，心里暗暗为他们庆幸，这独一无二、得政策独厚的出版社，肯定很快、甚至马上就会旧貌变新颜吧？我们中国出版集团的同志都很留恋人民出版社，他们是中国出版业的"天字第一号"，07-001。07是国际条码中心分配给中国出版业的代号，001是中国第1号。他们出版的图书很多是党和国家的重要文献，能增加我们集团出版物的深度和厚度。但留恋归留恋，领导说了就要执行。在交接仪式上，我代表中国出版集团做了发言，表示拥护上级的决定，也委婉地表示留恋。并说，几年来人民出版社对中国出版集团贡献很大，是我们集团一支骨干、领头的队伍，希望今后继续合作。

讲的都是符合政策的话，响应上级的决定。因为把人民出版社移出集团，我们是不舍的，但上级的指示必须照办。

如今14年过去了，人民出版社，人民出版社所代表的公益性出版事业，发展得怎么样？如何评价"公益性出版事业单位"？真是应该认真总结一下。

除了人民出版社，定性为"公益性事业单位"的中央一级的图书出版社还有三家：民族出版社、中国盲文出版社和中国藏学出版社。这三家确有其特殊性，国家一向有政策支持，仍然坚持事业性质不难理解，这里我们重点探讨一下人民出版社的情况。

（二）文件规定

2006年1月，中共中央、国务院发布了《关于深化文化体制改革的若干意见》，应该说这个文件是推进文化单位改革的一个重要的纲领性文件，其中涉及公益性文化事业的政策内容很多，以下三点，尤为重要：

1. 要根据现有文化事业单位的性质和功能，区别对待、分类指导，明确不同的改革要求。

2. 要加大公益性文化事业投入，调整资源配置，逐步构建公共文化服务体系。

3. 要深化文化事业单位的内部改革，推进人事、收入分配和社会保障制度改革，按照政事分开的原则，事业单位和行政机关不得相互混岗。

随后，2006年6月，新闻出版总署发布了《关于深化出版发行体制改革工作的实施方案》。文件规定，"公益性出版单位"保留事业体制，不以营利为目标，国家将采取项目支持、政府采购、加大订货等方式给予扶持。

（三）14年来，人民出版社改革和发展情况怎样呢

不久前，人民出版社社长黄书元做了认真的总结。他在《中国公益性事业出版社的缘起、现状及未来》一文中，对人民出版社的改革，包括理论与探索、改革与实践、成绩与进步、困难与问题、未来与展望诸多方面都做了细致充分的总结和分析。他是人民出版社的法定代表人、社长，是执行者，又是亲历者，热爱自己的事业，对未来充满期待，他的文章很有说服力。我想没有人比他认识理解得更深刻、更具体了，所以我用他的文章，向大家介绍"公益性事业出版社"的改革和发展，供大家参考。

黄书元同志的文章写道（摘要）：

改革与实践　多年来，围绕公益性出版单位的性质、任务和目标，人民出版社一直在进行具体的艰辛探索。择其大者，有以下几个方面。

一是努力完成上级交办或我们认为应该办的公益性政治任务。

1. 对中央交办的各项任务，我们从不考虑赚钱不赚钱，只要有任务，就一定不折不扣地完成。

2. 人民出版社也主动策划了一大批优秀的公益性政治类图书，这些书大多也有很好的"两个效益"。

二是将部分经营性资产、业务、人员和机构分离出去，组建新的企业实体，按照现代企业制度进行经营和管理。把原人民出版社所属的与公益性没有直接关系的经营性机构、人员和业务剥离出去，成立了人民东方出版传媒有限公司，表明人民出版社事企分开改革迈出了实质性步伐。

三是在没有专门的事业经费的情况下，尝试从事公益性活动。

四是大量开展公益性捐赠活动。近十年，人民出版社仅捐赠图书一项，发货码洋就超过 1.5 亿元。

困难与问题 大家知道，要出版免费或低价的图书提供给大众，就要先解决成本问题。中央和原新闻出版总署文件都明确公益性事业单位由"国家"来支持，但没有点明由国家哪个部门或哪些部门来支持。谁来扶持我们，怎么扶持，这对某些部门来说只是众多问题中的一个问题，而对人民出版社来说则是涉及生死存亡的大问题，但这是至今也未能很好解决的实际问题。其实，到了原新闻出版总署后我们就一直在做以下几方面的努力。

1. 资源整合。按说，党和国家保留人民出版社作为公益性事业单位，是希望人民出版社去完成政治任务，特定的政治类图书就应该交给人民出版社出版，而人民出版社则应该以低价或免费的形式出版发行这类图书，如有利润也一定要回馈给社会。这应该是中央决定把人民出版社保留为公益性事业单位的初心。

但是，整合资源，谁来整？谁有能力把这些掌握大权的部门的资源整出来？每一个权力机构都有一个自己的出版社，当这些权力机构有了需要出版的项目时，他们大多会首先想到自己所属的出版社，这很正常：人熟、方便、自身的利益诉求等，无可指责。这些项目可以说是国家的，但谁能把这个项目拿出来给一个与己毫不相干的出版社？中国有坚持原则的领导，但很少有这样亲疏不分的干部。这是资源整合中的现实困难。

当然，我们也可以是"桥归桥、路归路"，人民出版社的所有成本开支由国家承担，人民出版社赚的每一分钱都上交给国家，这样做符合收支两条线的事业单位管理原则。另外一种做法是，不整合资源也可以，国家安排我们做什么，我们就做什么，不管国家对人民出版社有什么要求，人民出版社都可以接受。只是人民出版社有个生存问题，几百号人要吃饭，一大批老干部（其中包括七十多位离休老同志）国家也没给过一分钱，如何保证这些"打江山、共和国的创立者"的养老问题，这是最现实的问题。

2. 项目支持。项目支持对我们来说有两种：一种是经国家有关部门批准后直接由财政拨款，专款专用；另外一种项目就是国家设立的各种文化项目基金。到目前为止，尚无一项专门为公益性事业单位设立的基金，而独独有基金明确只能由企业申报，从未通知我们这样的事业单位申报项目。你说你人民出版社要特殊扶持，哪个文件、哪项政策写明要单独支持你？《国家出版基金资助项目管理办法》并没有明确要给公益性出版单位以优惠的条款，因为任何一个具体操作者都必须按规则办事，必须一碗水端平。所以人民出版社一直是与全国所有的出版社一样，申报项目的指标都是"两大一小"。

3. 争取事业单位应有的事业管理经费，即事业人头费、办公经费等。我国把事业单位分成参公、全额拨款、差额拨款、自收自支四种类型，我社被确定为自收自支类事业单位，自然就没有定额的事业经费和人员工资拨款，包括对离休人员所有的费用也无分文补贴。

4. 免税政策。全世界的公益性机构或非政府组织，都可以享受政府免税的优惠政策，而在中国，企业可以免税，转制为企业的出版社也已经享受了十多年的改革红利，免税十多年，而被定性为公益性事业单位的人民出版社却未享受改革带来的红利，成为中国出版业少数几家纳税却不享受优惠待遇的单位之一。为了鼓励、支持出版社转企改制，给予减免税收的优惠，这无疑是特定时期的正确选择，但对作为公益性事业单位的出版社，不是应该更长久、更大幅度地给予减免税收的优惠吗？

作为一家公益性事业单位，一无事业经费，二无政府采购，三无加工订货，四无免税优惠，而这几项都是写在文件里要求有关部门执行的。没有这几方面的支持，这让公益性事业何以为继？让改革的设计者们情何以堪？

我们在问道和抉择中徘徊。最终权威答复，人民出版社作为一家事业单位，问题不可能在短时间内得到解决，所有问题都必须等全国事业单位改革方案出台后方可解决。而我们了解的是全国事业单位改革方案刚刚启动，一个改革方案从启动到调研、起草、征求意见、论证、最终提到中央高层会议决策，没有三五年是不可能完全定下来实施的。对无忧无虑的幸福者而言时间过得飞快，几年转瞬即逝，而对于没有老本可吃、随时有可能断顿者来说则是坐以待毙。

所有改制为企业的出版社要大发展，而人民出版社首先要生存！最后，我们决定在市场竞争中找到人民出版社的出路和坐标。

生存与发展　记得曾有位同仁写文章说，人民出版社作为一家公益性出版社也参与市场竞争，这对转制为企业的出版社不公平。我看后不禁哑然失笑。我相信那位仁兄是在不了解人民出版社具体情况的前提下发出的感慨。说实话，人民出版社参与市场竞争不是要抢兄弟出版社的饭吃，人民出版社也在积极走公益性事业单位之路，做公益性产品和服务，但全世界没有任何一家只输出无收入的公益性组织是能够持久的，人民出版社如不参与竞争马上就没饭吃。而且，人民出版社是在不享受免税等一系列优惠政策的情况下，与满满地享受了所有优惠政策的出版社进行竞争，真正应该感到不公平的是人民出版社。

人民出版社是一家老牌出版大社，各种包袱较重，只有自身能生存下去，才有可能发展并做好其他公益性工作。要说人民出版社这些年能得以生存和发展，并不是靠这些政治资源，而恰恰得益于市场竞争。

我们一直认为，中央特意把人民出版社保留下来作为一家公益性事业单位，是希望它在宣传党的方针政策上能发出最强音，而不是苟延残喘地活着；如果中国出版业在改革后、在国家的精心呵护、大力扶持下发展起来，各个出版集团、出版社成长为参天大树，而人民出版社却因得不到优惠和扶持自身又不努力而萎缩成为小草，这应该不是中央的意图。

我们决心在市场中找到自己的位置。所以这些年，我们努力发挥自己的优势，如一方面是对时政热点把握得快速及时、政策解读得准确权威等，另一方面是与经营性因素紧密结合，如对市场前景与读者需求的调研、理论政策如何"贴近"群众更接地气的研究等，加之强力推进的市场宣传和营销，这些因素共同作用，逐步把自己建成了一家比转制为企业的出版社还要像企业的出版社。我们出版图书的市场化程度与任何一家转制为企业的出版社相比也绝不逊色。我社发行部门就有近百人。我们的内部激励机制也是非常健全的。因为我们在市场竞争中如果适应不了市场的话，就有可能被淘汰，而且我们不能多元化发展，所有的效益都是由图书经营产生的，所以只能把这一块做好，力求做到极致。

十二年过去了，人民出版社作为一家公益性事业单位在公益方面的表现是：自觉自愿地以优异的成绩完成了各项政治任务，主动积极地参与了很多如抢险救灾之类的公益性活动。如果没有市场化的运作，我们也不可能有能力做到这一切。当然我们也不能说我们做的都是纯公益性产品，或纯公益性服务。但我想，在国家有关文化事业单位改革文件未出台以前，在人民出版社作为一家完全的公益性事业单位的后顾之忧解决之前，恐怕只能这样一路前行了。

未来与展望　尽管困难重重，政策一直不到位，但我们对办好公益性、事业性的出版社仍然充满信心，我们一些希望和建议，主要有以下几点：

1. 公益性、事业出版社一定要办，而且要办好。

2. 必须尽快出台具体支持公益性出版单位建设的法律法规，让公益性出版事业单位有法可循，有政策可靠，有制度可依。

3. 必须合理界定公益性事业单位的主要职能，在明确职能定位的基础上进行定责、定岗、定编。要让公益性出版社知道自己应该干什么，怎么干。在政策上不明确公益性出版社的职责范围，也要明确如何在政策安排等方面支持它去完成这个职责，改变目前"既要马儿跑，又要马儿不吃草"的尴尬局面。

4. 有很多公益性产品和服务，比如一些政治类图书，如果要求全党或某一部分群体人手一册的话，可以采取政府采购、加工订货等方式，以接近成本价交给公益性出版社来完成，严格控制盈利空间。（摘自《中国出版史研究》2018年第4期）

（四）我的思考

黄书元社长的文章把他们执行"公益性事业出版社"的情况，进步与问题，谈得十分具体和深刻，内心的沉重与忧虑让人感动。给我突出的印象是：人民出版社作为一家公益性的事业单位，虽有政策，政策却没有到位，具体问题还没有得到解决，要等"全国事业单位改革方案出台方可解决"。而现在14年过去了，黄书元社长也已退休，看来这个政策的落实还不知何年何月。而人民出版社还只得根据他们自己的情况"在市场竞争中找到出路和坐标"。

另外两家出版社，虽然说是"公益性出版单位"，但那是差不多打从新中国建立就得到解决了的，与这次改革似乎关系不大。中国盲文出版社一直得到党和政府的高度重视和多方扶持，从根本上保障了我国盲文出版事业的健康发展。毛泽东同志早在上世纪50年代动员张文秋同志去中国盲人福利会工作时就说："要房子，找恩来；要干部找中组部的安子文；要经费，去找救济总会；要人帮忙，去找内务部的谢觉哉。"（见邵华《我的妈妈：毛泽东的亲家张文秋》，中国盲文出版社版，2004年）这真是全方位支持。

民族出版社、中国藏学出版社的问题，牵涉多民族国家的团结兴盛、繁荣稳定，一向得到党和国家的政策支持和具体措施的帮助，连图书的评奖、资金的资助都会得到特别关照。改革开放以来，新闻出版署更是大力制定改革政策，提出有力的措施，不断加强支持力度。

那么，我们是否可以说，建立"公益性事业性质出版社"这个课题，提出来很早，但至今似乎也没有真正得到解决。究竟如何改革，还需要深入细致地研究，尽快落实已经说出来的政策。

十三、衷心祝愿中国出版集团乘胜前进

转眼到了2007年。中国出版集团从2001年开始筹办，2002年4月9日正式挂牌成立，到2007年，集团工作我已经做了7年之久。2007年4月9日，恰好也是4月9日，中宣部、中组部有关领导来集团召开干部大会，宣布调整集团领导班子，宣布我不再担任集团总裁、党组书记。

4月9日上午10点，召开大会时，中宣部领导代表中宣部、中组部讲道：

牧之同志长期从事出版工作，政治意识、大局意识和责任意识强，政策理论水平高，组织领导经验丰富。从2002年中国出版集团组建以来，牧之同志带领集团领导班子和广大干部职工，坚持以邓小平理论和"三个代表"重要思想为指导，认真落实科学发展观，坚持把握正确的出版导向，围绕集团改革发展稳定做了大量艰苦细致的工作，付出了许多心血，为集团公司的进一步发展壮大打下了良好的基础。牧之同志党性强，作风扎实，平易近人，团结同志，要求自己严格，在群众中的威信比较高。牧之同志现在不再担任中国出版集团公司总裁、党组书记，主要是由于年龄的关系，是正常的新老交替。

我很欣慰。一是为了上级领导单位对我的高度评价和充分肯定；二是面对着一起筚路蓝缕，开荒拓野，白手起家，日夜奋斗六七年的同事，我激动不已。我讲了我对组织和共同奋斗的同事的感谢，讲了六七年来我的收获和体会，讲了对集团未来的期望。我讲完之后，大家长时间鼓掌。这长时间鼓掌，表示对我的一种肯定。当然，也表示一种真挚的送别。我会永远记住这热烈的掌声。我会永远为中国出版集团事业发展贡献自己一份力量。其实，说到底，集团的建立、几年的进展，包括一大批优秀图书，一大

群优秀人才成长，包括办公楼、工资调涨等成果，绝不是我一个人努力的结果。这是部里领导，总署领导，中央领导支持的结果，是全集团同志共同努力奋斗的结果。特别是云山同志亲承：集团从筹备到成立"从头到尾我都参加了"，这句话内容是何等丰富！我永远不会忘记，没有云山同志代表中央在那里支持，在那里给我们作后盾，中国出版集团不可能顺利建成，也不可能快速发展。

几年的实践，让我明白了一个道理，只要方向正确、齐心协力，大胆改革、沉稳多思，不谋私利、以身作则，就没有做不好的事情。

十四、中国出版集团上市

在党中央国务院领导和关怀下，中国出版集团于2011年12月19日，成立了中国出版传媒股份有限公司。又经过6年，于2017年8月21日，中国出版传媒股份有限公司在上海证券交易所上市，公开发行股票。金锣一声响，中国出版集团成为上市公司。

新的阶段，要求新的思考；新的征程，更艰巨的任务，要求更大胆的探索和创新。

这是中国出版改革一段波澜壮阔的历史，也是我个人激荡、曲折，经受锻炼，难以忘怀的岁月，记述下来，以为纪念。

如今的中国出版集团已经更大、更强、更有影响。面对百舸争流的局面，许多问题当有新的突破，新的思考。中国出版业究竟怎样改革更适合于今天的国情，更有利于长远的发展，只要解放思想、多思多问，似已不难得出结论。

衷心祝愿中国出版集团更加健康、茁壮地成长！

第四章 走向世界的《大中华文库》

游　翔：《大中华文库》（汉英对照）工程是我国历史上首次系统、全面地向世界推出外文版中国文化典籍的国家重大出版工程。国家图书馆名誉馆长任继愈先生盛赞，它整体筹划周全、版本选择权威、英译准确传神、体例妥当完善，代表了中国的学术、出版和翻译水平，浓缩了中华文明五千年，可以向世界说明中国。您参与了这套书的主要执行工作，对这套书的出版您有什么感想呢？对做这项工作您有什么体会和感受呢？

杨牧之：2011年12月23日，经中央批准国家新闻出版总署在人民大会堂举行"《大中华文库》出版工程暨新闻出版走出去先进单位表彰大会"，与会代表济济一堂，交流中国出版"走出去"的经验。我作为《大中华文库》的总编辑、工委会代表，感到无比振奋。新闻出版总署表彰的决定写道：

《大中华文库》（中外文对照）是我国历史上首次采用中外文对照全面系统地向世界推介中国文化典籍、弘扬中华民族优秀传统文化的国家重大出版工程。在党中央、国务院的亲切关怀下，在《大中华文库》出版工程工作委员会有力协调和精心组织下，在全国多家出版单位的精诚合作和共同努力下，经过长达17年的不懈奋斗，《大中华文库》翻译出版工作取得了突破性进展和阶段性成果。目前，《大中华文库》已经出版完成汉英对照版100种，陆续出版汉法、汉西、汉俄、汉阿及汉韩、汉德、汉日对照版中国文化典籍。

鉴于《大中华文库》出版工程在贯彻落实党中央、国务院提出的中华文化"走出去"战略方面做出的突出成绩，在对外推介中国文化典籍、弘扬中华民族优秀传统文化方面做出的重要贡献，经中央批准，新闻出版总署决定向《大中华文库》出版工程工作委员会和外文出版社等三家《大中华文库》出版单位授予"《大中华文库》出版工程先进单位"荣誉称号并进行奖励。希望《大中华文库》出版工程工作委员会和所有参与工程的出版单位,以这次表彰为新的动力,继续发扬不图名、不图利、埋头苦干、扎实工作的优良传统和工作作风,不辜负党中央、国务院的殷切希望,团结一心,不懈努力,认真做好《大中华文库》多种语言版的翻译出版工作,为推动中华文化走向世界做出新的更大贡献。

当我们听到中央领导同志接见时的讲话,更受鼓舞。会场上,中央领导说:"《大中华文库》是国家重大文化出版工程,也是传达和弘扬中华优秀文化的鸿篇巨制,是社会主义文化大发展、大繁荣的标志之作。"特别是中央领导讲道:年底之前中央只批准表彰两个项目,一个是"天宫一号",另一个就是出版方面的《大中华文库》。《大中华文库》就是出版界的"天宫一号"。我们当然明白这只是一个比喻,"天宫一号"对世界科技发展的贡献,无与伦比。但领导同志的这个比喻,还是让我们倍感兴奋,倍增使命感。

我从头说起。

一、"文库"的缘起

杨牧之:还是上世纪80年代,我在中华书局工作时,就曾和当时中华书局的总编辑李侃谈过我对编辑《大中华文库》的设想。但那时,李侃同志跟我说,一、中华书局没有这么多外语的翻译人才;二、缺少资金。现在没有条件做。在当时的条件下,李侃同志的意见也是实事求是的。这项中国文化经典外译工作,一是要把中国的古典文献翻译成今天的白话文,二是把白话文再译成外文。一本书上,有古书原文、有译成的白话文,还有对照白话文翻译成的外文,相当于三本书,确非易事。而且,它不可能是一部畅销书，一上市便可销售几万、几十万册，资金就回来了。它是一部长销书，是慢慢给需要的人、懂行的人品尝的经典。如果没有一定的资金储备，谁也不敢贸然立项。

2011年，新闻出版总署在人民大会堂召开表彰大会，表彰《大中华文库》编委会和有关出版社。

左起：黄松、呼广明、徐俊、黄友义、杨牧之、尹飞舟、丁双平、谢清风、张若楷

当年，是什么动机让我提出这样一个建议呢？

我是学古典文献专业的，尽管我学得不好，但日熏月染，脑子里多的是中华民族传统文化。我深深感到那些"子曰""诗云"中有深奥的哲学，有说不完的美。诸子百家、唐诗、宋词、元曲、明清小说，那些无可企及的文化经典都成为时代文化的坐标。他们说出了我们根本感觉不到的美，或者我们虽然感觉到了却说不出来的美。

从世界经济文化的发展史上看，中华民族为人类社会曾经做出过独特的贡献。在15世纪以前，中国的科学技术一直处于世

界遥遥领先的地位。英国科学家李约瑟说："中国在公元3世纪到13世纪之间，保持着一个西方所望尘莫及的科学知识水平。"美国耶鲁大学教授、《大国的兴衰》的作者保罗·肯尼迪坦言："在近代以前时期的所有文明中，没有一个国家的文明比中国更发达、更先进。"这些都是事实。

在这个时期，世界各国的有识之士千里迢迢来中国观光、学习。唐朝时的长安城，渐渐发展成为国际大都市。

中华书局曾经出版过一套"中外交通史料汇编"。其中所选的图书，记载了许多历史上关于外国人看中国的有趣的故事。这些故事具体、生动、形象地展现了当时中国的先进和伟大。

比如，希腊人波桑尼阿著的《希腊纪事》，记载公元2世纪时，希腊人在中国的见闻。书中写道："赛里斯人（即中国人）用小米和青芦喂一种类似蜘蛛的昆虫，喂到第五年，虫肚子胀裂开，便从里面取出丝来。"从这段对中国古代养蚕技术的描述，可见当时欧洲人与中国人的差距。

公元9世纪中叶，阿拉伯人来到中国。一位阿拉伯作家在他所著的《中国印度闻见录》中记载了曾旅居中国的阿拉伯商人的见闻：

——一天，一个外商去拜见驻守广州的中国官吏。会见时，外商总盯着官吏的胸部，官吏很奇怪，便问："你好像总盯着我的胸，这是怎么回事？"那位外商回答说："透过你穿的丝绸衣服，我隐约看到你胸口上长着一个黑痣，这是什么丝绸，我感到十分惊奇。"官吏听后，失声大笑，伸出胳膊，说："请你数数吧，看我穿了几件衣服。"那商人数过，竟然穿了三件之多，黑痣正是透过这三层丝绸衣服显现出来的。外商惊得目瞪口呆，官吏说："我穿的丝绸还不算是最好的，总督穿的要更精美。"

——书中关于茶（他们叫干草叶子）的记载，可见阿拉伯国家当时还没有喝茶的习惯。书中记述："中国国王本人的收入主要靠盐税和泡开水喝的一种干草税。在各个城市里，这种干草叶售价都很高，中国人称这种草叶叫'茶'，这种干草叶比苜蓿的叶子还多，也略比它香，稍有苦味，用开水冲喝，治百病。"

——关于当时中国的京城，书中作了生动的描述：中国的京城很大，人口众多，一条宽阔的长街把全城分为两半，大街右边的东区，住着皇帝、宰相、禁军及皇家的总管、奴婢。在这个区域，沿街开凿了小河，流水潺潺；路旁，葱茏的树木井然有序，一幢幢宅邸鳞次栉比。大街左边的西区，住着庶民和商人。这里有货栈和商店，每当清晨，人们可以看到，皇室的总管、宫廷的仆役，或骑马或步行，到这里来采购。

此后的史籍对西人来华的记载，渐渐多了起来。这些记载都展示出当时中华民族伟大灿烂的篇章。这些材料都比较好找到，我就不用再多作介绍了。

我们有这么优秀的传统文化，这些传统文化中有无尽的智慧，体现了中华民族热爱和平、勤劳勇敢、创新进取的民族精神，我们自己为什么不抓紧把它们介绍到全世界去，让世界了解中国呢？这是每一个学者、每一个出版工作者的使命和责任。

于是，我便萌生了将中华民族的文化经典翻译成外文，编辑出版，系统、准确地介绍给全世界的愿望。渐渐地，我开始留心中国名著外译的工作。我发现，从16世纪末开始，由于航海技术的发展，东西方航路的开通，随着一批批传教士来华，中国与西方开始了直接的交流。沟通中西的使命在意大利传教士利玛窦那里有了充分的体现。利玛窦在华二十余年。除了传教以外，做了两件具有历史象征意义的事，一是1594年前后用拉丁文翻译

《四书》，并作了注释；二是与明代学者徐光启合作，用中文翻译了《几何原本》。贡献是了不起的，但受时代的制约，质量就很难说了。

我还发现，早在几十年前，西方有的学者翻译《红楼梦》，将书名译成《一个红楼上的梦》，将林黛玉译为"黑色的玉"。这种翻译望文生义，成为笑话。还有西方学者翻译《金瓶梅》，他们专门摘选其中自然主义描述最为突出的篇章加以译介。一时间，西方学者好像发现了奇迹，掀起了"《金瓶梅》热"，说中国是"性开放的源头"，公开地在报刊上鼓吹中国要"继续发扬开放之传统"。这就是不怀好意了。当然，还有许多资深、友善的国外汉学家译介中国古代的哲学著作，在把中华民族文化介绍给全世界的工作方面做出了重大贡献，但或囿于中国文化和西方文化的巨大差异，对内容的理解有误，或缘于对中国语言文字认识的局限，质量上乘的并不多。德国哲学家黑格尔曾经说过：中国有最完备的国史。但他认为中国古代没有真正意义上的哲学，还处在哲学史前状态。这么了不起的哲学家竟然做出这样大失水准的评论，这是很遗憾的事情。正如任何哲学家都要受时间、地点、条件的制约一样，我想，黑格尔也只能从上述水平的汉学家翻译过去的文字去分析、理解，所以，黑格尔对中国古代社会的认识水平是什么状态，也就不难想象了。

后来我有幸担任图书出版的管理工作，先是任图书司司长，后任副署长，一直分管图书的出版和发行工作。这个岗位让我了解到，国外的典籍，不但历史上那些优秀的著作大都引进到中国来了，就连新近出版的有代表性图书我们也几乎全部引进来了。当然，这是我们"洋为中用"、好学精神的体现，但对我们自己的优秀的文化遗产为什么不能抓紧介绍出去呢？这就是我和大家一起决心组织编撰中外文对照版《大中华文库》，向世界介绍中国的缘起。

二、第一批成果

机会的到来，正是我从中华书局调到新闻出版署图书司工作的时候。当时我有条件十分具体地了解到各个出版社的选题计划，我也有可能组织有条件的出版社共同干这件大事。我发现，不但北京的外文出版社、外语教学与研究出版社在这方面做了很多工作，在地方省市，如湖南人民出版社、上海外语教育出版社、东北大连、沈阳的出版社在日语与俄语的出版方面都有不少选题。我便邀请现代出版社的志同道合者一起研究计划。为什么找现代出版社的编辑呢，主要是该社的主管部门是中国图书出版外贸公司，这个公司有图书出口权。《大中华文库》出版后，我们设想主要是销往国外，主要是给外国读者阅读，让他们了解中国文化。我想，中国图书出版外贸公司属下的现代出版社不就很方便吗？而且这家出版外贸公司属于新闻出版署直接管理。特别应该提到的是该社总编辑马欣来对此项工程积极支持，周密策划，组织社里的编辑做了大量细致的工作，起草了初步方案。

为了稳妥，我们请来季羡林、任继愈、杨宪益、叶水夫、林戊荪等老专家征求意见。杨宪益先生十分感慨地说："这是我们年轻时要干的事，那时我们年轻气盛，想干大事，但没有条件，你们今天有条件了，一定要干好！"杨先生干了一辈子翻译中国典籍的工作，那时八十多岁了，他的愿望我们这一代人还不应该接过来，努力去实现吗？

季羡林先生说："组织出版《文库》意义重大，这套书对整个人类和社会的进步具有不可估量的价值。"我当时问季老，您这样评价，是不是太高了？他说："这套书是什么？是中华民族五千年光辉灿烂的文化，我们把它们翻译介绍出去，不就是为全世界的文化发展做了贡献吗？我这样说丝毫不过分。"季老是世界级的文化权威，他的话我们必须深刻领会，认真去落实。

讨论《大中华文库》选题
左起：金开诚、杨宪益、杨牧之、杨正泉

我们怀着这样的一种情感，一腔热忱，开始了工作。

我们几位志同道合者仔细研究，完善构想，又请来出版过此类中译外著作和古籍今译图书的出版社：外文出版社、湖南人民出版社、中华书局、现代出版社等，积极谋划。大家热情很高，组成团队。外文局副局长黄友义，外文出版社总编辑徐明强，时任图书司司长阎晓宏，现代出版社总编辑马欣来，湖南新闻出版局局长陈满之、副局长张光华，湖南人民出版社社长熊治祁和后来的尹飞舟等等都成为团队的核心，大家互相鼓励，通力合作。

团队中的各出版社，不分彼此，各出高招。设计封面时，张光华同志组织湖南的美编拿出二十几个方案，大家坐在一起，一个一个比较，取长补短、汇集精华，不断修改完善，最后形成了今天这个很得好评的封面设计。外文出版社总编辑徐明强亲自到印厂调整版式，看校样，审阅印刷质量。在寒冷的冬天，湖南长沙没有暖气供应，他们坚持了一两个月解决了印前的问题。马欣来为了最科学、最合理的经济核算，以达到物美价廉的效果，计算出多个成本方案。到目前，参加并承担《文库》工作的出版社已达到三十余家。

新闻出版署党组大力支持。1994年7月，新闻出版署批准了以现代出版社名义申报的"关于《大中华文库》的立项报告"。《大中华文库》正式立项，随后列入国家"八五"出版规划。

在《大中华文库》的封面设计上，我们突出了三个标志性的图案，可以看出我们编辑这套大书的志向。

一个是中国传统建筑大门上的"门环"，以此作为本书的标志，象征着去叩开中华民族文化的宝库。门环图案是复制故宫大门上的"门环"。

二是封面上汹涌澎湃的黄河壶口瀑布。黄河是中华民族的摇篮，源远流长，奔腾向前，最具中国特色。

三是书脊下方的长城垛口图案。当整套书摆在一起的时候，书脊上的长城垛口连接起来，便构成连绵不断的长城图案，象征中国文化如万里长城般巍峨挺立，悠久绵长。

为了不辜负这三个标志，我们制定了编辑《文库》"三个精"的原则，以求达到国家出版水平的高标准。大家从这三个方面保证质量：一是精选书目；二是精细翻译；三是精心印制。

一是"精选书目"是根本。 中国古代典籍约有二十多万种，从中选出能代表中华民族传统文化的精华是搞好这套《文库》的根本。工委会三次座谈、两次发出调查表，征求北大、清华、复旦、南开等全国著名高校和中科院、社科院、军科院以及国家图书馆专家的意见。工委会总计搜集了800多种典籍目录，收集了500多种英译本和300多种中文版本，组织专家、学者反复论证，最终确定了110种典籍。这110种典籍，上自先秦，下至近代，内容涵盖哲学、宗教、政治、经济、军事、历史、文学以及科技等各个方面，既有已广为国外所了解的《老子》《论语》《孙子兵法》等经典，更多的则是目前没有译本，或没有完整译本，很少为国外所知的经典。我们担心优秀的图书漏掉，《文库》全部选题落实后，再一次征求各学科有代表性的专家意见。专家们一致表示，选题包括很全面，一流的书基本都入选了。

二是"精细翻译"，质量第一。2001年，朱镕基总理、李岚清副总理视察新闻出版总署，听我们汇报这套书时，镕基总理说："这套书不错，应该很有读者，很有市场啊！"岚清副总理说："关键是要搞好翻译，保证翻译质量。"他们的意见是很中肯的，成为我们编译工作的指导思想。

《文库》把保证翻译质量作为首要任务，组织中外专家进行翻译审校，中文原文也都经过了精心选择、认真校对。一开始是几家做过类似图书的出版社参加，逐渐有近20家出版社加入进来。实施大工程，组织工作是关键。我们设有两个委员会，工作委员会负责出版社的遴选，签订出版合同，制定出版计划等组织协调工作，从而保证文库工作有计划稳步进行。总编辑委员会负责版本选择、译者确定、内容审查。在翻译质量上，出版社进行一、二、三审，总编委会进行四审和五审。四审主要请外文局的一大批外文专家以及学术界的中文专家论证审稿，五审由总编委会总编辑和副总编辑进行，如果不合格就要退回去重新做编辑加工，以确保质量（后文附有审读案例）。此外，《文库》还按照国际惯例，编制了词目索引，撰写"导言"，满足现代读者需要。

三是"精心印制"，要体现中国出版风格和水平。因为此项工作先后有三十余家出版社共同参与，而且图书品种、印制数量庞大，不可能一次印制完成，为了保证全书质量、外观的一致性，保证多批印制纸张颜色、质量的一致性，在总编辑委员会下设印制小组，主要工作是统一版式、统一纸张、统一印刷、统一装帧，达到"四个统一"。《文库》是个大工程，由于坚持了质量第一，坚持了"四个统一"，保证了工程的整体质量。

2004年8月，《大中华文库》汉英对照版第一批15种正式出版。

第一回合的胜利，一批带有故宫门环图标、黄河壶口瀑布图像、连绵不断的长城墙垛图案的精致图书摆在我们面前，大大鼓舞了参与工作的全体出版编辑同志。

第一批"文库"图书，先后获得了国家图书奖最高奖"国家图书奖荣誉奖"、全国古籍整理优秀图书一等奖。

三、得到国家总理的高度赞扬

2004年8月16日上午，我们把第一批汉英对照的15种图书和汇报的信给总理送去。为了郑重，我们特地请《文库》顾问任继愈先生署名。当天下午，温家宝总理秘书打电话告诉我们，总理给你们写了回信，请你们派人来取。当时我们真是大出意外，上午刚送去，下午总理就回了信，总理是多么重视我们的工作啊！温总理的信很让我们感动，温总理在信中说：

《大中华文库》收到，甚为高兴，谨对您及从事这项浩繁工程的各出版单位和全体工作人员表示衷心的感谢和热烈的祝贺！这部巨著的出版是弘扬中华民族优秀文化的有益实践和具体体现，对传播中国文化、促进世界文化交流与合作具有重大而深远的意义。这部文库翻译和出版质量之高反映了我国出版水平。我国有着悠久而灿烂的历史文化，希望你们以伟大的爱国热忱、宽广的世界眼光和严谨的科学态度，锲而不舍地把这项光辉的事业进行到底，我坚信你们一定能够做到，也期待看到你们新的成果。

温总理写了这么长的一封信，充满激情和赞赏，并且说"这是一项光辉的事业"，要求大家要以伟大的爱国热忱、宽广的世界眼光、严谨的科学态度去做，一定要锲而不舍地把这项光辉的事业进行到底。

接下来，2005年8月，第二批书出版了，我们又把第二批书给温总理送去。隔一天，温总理又回了信。信中说："一年来你们取得的重大进展令人振奋，你们做了很好的工作，向你们致谢，并请代向全体工作人员致谢。"

2006年春节前，温总理委托他的秘书给我打来电话，让我代表他，向所有从事这项工作的编辑出版人员问好，祝大家节日快乐。

我从来没有听说过更没有经历过，国家总理打电话给普通的编辑出版人员拜年，诚挚地祝大家节日快乐。

这之前，中办国办"两办文件"《关于进一步加强和改进文化产品和服务出口的意见》，其中特别提到文化广电新闻出版部门要组织文化出版单位，生产适合海外受众的影视作品和节目，抓好大型对外出版工程《大中华文库》的出版翻译工作。看了文件以后我们感到无比光荣，也感到巨大的压力。中办、国办文件点名要求一定要出好一套书，恐怕还不多见。

这些事都让我们认真地思考。我们做这样一件事情，为什么得到总理这样高的评价和重视？并且"两办"还在中央文件中专门作出指示。后来胡锦涛同志去美国访问赠送给耶鲁大学的书，其中就有这套书。

接着我们又搞"多语种版"。2009年，温总理去西班牙访问，把《大中华文库》赠送给西班牙的赛万提斯学院。学院院长送给他一把象征友谊和谐的钥匙。温总理赠送《大中华文库》时，非常具体地阐述了弘扬中华民族精神的意义。他说中国五千年的文明史概括出自强不息、刚健有为的进取精神，以和为贵、和而不同的和谐精神。这让我们体会到，他送这套书是为了宣传和介绍中华民族的优良传统和民族精神，让世界了解和认识中华民族历来是热爱和平、勤劳勇敢、与人为善的。

不久，这个赠书仪式的消息和温总理的讲话刊登在《人民日报》上。看了报道以后大家十分振奋，但另一方面又觉得我们的工作没有做到位。如果我们能出一套西班牙文版的《大中华文库》，温总理把西班牙文版的"文库"送给西班牙人岂不是更好？更能体现中华民族文化的渊博，更能体现泱泱大国、人才济济的伟大。

工委会认真研究之后，我们就动手搞"多语种版"。联合国通用的中、英、法、西、俄、阿拉伯六种文字，再加上德、日、韩共九种文字，与中文对照出版。经过一年的努力，《老子》《论语》《孙子兵法》这三部中外对照、九种文字、一共24册出版了（汉英一本，汉西、汉法、汉俄、汉阿、汉德、汉日、汉韩）。马上派人给温总理送去。温总理很快作了批示，他说："感谢同志们为提升中华民族文化国际影响力而付出的艰巨努力，祝同志们成功！"他批示的内涵是什么呢？总理认为这项工作是"提升中华民族文化国际影响力"的工作，意义重大；这项工作是很不容易的，大家付出了"艰巨"的努力。"祝同志们成功"，希望大家再接再厉，取得更大成果。这个批示充分体现了总理对这项工程的理解、关心和支持。

特别要说的是，2014年9月16日，习近平总书记访问斯里兰卡，向斯里兰卡总统赠送了《大中华文库》。陪同赠书的还有当时新闻出版总署领导。2015年5月，李克强出访南美四国，赠送《大中华文库》的西班牙文版。我们得知这些情况，更增加了出好这套《文库》的使命感。

这时，我们对中央领导为什么这样重视和鼓励更加明确了，更加体会到中央领导重视《大中华文库》工作的深层次意义。特别是当我们学习了党的十八大、十九大报告后，认识就更加深刻了。党的十八大报告在"扎实推进社会主义文化强国建设"这一章的第一句话就说，文化是民族的血脉，是人民的精神家园。这个论断，力压千钧。一个是血脉，一个是家园，这两者对于一个人、一个民族都是不可或缺的。习近平总书记在报告中强调，文化的软实力集中体现了一个国家基于文化而具有的凝聚力和生命力，以及由此产生的吸引力和影响力。这些论断所反映出来的历史性的认识，体现出来的那种横亘古今的精神，让我们感受到中央对文化建设前所未有的气魄，让我们体会到文化对铸造民族精神的决定性意义。随后，报告中具体讲怎么做，要全面快速地发展文化事业、文化产业，促进文化和科技融合，"发展新型文化业态，提高文化产业的规模化、集约化、专业化水平"，"要加强重大公共文化工程和文化项目建设"，"要造就一批名家大师"。体制、机制、人和项目都讲到了。所以，我们的工作，不仅仅是向全世界宣传、介绍中华民族优秀的传统文化，而且关系国家软实力的强大，关系民族的复兴。对于出版业来说，要深化出版改革，在产业的业态和体制上努力创新。对于一个出版工作者来说，就是通过一本一本图书、一项一项文化工程体现的。诸如《中国大百科全书》一版、二版和三版的实施，"二十四史及清史稿"点校工程的开展，《辞海》工程的不断修订，日臻完善，《中国美术全集》《甲骨文合集》《中国通史》《工程控制论》《杂交水稻育种栽培学》等等，都体现了这种精神。

四、一个团结有效率的集体

我们的工作不是一个人或几个人干出来的，它是一个团队、一批出版社共同奋斗的产物。我们的工作团队十分强大，先后加入《文库》具体领导工作的同志都是令人敬佩的、有出版经验、有事业心的人。他们中：

有外语专家又懂出版的黄友义、徐明强、陈万雄；

有招之即来、来之能干的图书司和出版社领导阎晓宏、张光华、熊治祁、尹飞舟、李岩、徐俊、徐步；

有编辑、审读、装帧设计专家马欣来、梁良兴、胡开敏、廖铁；

有事无巨细、操心敬业的黄松、张若楷；

有财务管理严格细密的中华书局和外文社的刘宏、顾铭；

有热情关注、时时提醒我们的顾问杨宪益、任继愈、季羡林、袁行霈、金开诚；

有出版方面的领导许嘉璐、刘杲、石宗源、柳斌杰；

后来，又有财务上给我们特别理解和巨大支持的财政部有关领导金立群等同志。

大家有一个共同的品格，不为名、不图利，全心全意为译介推广中华民族文化尽心竭力。

刚开办初期，那时总署还没有设立国家出版基金，《文库》没有任何工作资金和会议经费，全靠参加工作的所在出版社支持。有一个商人，听说了这项重大工程，认为有利可图，便打算出巨资收买项目。并说，你们工作人员我也发放津贴，你们不必局限目前社会上的标准，算一笔账，用最高标准，我全数支付，并许以4000万元作为首批出版资金。

那是1994年，25年前，4000万元是一笔大钱。工委会的同志们不为4000万元所动，一致表示不能与这样的书商合作。因为他是为个人牟利，把我们出版社编辑作为打工者雇用。"道不同，不相为谋"。目前的经济困难是暂时的，我们自己可以克服。大家的这种高风亮节，在没有任何经费补贴的情况下，不被高薪诱惑，是《文库》成功的一个重要原因。

工委会"开工"的第一次工作会议，研究时间计划、选题原则、第一批选题目录以及印制等等大的问题。会议开到晚上六七点钟，我说，这是第一次会议，我请大家吃顿饭，庆贺庆贺。吃饭地点就在东四南大街85号原新闻出版署旧址斜对面一个小饭馆，六七个人花了二百多元钱。结账时，还是马欣来个人抢着付的款。

双语对照，尤其是将中文译成外文是一项难度较大的翻译工作。为了保证《文库》质量，我们聘请了一批优秀的外语专家，建立起一个"专家库"。各个语种的专家尽量配齐，每个语种至少两位。

《文库》稿件由出版社三审，然后送交工委会进行四审、五审。四审都是由我们专家库中的外语专家进行。他们说，我们要为《大中华文库》负责，不能影响《文库》的声誉，我们也要为自己的名誉负责，经我们看过的外文稿，一定要有好的质量。这是很高尚的职业品格。我举两个例子，看看他们在为《文库》质量把关上起的重大作用。

如对汉西版《荀子》的专家审读意见：

《荀子》的西班牙文版的翻译工作是由古巴资深翻译家和作

家合作完成的，并经国内资深汉译西专家审校。

该译文的特点是，文字平实无华，语言通顺流畅，正是因为这一特点，我们国内出版的一些外文读物的通病，即中式外文，被彻底避免了。其用词造句贴近西语国家读者的阅读习惯，不会给读者带来阅读障碍。从翻译的角度上讲，该译文没有按照原文死译，逐字逐句译，而采用了灵活变化的翻译技巧。在保证中文原义的前提下，使用了一些变通翻译，使行文更加通畅，更符合其受众的阅读习惯。鉴于此，我认为《荀子》西文版的译文已经达到了国内的外文出版水平，可以出版了。

再如对汉俄版《西游记》的专家的审读意见：

整体评价：该译本译文流畅，意译较为准确，基本能够表达出《西游记》中丰富的人物、场景及对话的原意。译文表现出译者对中国传统文化的深刻理解和领悟。

同时，译文中也存在一问题，总结概括为三个方面：

一、语法问题：例如在第33页第3行等处，语法关系不通，可能是大意马虎所致。

二、编辑加工问题：包括移行问题（例如在第3页，第23页第6—7行，第45页），字母大小写问题（如在第63页）等。破折号有高有低（例如第67页，第159页），破折号在段首时离字母较远。个别地方排版松（例如第1049页），使人感觉排版不规范，不符合严格的出版要求。

三、用词的时代性问题：该译本出现了一些词汇的旧式用法，人名翻译也存在类似问题，如孙悟空、猪八戒等的人名中用短横隔开，现代语法已不用；个别标点使用不当，如第1581页"六个小妖，云里雾，雾里云"等，不应用破折号，应用引号等，概因译本翻译时间较早，应改用现代表达方式。

建议对该译本再一次编辑加工,解决文中存在的以上问题,再考虑发排出版。

这样的专家审读意见,每部书都有,对译者、对出版社是很大的帮助,这是保证《文库》质量的一个有效措施。

我们与印刷厂有密切友好的合作。我们认识到,要想把书做好,与印刷厂的合作是绝不能忽视的一个重要环节。

在选择印厂时,我们派人广泛调研,选出印刷质量好、性价比合理的工厂。

我们不是把印刷厂只当作听从出版社安排的被动合作方,而是把印厂当作整个《文库》质量的一个重要环节。大家明白印装不好同样不能成为一部优质图书。我们在召开《文库》出版工作会议时,也请他们来参加,请他们谈在印刷时发现属于编辑的问题,以及对出版方的建议和希望。同时他们也听到编辑的发言,了解出版社的想法,促进他们改进工艺,提高质量。二十多年来,几百卷书,几亿字,《文库》始终在深圳佳信达印务有限公司(现为碧兰星印务公司)印制。质量平稳、可信。公司负责业务的叶卓强成为《文库》的朋友。他们也以印刷这套书为荣,把《文库》图片放在工厂的宣传册中。

这样一个团结有效率的工作委员会,很得参加《文库》项目的出版社信任,三十余家出版社同心同德,这是工作顺利进行的保证。正如《大中华文库》工委会副主任、湖南省新闻出版局副局长尹飞舟所说:

《文库》出版的组织与推进,是一个比较成功的模式。《文库》在这方面积累了宝贵经验,具体来讲就是,有组织得法、推进有力的工作委员会,和业务精湛、敬业权威的编辑委员会,共同来组织实施。同时,《文库》不是那种狭隘的,只是由几家出版社来操作、参与的项目，而是面向全国的出版界、翻译界，以确保出版的顺利开展和国家水平。因此，这种出版组织方式也具有一定的示范性。

五、向第三个高峰前进

《大中华文库》汉英对照版110种，已经全部出齐。为进一步扩大国际影响和受众覆盖面，2007年启动的汉语与联合国另4种官方语言（法语、俄语、西班牙语、阿拉伯语）以及其他3种重要语言（德语、日语、韩语），共7种语言的双语对照版25种典籍175个品种也已全部出齐。

目前，为配合中央关于"一带一路"的倡议，又策划"一带一路"沿途语种的双语翻译工作。第一批涉及29种语言（如缅甸语、柬埔寨语、泰语、乌尔都语、波斯语、保加利亚语、乌克兰语等），84种典籍，得到中央领导及有关部委和国家出版基金办的鼓励和支持，2019年已列入国家出版基金项目。

"一带一路"倡议植根于历史，古代中国丝绸之路精神延续千年。今天我们正是继承古代中国丝绸之路精神，发扬光大，把我国的发展同"一带一路"沿线国家的发展结合起来，赋予古代的丝绸之路以新的时代内涵。在实施这项宏伟工程的过程中，向"一带一路"沿线国家介绍中华民族文化是《大中华文库》义不容辞的责任。

大家说，如果汉英对照版是《大中华文库》的第一个"高峰"，多语种双语翻译是《大中华文库》的第二个"高峰"，那么，"一带一路"上的语种双语互译就是《大中华文库》的第三个"高峰"。目前，已组织了三十多家出版社，共同投入到这项工作中来。这些出版社设计方案，打磨译文，严格执行《大中华文库》编辑规程，精心设计，精心施工，质量不断提高，决心为"一带一路"建设做出贡献。

令人欣喜的是《大中华文库》的出版得到了国外读者的热情肯定，这里我引用奥地利维也纳市政府高级参议、维也纳市学术委员会主任胡伯特·克里斯蒂安·埃哈尔特教授（Obersenatsrat, Wissenschaftsreferent der Stadt Wien, Univ. –Prof. Dr. Hubert Christian Ehalt）写给《荀子》译者罗悌伦教授的一封书信：

收到了您的《荀子》（指《荀子》汉德对照本），极为高兴、极为振奋！荀况这位战国后期思想家、教育家的政治文集的出版，给人留下深刻的印象。在《大中华文库》中，这部著作的表现力令人叹服。作为特别关注社会史与文化史的欧洲历史学教授，我认为，全球化的一个特别重要、也令人欣慰的方面在于，世界各种文化正在彼此接近；因为，首先是通过电子媒介，当然也通过图书文化，对迄今彼此陌生的各种文化的认识正在扩展。在比较文化史方面，一个重要的任务将是对古老文化中经典作家作品的主题与思想内容进行交互比较。作为奥地利与欧洲的历史学家，对我而言特别令人振奋的是，中国在继承自己的文学与文化史领域的经典作家作品，并为了将这些经典著作译为欧洲语言而提供资金支持。

还有一点我想要说的是：这部著作出版得非常精美。印刷纸张薄，美工设计、封面、封面护套、封面上的徽章纹案，全都极为典雅。这一著作的出版非常成功——我想为此向出版社及其背后的各位人士，首先是您，悌伦教授先生，致以最最衷心的祝贺。

我现在已经为《大中华文库》系列丛书的后续各卷感到高兴和期待了。

还有，各外国驻华使节的普遍重视和关注更是我们没有料到的。近年来，埃及大使、爱尔兰大使、日本公使、伊拉克大使、卡塔尔大使、冰岛大使、法国和德国的文化参赞陆续与《大中华文库》工委会会晤，商谈双方传统文化的交流推广和合作出版事宜。特别让我们高兴的是，这套书不但被国外的大图书馆、高等学校订购，而且已经开始走入国内外寻常百姓家。不少读者来信找寻其中某册，并表示不在乎寄费多少。2006年，我在新加坡访问一家华人书店，书柜上居然摆着《大中华文库》，便问老板，这书好卖吗？他说，有不少人买，已售出十来套。我又问他，都是些什么人买？他说，多半是二代、三代华人，他们国语不行了，买回去用上面的英语学汉语。我听了，很兴奋。无论用它学英语、学汉语，总是对了解中华文化有用。

从1994年正式经新闻出版署批准立项，至今26年过去了，《大中华文库》工委会在不断地总结经验，邀请中外汉学家、知名学者，对已出版的各种文本进行再修订，努力将《大中华文库》打造成21世纪20年代最好的双语对照版本。工委会的同志们牢记使命，不辜负学术前辈嘱托，不辜负中央领导期望，决心把这一"光辉事业"进行到底。

第五章

「整理古籍是一件大事，得搞上百年」

游　翔：您的专业是古文献学，几十年来，您作为国家古籍整理出版工作的领导者和研究者，发表了很多有关古籍整理的文章，那么您对古籍整理出版工作是如何认识的呢？有哪些重大项目和重要事件让您记忆深刻？

一、我对古籍整理出版工作认识的三个阶段

杨牧之：今年是全国古籍整理出版规划小组成立 60 周年，回顾我与古籍整理与出版的缘分，颇多感想。

我 1966 年大学毕业，1967 年到中华书局工作，到现在五十余年了。这五十余年中，在中华书局 20 年，到新闻出版署十七八年，主要分管出版、发行和古籍办，确实和古籍整理出版有不解之缘。

但是我对传统文化、对古籍整理出版的认识却有一个复杂的过程。这个过程，大体可分为三个阶段：

（一）第一阶段

这一阶段是指我在大学读书的时期。那时，我对学习古典文献没有兴趣。1961 年我考上北大，当时北大中文系是入学之后再报专业，有三个专业：文学专业、语言专业、古典文献专业。系里号召，尽量不要报文学专业，因为报的人太多了。当时我想，语言太枯燥，文学不希望报，那就报古典文献专业吧。开课之后，大出我意外，我觉得学的内容实在太陈旧了，学《论语》《孟子》《左传》《诗经》《史记》，一本书一本书地学下去。再就是文字音韵训诂、古籍整理概论、目录版本学、校勘学等等，那时我十八九岁，好不容易进入北大，整天学这些是我没有想到的，觉得很没有意思。

给我们讲《论语》的老师，是一位叫王孝渔的老先生。穿中式衣褂，夹着一个布包袱，里面裹着一本线装书，走上讲台，打开包袱皮拿出书来，照着前人的注疏一字一句地讲。讲完课后，学生还没有走完，教研室老师就和他结账，给他钱。那时候，这种现场交易的情景在大学课堂里出现，大家觉得很不适应。

魏建功先生讲音韵学。魏先生是学问大家，年轻时为肃清日本在台湾奴化教育的影响，到台湾推行国语。1953年主持编纂《新华字典》，后来又主持编纂《简化汉字总表》，贡献很大。在北大文科的历史上有著名的三大"概要"，一是胡适的"中国文学史概要"，一是沈兼士的"文字形义学概要"，另一个就是魏建功先生的"声韵学概要"。课堂上，魏先生给我们讲今古音的区别，讲着讲着就吟诵起《醉翁亭记》，吟着吟着还流出了眼泪。这种专门学问今天怕没有几个人能讲了，那样敬业，当时我们却说他是"发思古之幽情"。那个年代，说某人"发思古之幽情"并不是什么好事。

那时候确实年轻，不知好歹，不愿意学古典文献。学了《论语》我还从中找到了理论根据。孔子说："知之者不如好知者，好之者不如乐之者。"我心想，我既不好也不乐，连孔老夫子都说"不好""不乐"根本就学不好，趁早别学吧。当时我就要求能不能给我换一个专业。系里不同意，说我这是学习目的问题。学习目的问题当时那是很严重的问题，不敢再提了，只好给自己辩护，专业并不是我自愿报的。那时，我一下课就跑到图书馆，看中外经典名著，一本接一本地看，我的中外文学典籍基本都是那个时候读的。有空就去听别的专业的课。被动学的是古典文献学，主动读的是中外名著。

毕业时，"文化大革命"开始了，在学校等了一年多才分配工作。1967年，我到了中华书局。那时候我对古籍整理和出版懵懂无知，没有兴趣，设法逃避，浪费了很多时间。今天回头看看，很是幼稚。

（二）第二个阶段

到中华书局后，开始了我认识上的第二阶段。1967年到中华书局后，没过多久就到部队农场锻炼，接着又去"五七干校"。我去干校的时间比较短，一年半。为什么回来了呢？因为1971年5月，毛主席指示继续校点"二十四史"，这之后从干校往回调人，我们得以逐渐回到北京。回来之后，我跟随周振甫先生、王毓铨先生二位著名学者校点了一阵儿《明史》。

后来，中华书局领导为了了解，像中华书局这样的古籍出版单位怎样才能够紧密配合政治斗争需要，便亲自带队到部队工厂去调研。工农兵群众反映，中央文件中经常引用的古典诗文弄不懂，最好能通俗地讲一讲，还提到"活页文选"这种形式好。调研之后，中华书局领导就决定抽几个年轻的业务骨干，集中精力搞"活页文选"。选目主要是法家著作，评法批儒，特别强调首先要注解翻译中央文件、领袖讲话中提到的古典名篇。当时，我们认为这就是为政治服务，为工农兵服务，而且是紧跟、配合，所以满腔热情。又加上毕业六七年了，岁月蹉跎，刚刚开始做一点儿正经事，一定要快马加鞭，所以干得很起劲。

在"活页文选"的基础上，我又策划了《读〈封建论〉》。毛主席不是说"熟读唐人封建论"嘛，那咱们就想方设法把柳宗元的《封建论》给工农兵讲明白吧。领导让我和工人师傅一起搞，好知道什么水平、什么形式他们爱看，能看得懂。书印出来之后，当时一些同志说这种形式挺好，工农兵看得懂，而且知识分子和工农兵相结合，有利于知识分子的进步。后来全文大概五万多字的《读〈封建论〉》，在《人民日报》《光明日报》《北京日报》连载了三四天。

我看过一个材料，在一次会议上，有人向周总理提出，古籍整理的标点符号也要突出阶级观点。周总理说不要这样搞了吧，标点只能反映原文的意思，怎么样体现校点者的阶级观点呢？当然这只是个别人的想法，今天听起来很可笑，但也能反映出当时思想领域的气氛。

1981年，我参与创办《文史知识》，还主持了六七年工作。因为"文化大革命"耽误了很多年轻人的学习，太需要普及文史知识了，所以干起来兴趣盎然。《文史知识》创办后第三年就被评为优秀文史刊物，两三年内，订数从四万猛增到近三十万。编辑部被评为文化部优秀青年集体，中华书局还奖励了我800元钱。那时候800元钱不少了，我分给编辑部每人一份。领导不同意，我说活儿是大家干的，我不能独占。领导见我坚持，同意分一半给大家。

这个时候大家都在反思，都在重新认识过去紧跟配合、为当前政治服务的做法和观念。那时我们为中央文件引用的古典诗文作注、为工农兵搞普及，当然是为政治服务（当然这里面还有一个为什么样的政治服务的问题），但古籍整理更长远、更基础的工作，是搞好基本建设，是对浩如烟海、车载斗量的古典文献进行系统清理，批判继承，把优秀传统文化的精神提炼出来，把优秀传统文化中具有当代价值、世界意义的文化精髓提炼出来，为建设有中国特色社会主义文化服务。中央文件中说"得搞上百年"意思就在于此吧？如果仅仅把紧跟、配合当作是为政治服务，对古籍整理出版工作来说是不是就狭隘了，很容易把一个宏大事业变成政治的实用工具。"二十四史"校点能紧跟得上吗？但你能说"二十四史"校点不是为政治服务吗？这是我在前一个时期的经验、教训后的思考。这是我思想的第二个阶段。

（三）第三个阶段

再谈第三阶段。1981年陈云同志电话开启了一个新的时期。那时候我正好在中华书局总编室工作。一天下午4点40分左右，我接到陈云同志的秘书肖华光同志的电话。肖华光传达了陈云同志的指示，说陈云同志最近问，古籍校点工作进展如何，还说古书不加标点整理，后代根本看不懂，文化就要中断了，损失很大，一定要把这一工作抓紧搞好。当时我虽然年轻，但也知道陈云同志指示的分量，立即写了一个电话记录报给领导。今天回头看一看，这一通电话太重要了。这是1981年5月22日。6月11日，中华书局给陈云同志送去报告。一个月后，7月9日，陈云同志又派秘书王玉清到中华书局进一步传达他的意见。9月17日，中共中央便发出了可以载入中华民族文化史册的37号文件——《中共中央关于整理我国古籍的指示》（〔1981〕37号文件），文件明确指出古籍整理是一项十分重要、关系到子孙后代的工作，是一件大事，得搞上百年。大家看看时间，5月22日、6月11日、7月9日、9月17日，真是紧锣密鼓。接下来12月10日，国务院宣布恢复古籍整理出版规划小组。转年的3月，召开了全国古籍整理出版工作会议。古籍整理出版的新时期开始了。

1987年5月，我奉命调到新闻出版署工作。在中华书局工作了20年，离开中华书局我还是很留恋的。不过，到了新闻出版署以后，我在思想上、工作能力上、认识水平上，确实都有很大提高。在新岗位上，我有条件从全国和世界的角度去了解情况，去思考问题。比如，我作为中国文化代表团成员两次访问埃及，震动很大。埃及地上动不动都是五千年以上的古迹，但是文字文献却很少，有的象形文字到现在也无法破译。法老的后代、真正的埃及人血统已经很难寻觅。我们去博物馆参观，埃及历史学家说："要想了解埃及的历史，只有到比法老墓更深的地下。"也就是说，埃及的历史已很难了解了。这引起我很多思考。埃及的专家充分肯定历史，也肯定法老和帝王将相的作用，把他们作为一个时代的标志去讲。

又比如印度，有很多古迹遗存，但印度历史多有间断，没有留下记述，后人无法了解。13世纪印度佛教的情况，连佛教圣地鹿野苑、那烂陀学院，都是靠玄奘的《大唐西域记》才得以补齐。

相比较，中国的古籍世界第一。我们出版的《中国古籍总目》著录的古籍大约有二十多万种。当然，这不一定完备，还会有新的发现。但总而言之，中国古代的文献是非常丰富的。这些文化遗产的作用在哪里？从这些文化遗产中，我们可以看到遥远先人的身影，可以了解他们的思想，感受到他们的情感和智慧，辨认出他们一步步前行的脚印，最终无非是弄清楚中华民族是从哪里来的，经过怎样艰难坎坷的历程，有哪些光辉灿烂的成就，经验教训是什么，在此基础上才能明白我们要向何处去。所以，对传统文化，对优秀的文化遗产，保护整理出版是基础，然后，去粗取精，去伪存真，由表及里，深入地研究，总结出理论和规律，根本就是继承和延续中华民族的精神血脉和文化基因。搞古籍出版的人，确实要有使命感，要有竭诚的努力，要有全心全意投入到这项事业中来的使命感和责任心。

前些年的"国学热"，我们怎么认识？由于社会主义市场经济的建立和发展，人们的观念发生了深刻的变化，加上科技的高速进步，经济全球化促进了世界各国的往来，对传统文化的意义、地位和作用有了不同认识。有一些青年同志说，传统文化与现代化怎么可能连接到一起来？再讲以前那些"子曰""诗云"不是太落伍了吗？但是《于丹论语心得》的发行达几百万册，阐发《老子》的书一印再印，于丹、易中天、阎崇年等等成了大明星，高校讲古典文学的教师也成了各界欢迎的"坛主"，他们滔滔不绝地讲授着传统文化，而且呈现场场爆满的盛况，我们应该如何认识这一现象？我觉得，任何一种文化的发展都具有连续性和交融性，一个有着悠久传统的文化尤其如此。无论我们承认不承认，一个民族的传统文化与现代化实际上处在同一体中的，从来都没有分开。任何一种文化的现代化都是自身传统的现代化，不可能割断历史。任何一个民族文化的现代化，都具有本民族的特色和源头，不可能是从天上掉下来的。研究一个民族的现在，必须研究这个民族的历史。研究一个民族的历史，也是为了更好地服务于现在。

德国哲学家雅思贝斯在《历史的起源和目标》一书中提出"轴心时代"的理论。他说，公元前500年左右，世界范围内特别是中国、印度、巴勒斯坦、希腊等地区出现了大批哲学家，发生了哲学的突破，他称这一时期为"轴心时代"。雅思贝斯说，人类一直是靠"轴心时代"所产生的思考和创造的一切而生存，每次新的飞跃都要回顾这一时期，并被它重燃火焰，自那以后情况就是那样，轴心潜力的苏醒和对轴心潜力的回归或者说复兴，总是提供了精神的动力。中国几千年的历史，各个阶段对传统文化的认识、利用、改造或继承也大体如此。

当前我们古籍整理出版的工作应该怎么做？2001年的时候，我曾经总结大家的意见和建议，在古籍整理出版培训班上提出古籍整理出版的建议。根据我的个人体会，和现在大家反应的一些情况，我认为现在有五点特别重要：第一，队伍的建设。一定要抓优秀的编辑，给他们经济上和政治上的支持，让他们觉得干这个事大有前途。这样你才能抓住人，齐心合力干事业。另外，对他们还要严格要求，要树立使命感。第二，要做好规划。人要干事就要有规划，分出轻重缓急，有计划有步骤地向前推进，保证质量。第三，抓好重大工程。一个时期要有一个时期的标志性作品，大家总是提到唐诗宋词元曲、四大古典名著，提到《辞海》《辞源》《中国大百科全书》，为什么呢？因为它们是一个时代的标志，是一个国家和民族文化的标志。我记得我们编制国家"八五"出版规划、"九五"出版规划、"十五"出版规划的时候，到后来觉得重大项目很难找到。在重大工程上我们要下大力气去搞，因为它既是时代的标志又能鼓舞人心。第四，加强古籍整理研究著作的出版。对传统文化，整理、出版目的是"古为今用"，出版可以起组织和引导作用。第五，加强通俗读物出版。通俗读物的重点是传统文化中的精华。我觉得这五个方面是非常重要的。

大家对《兰亭集序》肯定都很熟悉，《兰亭集序》中有两句话"后之视今，亦犹今之视昔"。我们今天说"明人好刻书而书亡"，后人会不会像我们评论明人一样评论我们呢？我们要把古籍整理出版当作百年大计去做，当作事业去做，要有敬畏感。

马克思曾经说过一段话，很发人警醒。他说："我们的事业并不显赫一时，而将永远存在；高尚的人们将在我们的墓前洒下热泪。"我们出版了皇皇巨著，又是发布会，又是电视报道，每个人都说"好书！好书！"，但过了没几天，人家一翻，几十处甚至上百处错误！我们的事业并不是为了显赫一时，不是为了一时的光彩，而将永远存在，那时候后人会感谢我们今天做出的贡献。

二、历史的记忆和传承的平台——《中国古籍总目》编纂随想

在我任职全国古籍整理与出版领导小组的过程中，我和大家一起完成的《中国古籍总目》经历，是很值得回忆与纪念的一件大事。

2013年，《中国古籍总目》由中华书局、上海古籍出版社正式出版了。这五大部书、26册、2000万字，加上四大册索引，真是卷帙浩繁，洋洋大观。最为重要的是：这套"总目"收录了国内以国家图书馆、北京大学图书馆、上海图书馆、南京图书馆为基础，辅以中国科学院情报中心、复旦大学图书馆、天津图书馆、山东省图书馆、湖北省图书馆、浙江图书馆、辽宁省图书馆等总共11家大图书馆的藏书，还尽量收录了日本、韩国、北美、欧洲等国外重要图书馆的藏书。每本书均注明品种、版本、收藏单位，方便查考。新中国历史上第一次对"浩如烟海""车载斗量"的"中国古籍"给出了一个数字：20万种。

经过千百年的岁月沧桑，斗转星移，经过无法回避的皇帝们的烧书，形骸化灭，陵谷变易，几千年过去，中国的古籍文献仍然还有二十余万种，心中不禁无限感慨。我又一次想起了黑格尔无比羡慕的论断，他说："中国有完备的国史。"像中国这样充分、完备的历史文献，世界独此一家。

有这"国史"，中华民族就有历史的记忆。

有这"国史"，中华民族就有传承的平台。

《中国古籍总目》就是这历史记忆的载体，就是中华文化传承平台的索引，尽管它还是第一步，但它搜集和编纂的意义将载入史册并将与日俱增。

中国历代封建统治者，多少朝代，多少皇帝，有几个是为了中华民族文化事业的传承而清理过历史文献的家底？我们脑子里多是"焚书"的记忆。

从我们记忆中第一个跳出来的自然是秦始皇。他听从了丞相李斯的建议而大张旗鼓地焚书。公元前213年，博士淳于越要求恢复分封制。其根据是"事不师古而能长久者，非所闻也"。李斯认为这个主张是破坏统一，是搞倒退，"诸生不师今而学古，以非当世"，如不加以制止，后果会不堪设想。于是李斯提出"焚书"的建议，得到秦始皇的同意。他们认为书籍文献烧掉了，人们的思想异端就没有了。

当时所焚之书包括两部分：一是统一前的列国史记，二是百姓私藏的《诗》《书》和百家语；至于秦国的史书、博士官收藏的图书和百姓家藏的医药、卜筮、种树等技艺之书，则不在此列。所禁书籍都必须在三十天之内上交地方官府焚毁。为此还制定了一系列法律，如偶语《诗》《书》者弃市，以古非今者族，吏见知不举者与同罪，令下三十日不烧黥为城旦等。焚书对于古代文化典籍是一个极大的破坏。由于六国史记被焚，战国纪年至今还不能完全搞清楚。

焚书总是和整治写书、读书的人连带着的，也就是说焚书接着就是整治知识分子，就是坑儒。

公元前212年，一些书生对秦始皇不满，说秦始皇："天性刚愎自用"，"专任狱吏"，"乐以刑杀为威"。秦始皇大怒，说，我对你们不薄，我本打算请你们一起为天下"兴太平"，可你们却"为妖言以乱黔首"，于是下令逮捕这些书生，严刑拷问，一举坑杀460人。秦始皇恶狠狠地说，"使天下知之，以惩后"。秦始皇的长子扶苏劝他，这样做恐怕"天下不安"，不利于统治，应该宽厚对待书生。秦始皇很不高兴，就把扶苏外放边远，去监督蒙恬军。这个事件在《史记》《资治通鉴》《藏书》中都有记载。

但东汉卫宏在《诏定古文官书序》中还有记载：秦始皇还有第二次坑儒，而且规模更大，一下坑了700余人。后来唐张守节的《史记正义》，颜师古的《汉书·儒林外传》，都把卫宏的记载编入他们的书中，故事情节还颇为曲折。不知为什么《史记》没有记载。现略述于下，供大家参考。

坑杀了咸阳的460多个书生后，秦始皇暗想着要把天下的书生全部杀光，以绝后患，但又怕书生听到风声逃跑，秦始皇就想了个计策。他命令地方官员，访求各地有影响、有名望的书生，送到京城告以重用。不过几个月，各地方就送来了700多名一心想当官的书生。秦始皇命这700多人先任郎官，这让书生们喜出望外，一时颇为高兴。

接着，秦始皇便痛下毒手。这年冬天，有人报骊山的马谷中瓜果开花。大家都觉得很奇怪，秦始皇就让这700多书生去马谷看一看。这700多书生到了马谷，看到果然瓜果花开，迎冬而长，颇为新鲜。大家正在议论之时，就听一声爆响，随后石头像雨点一样从谷上落了下来，瞬间，700多书生全被砸死在谷中。而所谓的瓜果开花，是因为马谷地下有温泉，所以四季如春。秦始皇密令心腹，早早在谷内种上瓜果，知道花开就启动计谋。这些书生哪里知道秦始皇的阴险毒计，全部屈死在马谷中。

第二个焚书的皇帝是梁元帝。公元554年10月，西魏派兵五万南下攻梁。魏军攻破江陵，梁元帝叹曰："读书万卷，犹有今日！"于是下令将宫中14万册图书一把火烧掉。这是"文化大革命""读书无用论"的滥觞吧？肚子疼埋怨灶王爷，可笑！

第三个焚书的是著名的"春花秋月何时了"的作者南唐后主

李煜。他酷爱文学，好词不少，在位时收集了大批书画珍品。公元975年，宋军兵临城下，他知之不保，便下令全部烧掉，说："此皆吾所宝惜，城若不守，尔可焚之，毋使散佚。"于是，又一批珍贵图书文献被付之一炬。宁可烧掉，也不让别人得到。

第四个是乾隆帝"焚书"。乾隆即位后，从1773年到1782年，组织了360多位有名的文人学者，历时10年，编撰出了我国封建时代一部空前绝后的大型丛书——《四库全书》。《四库全书》的问世，对于保存中国的古代文化典籍，传播古代学术文化起到了重要的作用。但是，乾隆编书的根本目的在于推行文化专制主义，以巩固清王朝的统治。开始编书时，他曾两次提出：对古籍该"毁弃"的应予毁弃，该"删改"的应予删改。因此，有些书往往被弄得面目全非。据统计，在编书的10年中，仅浙江省就毁书24次，被毁书籍多达538种、13862部之多；江西巡抚海成，仅在乾隆四十一年（公元1776年）就搜缴焚书8000多部。整个乾隆时期，共焚毁各种书籍达71万卷之多。可见，乾隆"焚书"是中国封建社会最大规模的一次"焚书"。

吴晗说过："清人纂修《四库全书》而古书亡矣！"更有甚者，不能销毁的乾隆就下令加以篡改。《四库全书》所收古籍许多经过篡改是尽人皆知的事实。《四库全书》的编纂者按照皇帝的旨意对于反映民族矛盾、民族压迫和民族反抗的作品尽量摒弃和抽毁，对于不能不收录的名家名作则大肆篡改。如岳飞《满江红》名句"壮志饥餐胡虏肉，笑谈渴饮匈奴血"，"胡虏""匈奴"在清代是犯忌的。于是《四库全书》馆臣把它改为"壮志饥餐飞食肉，笑谈欲洒盈腔血"。张孝祥名作《六州歌头·长淮望断》描写北方孔子家乡被金人占领："洙泗上，弦歌地，亦膻腥。""膻腥"犯忌，改作"凋零"。根据一些近代学者发现的宋代刻本看，很多描绘金元时期屠杀的史料，在《四库全书》中全部遭到了删除和篡改。最为严重的是，清统治者还通过篡改文献，达到颠倒史实的目的。如他们宣称，张献忠立的碑文，内容是："天生万物以养人，人无一善以报天，杀、杀、杀、杀、杀、杀、杀。"但根据四川考古工作者找到的张献忠碑文看，实际却是："天生万物与人，人无一物与天，鬼神明明，自思自量"，根本没有这七个杀字。

鲁迅评价《四库全书》说，文字狱的血迹已经消失，满洲人的凶焰已经缓和，愚民政策早已集了大成，剩下的就只有"功德"了。这的确是一针见血的论断。

从上述的几次重大的焚书历史事件，我们会看得很清楚：封建统治者保留了一批文献典籍，那是他们所需要的，符合他们要求的，而凡是不同观点、不同意见的尽力焚毁。他们宣传尊重历史，实际上是为了强调他们的祖宗章法不可改，皇家血统代代传。他们独尊儒术，又说儒释道并存，实际是为了显示他们的"宽容"与"大度"，证明他们统治的合法性。总之，无论正面标榜，还是反面消除，封建皇帝的目的只有一个，他们整理、撰修古籍文献，只是为了维护他们的统治。顺我者昌，违我者亡，前人留下的图书文献也不例外。

著名的英国人韦尔斯的《世界史纲》评论"秦始皇焚书"时说道："秦王深深感到当时的传统在国内所造成的祸患，决意要销毁全部中国文献。他竭力搜寻当时存有的古典书籍，加以销毁。"韦尔斯看清了焚书的目的。但他也说："但是，在他死后，隐藏的书籍又悄悄地出现了。"是啊，否则我们今天又编什么"总目"呢？

写到这里，当回忆我们这部《中国古籍总目》的诞生经过，不免产生了一种历史责任感和前无古人的成就感。

《中国新闻出版报》在报道这件大事时说："《中国古籍总目》的编纂出版，是我国古籍整理出版业的基础性的工程，它的成功出版不仅标志着我国古籍整理工作取得重大成果，而且标志着我国目录学领域取得重要进展。"说得恰当。但在我们编者来说，我却深深地感到这部《中国古籍总目》历史的厚重，和我们这一代人内心的深沉和博大。历代的皇帝忙着烧书，忙着销毁删除对自己不利的文字，我们却着眼于摸清祖宗留下的家底，找全了，收回来，记录下，保存好，千万别再遗失、破损！不论那些文献，我们认为对还是不对，我们都珍惜保藏。我们着眼于先贤前哲在什么情况下，提出什么观点，采取什么对策，效果如何，以及他们为什么那么说、那么做。正因为此，我们的原则，第一是全，第二是准，第三是便于使用。

为了全，我们动用了几乎是全国图书馆的力量。

第一，我们收罗了参与编纂工作的国内各大图书馆的馆藏。自 20 世纪中叶以后，绝大部分存世的中国古籍，已成为国家及各地公共图书馆、高校及科研机构的图书馆馆藏，总数约占现存古籍百分之九十以上。这是基础。

第二，我们又吸收了各大图书馆历年编纂的丛书、方志、家谱等联合目录的成果，所录古籍收藏机构已逾千家，这又是一个更细的网，更大规模的网罗。

第三，遍寻港澳台地区，以及日本、韩国、北美、西欧等地中国古籍，采录了中国大陆地区图书馆未见著录的古籍品种。为方便读者查找使用，稀见品种还著录了海外收藏机构名称。

为了准确，我们请了许多著名学者、目录学专家审核。

第一，我们选择国内著名的图书馆专家，特别是高校科研单位的专家学者牵头编纂。如经部：北京大学图书馆；史部：上海图书馆；集部：国家图书馆；子部：天津图书馆；汇总统稿：复旦大学图书馆。家家值得信赖。

第二，每完成一个单元，我们就请有关图书馆专业人员帮助校对；每完成一个部分又会召开审读会，请著名目录版本专家审核。

第三，努力吸收古代文献研究的最新成果。《中国古籍总目》初稿完成后，编委会即分邀各学科专家学者集体审稿。参与审稿的数十位专家学者，来自文学、史学、哲学、宗教、军事、地理、医学、科技、艺术和出版等领域，还有台湾和海外的专家。他们悉心校核、拾遗补缺、多所匡正，及时反映和补充了古代文献研究的新成果。

为了方便读者使用，我们在继承传统目录版本学经验的基础上，努力创新。

第一，中国传统分类法是经、史、子、集四部分类法，为照应现代图书馆编目收藏实际，我们将"汇编丛书"单列为"丛书部"，与经、史、子、集并列，成五部分类。又如明清以来方志、家谱编纂兴盛，成果甚多，我们又在史部增设"方志类""谱牒类"，在子部增设"新学类"。这些新办法，必然会帮助和方便读者即目求书。

第二，《中国古籍总目》在各书名之下，分别注明本书的卷数、编撰者时代、题名及撰著方式、出版者、出版时间、版本类型及批校题跋等信息，特别还标列了各书的主要收藏馆舍，方便读者查找。

第三，编纂了《中国古籍总目》全书索引。索引包括"书名索引""著者索引"。每类索引下面又设字头笔画检索和字头拼音索引，大大方便不同习惯读者的需要。这部索引近700万字，是要花很多功夫、做很大投入，是要下很大决心的。

上述的特点，保证了这部大著的价值。

这部《中国古籍总目》耗时前后十七年，其中停而又起，散而再聚，艰难曲折，多有繁难。但它终获成功，其关键在于国家规划，继承为本；专家负责，三界（学术界、图书馆界、出版界）融合；切磋打磨，质量第一。在这前后十七年的持续努力中，培养造就了一大批古籍整理编目骨干，这对于"浩如烟海"的中国古籍的整理与出版事业是最大的收获，最大的贡献。

古籍整理与书目编纂是一项逐步积累、不断完善的事业。前出未密，后出转精，期待着新的成果不断涌现。

三、《史记》修订本的成绩和出版的意义

当年，开始修订"二十四史"及《清史稿》的时候，我没有赶上。后来从北大毕业，国家分配我到中华书局，不久就去部队锻炼，然后又去"五七干校"。正是按毛主席继续整理"二十四史"及《清史稿》的指示，我从"五七干校"返回北京。书局领导便把我安排到老先生一起，做校点工作。当然，书局领导主要是着眼培养我，要我跟老先生学习。可是没干多久，我就被抽出来去搞"活页文选"，从此与校点工作分开。

（一）

2006年4月，中华书局又组织对点校本"二十四史"和《清史稿》的修订。这时我已从新闻出版总署转任中国出版集团总裁。中华书局组织全国各高校和研究单位的专家学者，披挂上阵开始新的修订工作。2007年5月16日修订工作第一次会议在北京香山饭店召开，标志着修订工程正式开始。任继愈先生任修订工作

总主编，为工作方便让我任修订工作委员会主任。这样，我就直接参与了这一次的修订工作。我曾目睹前辈专家学者为保证修订工作的质量和进展，焚膏油以继晷，恒兀兀以穷年，这种奋斗精神永远留存我的记忆中。

现在我们接班继续他们的事业，一定不要辜负前辈的教诲，无愧于他们的培养。

新的"二十四史"及《清史稿》修订工程，第一个完成的是《史记》。这是修订工程的一件大事，是阶段性的成果，值得我们大家为之庆贺。

在正式发布会之前，中华书局（2013年10月19日）已经举办了《史记》修订本的全球首发式。在北京、上海、香港、台北，以及纽约、伦敦、东京等25个城市的31家书店同时展出这部著作，得到了广大读者和媒体的热切关注。无论对于拥有悠久出版历史的中华书局，还是对于古籍整理出版事业，举办全球范围的这样大规模的新书首发式，这是第一次。古籍整理图书是比较小众的图书，它的出版并不是每一个读者都特别关注的，但我们的学者、出版者，充分认识到它在文化事业中的重大意义，毫不犹豫地在这样一个事业中奉献了毕生的精力，特别是广大读者，通过各种形式和途径关注、支持《史记》修订本的整理和出版工作，让我们这些从事古籍整理与出版事业的人很受鼓舞。所以，我们有信心把传承中华民族传统文化的事业继续下去，让中华民族的伟大精神发扬光大。

"二十四史"及《清史稿》的修订工程由《史记》首先告竣，这是很有意义的。《史记》对于中国历史，甚至对于后世人生观、人生哲学的形成，它的重大贡献是不言而喻的。从中国文化的发展来说，《史记》开创了纪传体史书的先河，建立史学作为独立学科的地位，确立了史传文学的传统。可以说，任何一个学习、研究中国文化的人，没有谁不受到它的重大影响。我们的每一篇论文、每一部著作，都直接或间接地受益于《史记》这部伟大的历史典籍。司马迁以其顽强的精神、杰出的才华、辉煌的成就，沾溉着后人。

《史记》内涵广博，有"实录"之美誉。可惜，司马迁去世不久，《史记》即已残缺。《汉书·艺文志》便说："太史公百三十篇，十篇有录无书。"所以，从魏晋时期起已有人进行整理。南北朝宋《史记集解》（裴骃）、唐《史记索隐》（司马贞）、《史记正义》（张守节），史家称为"三家注"，奠定了《史记》通行本的基础。两千年来，历代史学家倾注心血，努力探索司马迁书稿的完整和文字的深义，试图恢复《史记》的原貌，取得了丰富的成果。1959年，新点校本的问世，开辟了《史记》整理的新时代。

（二）

回顾1959年的《史记》点校本，我们不能不对前辈学者表示由衷的敬意。

原来《史记》的点校本是顾颉刚先生领衔，由贺次君、宋云彬、聂崇岐等多位前辈学者共同完成的。从点校时间上看，从1958年接受这个任务起，到1959年《史记》点校本出版，似乎只有一年多的时间。但是我们考证顾颉刚先生的"日记"，便会发现，在此之前，顾先生对于《史记》的标点整理工作已经进行了几十年。《顾颉刚日记》记载，早在1923年顾先生就着手标点《史记》。他在这一年的5月11日的日记中写道："与圣陶到予同处，谈标点《史记》事。"5月13日又记："标点《史记》约四卷。"后来又有整理《史记》的成果问世。所以，《史记》点校本的整理过程也是积数十年之功的。据史料记载，顾先生等人整理的《史记》出版后，毛泽东曾三次电话索书。看后表示满意。顾先生感慨道："斯我辈多人之积年辛勤之收获也。"

其次，我们不能忽略这样一个事实，那个年代的学者，是在传统文化的熏陶中成长起来的，是读着古代的原典积累起来学识的，他们所接受的教育体系和我们当代学者是有着较大的差别的。以我们今天的环境和条件，我们对于古书的理解，与他们是有差距的。因此，在整理古书这方面，尽管受到当时客观条件和技术手段的限制，可能有一些不够完善的地方，但原点校者们所做的工作，往往是卓有创建的。这次的修订确立了一个总的原则，就是"可改可不改的，不改"。这是我们这些后来人对前辈工作的信任和尊重。当然，每个人对"可改""可不改"的尺度把握不尽相同，但这条原则提醒大家，在做改动的时候一定要慎重。毕竟我们是"修订"，是站在前人的肩膀上更上一层楼。弥补和纠正前人的缺误，当然是我们的目标。可是如果我们稍有不慎，把原来正确的改错了，就违反了修订的原意。这一点《史记》修订工作考虑得很周到。这是一个值得其他修订工作借鉴的经验。

中华书局是十分慎重的，坚持并发扬了中华的优良传统。《史记》修订本正式出版之前，中华书局做了许多征求意见的工作。比如，特地印制了300套"征求意见本"，约请一些未参与修订的专家学者提意见。修订组的同志和中华书局的编辑、校对同志，吸纳了专家的大部分意见，除了表格部分七百多面全部重新排版外，还抽换了正文七百余面，总体的质量有了较大的提升。这是中华书局一百年来求精和严谨传统的继续。

在"二十四史"中，《史记》不但是最受各方面关注的一部书，也是修订工作最为繁复的一部书。1959年版的点校本《史记》分段精善,校勘审慎,标点妥帖,有关技术处理得当,出版后受到学术界好评和广大读者的欢迎,成为半个世纪以来最为通行的《史记》标准本,这是很好的基础。但由于时间仓促,再加上几乎就是依靠顾颉刚、宋云彬等几位先生个人之力完成,比较多地依赖于清张文虎的校勘成果《校刊史记集解索隐正义札记》,不理想之处不少。所以,顾先生在《史记》出版之初即表示还要重新校点,并对多处校勘记被删除,表示不满。他说:"只要用事实说话,不多说空话,就不能说是繁琐考证。"正是汲取这个经验教训,新的修订工作借鉴吸收了顾颉刚等学者的意见,改进做法,采用对每一史另做"校勘长编"的方式,说明存在的问题和处理的理由。因此,可以说,《史记》修订本在更新程度上是有重大突破的。

（三）

以赵生群先生为主的《史记》修订组成员,都是南京师范大学古典文献系的教师,长期从事古典文献的整理和相关研究。从2006年5月最初的调研阶段开始,连续不断地工作了七年多,厘清了很多复杂的学术问题和校勘细节,成果丰硕。《史记》修订组的八年,尤其是主持人赵生群先生,几乎把全部精力都投入到这项工作中来,光是版本通校就做了十多个,补写校勘记3400条左右,改动标点6000多处。修订工作的后台工作相当繁重。今天我们看到的这一部装帧精美、质量厚重的修订本,是全体修订者多年努力的结果,当然也包含了编辑人员、审读人员的心血。

"二十四史"及《清史稿》的修订工作制定的总体目标,主要包括两个方面:一是保持点校本已取得的整理成果和学术优势,通过各个修订环节,消弭点校本存在的缺憾,并认真吸收前人与时贤的研究成果,包括当代学术研究的新发现（文物、文献资料）、新结论（学术定论），使修订本成为符合现代古籍整理规范、代表当代学术水平，能够体现21世纪新的时代特点的典范之作。二是解决原点校本各史体例不一的问题，做到体例基本统一。这两个方面，现在看来，《史记》修订本都做到了。

具体来讲，《史记》修订本的主要成就表现在以下几个方面：

第一，广校诸本。修订组全面而系统地校勘了北宋至清有代表性的多种《史记》刻本，以及十余种日本钞本、敦煌写本。其中有"世间乙部第一善本"——台湾傅斯年图书馆藏北宋景祐监本《史记集解》、中国国家图书馆藏南宋绍兴本《史记集解》、日本国立历史民俗博物馆藏南宋建安黄善夫刊《史记》三家注合刻本、南宋淳熙三年张杅刊八年耿秉重修《史记集解索隐》合刻本、日本藏六朝钞本、日本藏唐钞本、法藏敦煌残卷等。选用善本之精，校勘规模之全，超过此前各家。

第二，新撰校勘记3400条左右。原点校本使用方圆括号表示文字增删，未撰校勘记以说明理由。修订组复核了点校本对底本所做的全部校改，包括方圆括号改补和暗改。已经厘正的从之，存疑的慎重斟酌，错误的予以纠正，统一撰写校勘记，涉及增删的重要改动都出校说明。

第三，订补疏误，后出转精。修订本对原点校本的分段优化、调整，改正破读之处，纠正讹脱衍倒。全面检核三家注相关引文，确立引文的精确起讫和来源。充分利用清代至今前贤时彦及海外学者的校勘、研究成果，适度参考出土文献，择善而从。

第四，尊重底本，优化完善。由清张文虎主持刊刻的金陵书局本，是清末以来最为流行的《史记》善本。修订本一仍点校本《史记》选用清代金陵书局本作为底本，尊重、保留金陵书局本、点校本的整体面貌和优秀成果。依据当代《史记》研究成果和读者需要，修订本对于金陵书局本删削的唐代司马贞《史记索隐·补史记条例》和《三皇本纪》，重新恢复其原来面貌。保存了文献，方便了读者。

第五，多领域专家协作。点校本《史记》修订同时约请天文、历法、礼制、中西交流等专门领域研究名家参与修订工作。并约请多名文献家、史学家审读修订稿，提供专业审读意见，供修订者参考、吸收，以期完善。

可以这样说，在前辈学者成果的基础上，修订本利用现在的很多便利条件，包括能看到更多的好版本，参考新出土的一些重要的文献资料，采用先进的科技手段，再加上有更多学者的参与和智慧，在质量上确实比"点校本"提高很多。在标点和校勘方面，《史记》修订本改正和弥补了许多"点校本"的疏漏之处，使《史记》的整理更臻完善。

《史记》修订本的审稿编辑工作，前后进行了近两年的时间。其间召开各种相关的评审会、讨论会、定稿会等十余次，中华书局投入了很大的力量，总的来说，收到了好的效果。但是，也有一些值得注意的问题。《史记》修订本出版以后，认真总结，可以为以后的工作提供参考。这些值得注意的问题如下：

第一，要遵循基本的修订程序，以减少周折，保证修订工作的可回溯性。程序设计是每个古籍整理项目一开始就应重视的工作。中华书局多年来做大型文献整理工作的经验累积出来的重要的一点是，一定要重视撰写长编资料。如果做不到每一条都有长编，每一条长编都详实，在后面的审稿和编辑加工中势必会出现问题，重复劳动，甚至造成错误判断。另外，撰写的长编，应该对每个细节都有反映。这样，不管到什么时候，接着做的人就能清楚地明白前面的结论是怎么来的，有利于提高工作质量和效率。

第二，坚持严格的评审和编校程序，保证书稿的质量。修订工作另一个重要的方面，就是要有完善的专家审稿和编辑审读制度。一套完整的审稿程序，也是保证修订质量的基础。包括《史记》在内的各史修订方案、样稿审读，都有审定委员和外审专家参与。《史记》定稿和付印前，都要约请专家分别审读，听取他们的意见，从多个环节保证质量。

从出版社内部说，坚持"三审三校"制度也是十分重要的，在《史记》这样的重大项目上，审校的次数必然要大大超出其他图书。专家校勘工作重要，出版社的审校工作同样重要。俗话说"术业有专攻"，专家、编辑、校对，各有专长，各司其职。大家同心同德，各展所长，才会事半功倍。

第三，借助修订工作所提供的机会，各修订项目承担单位和中华书局，都要重视积极培养古籍整理出版专门人才，巩固已经形成的古籍整理队伍。利用项目培养队伍，借助队伍推进项目，古籍整理与出版事业就会后继有人。中华书局还应该在各史修订完成之后，继续保持与修订组的密切合作，有条件的可以共建研究基地，在古籍整理队伍建设上，在重大古籍整理项目的开展上，做一些新的有益的探索。

第四，整理和扩展修订资料，继续出版一批高质量的延伸成果。中华书局在修订工程的配套项目中，还设计了两套丛书："二十四史校订研究丛刊"，"二十四史研究资料丛刊"，集中出版关于点校本的校订成果和相关研究成果，作为修订工作的学术支撑。现在陆陆续续出版了一些，比如王仲荦先生的《宋书校勘记长编》，吴玉贵先生的《唐书辑校》，陈美东先生的《历代律历志考证》，丁福林先生的《南齐书校议》，台湾詹宗佑先生的《点校本两唐书校勘汇释》，等等，目前还有在编辑过程中的若干种图书即将

第五章 "整理古籍是一件大事，得搞上百年" 243

出版。

在修订本出来以后，修订组的同志还有许多工作要做，一定要将工作成果做到位，把经验总结好，推进古籍整理与出版事业前进。

（四）

五十多年前整理出版的点校本"二十四史"及《清史稿》，是古籍整理领域一大成功的范例。参与其事的前辈学者，其大无畏的开创精神，其深湛的学术功力，其克尽职守的道德风范，在学术界乃至广大读者中长久流传，倍受尊崇。如今，五十年光阴过去了。在新的历史时期所开展的这一修订工作，是对前辈工作的继承和延续，无疑是一项十分重要的，同时也一定是一项长期的、艰苦的劳动。我们欣喜地发现，即使有着诸多的不利因素，仍然有相当多的年轻学者对于古籍整理、对于传统文化保持着尊重、珍惜和热爱，珍惜这半个世纪以来的唯一一次修订机会，热爱中华民族传统文化的博大精深，满腔热忱地投入到这项伟大事业中来。

当然，我们必须看到，修订工作的有些项目进展比较缓慢，问题还不少。这里面，有着各种各样的客观原因，但归结起来，恐怕还得从思想的重视程度上找原因。很多学者承担了大量的科研工作，高校的老师们还有繁重的教学任务，时间有限，只能从现实考虑，有选择地进行。这就出现了有时间就做一点儿，其他的事情来了就先放下的情况。

在学术研究中，古籍整理这项工作，本来应该是最重要、最有价值的基础性工作。道理很简单，没有准确、可信的材料怎能做好科研工作？但有的地方却从现实考虑让步于其他一些项目了。应该说，"二十四史"及《清史稿》修订工程是目前古籍整理出版界影响最大的国家重点工程，读者翘首以盼，又因为原点校本影响巨大，中国学术界瞩目，世界学术界瞩目，无论从哪一个角度来说，都是一项不能不高度重视、不能不争分夺秒的工程。至于说到它的价值，我大胆地说，再过个三十年、五十年，有多少今天所谓的学术成果还能留存在学者们的视野里？一年出版的41.4万种图书，有多少还能保留下来？但我们这个修订本，一定会成为承前启后的重要典籍。有一些数字很能说明问题。点校本《史记》从1959年9月出版第一版、1982年出版第二版，到今年总计54年，共印行27次，发行近60万套。近十年来，点校本《史记》每年发行量都超过一万套，还不算那些形式各异的衍生品种。为中国历史文化研究，为广大读者的阅读学习，为中华文化的继承和发展，做出了重大的贡献。我们现在所做的修订工作，有着同样重要的价值。特别是当后人想到，今天在那么一个急功近利的环境中，那样一个五光十色的社会里，还有这样一批学者，十年面壁，孜孜以求，一定会赞赏和感动的。

是否可以这样说，点校本"二十四史"及《清史稿》的修订，是千百年来前人整理校勘工作的继续，是为后人铺路搭桥，修订中遇到一些困难实属正常。就说其时间跨度之长，又必须要坐得住冷板凳，就是一个严峻的考验。我还记得在2007年第一次修纂工作会议上，国务委员陈至立代表党和政府来表示祝贺。她说："很多事情都会像潮流那样一个一个过去的，而很多我们一时觉得好像属于低潮的事情一定会回归的。在昙花一现的东西消失以后，退潮以后，金子就会显露出来。我们现在就要为那个时候的到来做准备。"这话很有道理。数百位专家学者，本着对国家、民族和历史高度负责的态度，怀着强烈的使命感、责任感，积极参与到这项工作中来，同时，作为承担单位的各个院校和研究机构,也提供了大力支持,大家为着同一个目标焚膏继晷,相信没有什么不能解决的难题。

点校本"二十四史"及《清史稿》自20世纪五十年代启动以来,至本世纪全面修订再版,历经五十余年。五十余年间,一代又一代学者接力赛跑,前赴后继,默默奉献,倾尽心力,让我们这些后继者钦佩不已。早在1960年,时任国务院古籍整理出版规划小组组长的齐燕铭同志,就曾对点校本提出过两点明确的要求,其一是,在学术成果上要"超越前人",其二是,经过重版修订使之"成为定本"。"点校本"的推出,已经超越前人,创造了历史。而今再经全面修订,在保持原有学术优势的基础上,继续有所提高,形成一个"体例统一、标点准确、校勘全面、阅读方便的全新升级版本",也是可以预期的。

《史记》修订本问世,标志着修订工程已经进入出版阶段。大家再接再厉,全面圆满地完成修订工作也为期不远了。

四、全国古籍整理出版规划小组的变迁

中国是有五千年悠久历史的文明古国,保存的古籍文献世界第一。中国也是一个尊重和珍惜古代文献的国家,历代王朝,特别是有作为的君主,大都重视古籍整理,以便从中借鉴有益的东西。《汉书·艺文志》记载:"汉兴,张良、韩信序次兵法,凡百八十二家,删取要用,定著三十五家。"这是汉代第一次对古籍整理的记录。唐建立刚刚五年,高祖李渊就下令撰修大型类书《艺文类聚》。宋官修《太平御览》《太平广记》《文苑英华》和《册府元龟》,至今被我们所使用。明修《永乐大典》,清修《古今图书集成》《四库全书》等等,都对保存和发展中华民族文化作出重大贡献。开阁设馆,积聚人才,优良传统代代相传,使中

国成为全世界古代文献最丰富的国家。

新中国建立以来，古籍的规划与整理有序进行，成绩卓著。我整理了国家古籍整理出版规划小组的变动情况，从中可见党和国家对祖国文化遗产的高度重视和认真保护。古籍整理出版规划小组的建立和不断完善，就从领导、组织、队伍几个方面对这项关系子孙后代的百年大业做出了保障。

（一）第一个古籍整理出版规划小组

1958年2月，在国务院原科学规划委员会下，成立了国务院古籍整理出版规划小组，国务院副秘书长齐燕铭同志任组长，成员包括范文澜、吴晗、翦伯赞、顾颉刚、陈寅恪、郑振铎、潘梓年等。指定中华书局为办事机构。齐燕铭同志特别强调："古籍整理出版规划小组指定中华书局为办事机构。中华书局接受了小组的委托以后，它的任务更重大了。希望它今后继续加强工作，在整理古籍方面开拓一个新局面。"小组制定了"1962—1972年古籍整理出版十年规划"，组织力量整理出版了二千余种古籍。在北京召开了第一次全国古籍整理出版规划会议。

这次会议的贡献在于创立和规划。它为古籍整理出版事业开了好头，打下坚实的基础，居功至伟。这一时期的重要成果有：组织"二十四史"的整理校点工作，并相继出版五六种，还出版了《文苑英华》《全唐诗》《全宋词》《明经世文编》，以及重要类书《册府元龟》《太平御览》《永乐大典》等。

（二）"文化大革命"后恢复古籍整理出版规划小组

1981年9月，中共中央发出《关于整理我国古籍的指示》（中发〔1981〕37号），指示说："整理古籍，把祖国宝贵的文化遗产继承下来，是一项十分重要的、关系到子孙后代的工作。""整理古籍，需要一个几十年连续不断的领导班子，保持连续的核心力量。""整理古籍是一件大事，得搞上百年。"

1981年12月10日，国务院发出通知恢复成立古籍小组（国发〔1981〕171号），李一氓同志任组长，周林、王子野为副组长，充实了小组成员和顾问。接着，召开了第二次全国古籍整理出版规划会议，并制定了"1982—1990年规划"。至1991年，整理出版古籍累计四千余种，同时培养起一支古籍整理出版和研究教学队伍，新建立了十余家专业古籍出版社。

从1981年第二次全国古籍整理出版规划会议以来，主要成果有：《甲骨文合集》《先秦汉魏晋南北朝诗》《世说新语笺疏》《中外交通史籍丛刊》《大唐西域记校注》《吐鲁番出土文书》等。正在进行的重大工程有：《中华大藏经（汉文部分）》《全元诗》《全明词》和《全清词》，影印《清实录》。

1990年12月4日，古籍小组组长李一氓逝世。

1991年7月，匡亚明同志接任古籍小组组长，召开了第三次全国古籍整理出版规划会议。江泽民同志为大会题词："整理出版古籍，继承祖国优秀的文化遗产，为建设有中国特色的社会主义服务。"会议审议修订了《古籍整理出版十年规划和八五计划（1991—1995—2000年）》。1996年又制定了"九五"重点规划，同时开展普查现存古籍，组织编纂《中国古籍总目》。

1998年2月，匡亚明同志去世后，经请示国务院领导同意，任继愈同志任新一届小组组长。杨牧之为常务副组长。

（三）新闻出版署组建全国古籍整理出版规划领导小组

1998年3月29日，国务院《关于议事协调机构和临时机构设置的通知》（国发〔1998〕7号）指出，经国务院第一次全体会议审议，决定撤销国家古籍整理出版规划小组，工作由新闻出版署承担。国务院办公厅《关于国家新闻出版署（国家版权局）职能配置内设机构和人员编制的规定》（国办发〔1998〕91号）指出，"国家古籍整理出版规划工作，由国家新闻出版署（国家版权局）负责"。根据国务院上述规定，为了继续做好古籍整理出版规划工作，新闻出版署党组1999年5月11日会议研究决定，组建全国古籍整理出版规划领导小组。具体内容如下：

1. 成立"全国古籍整理出版规划领导小组"（以下简称领导小组），负责国家古籍整理出版规划工作。

2. 领导小组组长由新闻出版署署长于友先担任，常务副组长由副署长杨牧之担任。

3. 原"国务院古籍整理出版规划小组"成员和顾问改任"全国古籍整理出版规划领导小组"成员和顾问，根据人员变动情况可适当增补成员和顾问。

4. 根据署"三定方案规定"，全国古籍整理出版规划领导小组办公室与署图书出版管理司为一个机构。办公室主任由图书司负责人兼任，副主任和其他工作人员从中华书局遴选干部担任，负责日常工作。办公室可配备工作人员5~7名，占用中华书局编制，根据工作开展情况，分步配齐。其行政、工资及其他管理工作仍由中华书局负责。

5. 全国古籍整理出版规划领导小组办公室的职能是：在全国古籍整理出版规划领导小组的领导下，制定、落实古籍整理出版规划并检查执行情况；做好古籍整理出版方面的调查研究和信息沟通工作；组织有关重点项目的评审、资助、出版协调工作；组织有关的学术活动和学术交流工作；继续编辑出版《古籍整理出版情况简报》；承担全国古籍整理出版规划领导小组交办的其他事项。

从1991年第三次古籍整理出版规划会议以来，古籍整理与出版力量得到空前壮大和充实。全国专业出版古籍图书的出版社已达二十多家，编辑队伍接近600人。全国高校设置古典文献专业已达4所，八十多个高校建立了古籍研究所，培养了一大批从事古籍整理和研究的硕士、博士研究生，在全国范围内基本形成了老、中、青的梯队。新版古籍的学术质量大大提高，专业整理出版古籍形成系统和较为完备的规模。如史学方面"历代纪事本末""历代会要会典""历代史料笔记丛刊"相继出版。文学方面从《诗经》《楚辞》，到汉魏唐宋元明清诗词文曲总集全部编纂出版，标志着自先秦至清季的历代文学作品均已大致搜罗完备，不但把某一代文学作品汇集于一书，从而窥见一代的文化风貌，而且便于深入研究。中医古籍、农学古籍、少数民族古籍等的空前成绩，大大拓展了中华古籍整理与出版的领域和成果。《大中华文库》（汉英对照）的出版，开启了系统全面地向世界介绍中华优秀传统文化的新阶段。另一值得记录的是《中国古籍总目》的完成。从1992年开始编纂，2009年完成，历时17年，是迄今最大规模的对中国古籍的调查与搜集，第一次将中国古籍书目著录为20万种。

（四）筹备第四次全国会议

2007年8月，全国古籍整理出版规划领导小组办公室根据古籍整理出版界的要求和古籍整理出版业的成绩、问题，考虑到上一次全国会议是在1991年召开的，间隔已有16年之久，建议召开第四次全国古籍整理出版工作会议。总署领导要求，先做好领导小组调整等准备工作，再确定召开的具体时间。

2008年12月，新闻出版总署对全国古籍整理出版规划领导小组成员进行了调整，由新闻出版总署署长柳斌杰任组长，邬书林、袁行霈任副组长。

时间过得很快，转眼又过去十余年，人员早已调整完成，领导也早已确定，但第四次全国古籍整理出版工作会议至今还没有召开。

五、关于古籍整理的一些想法

回顾历史，从1958年成立以齐燕铭为组长的国务院古籍整理规划小组，到现在过去55年了。半个多世纪以来，古籍整理与出版战线的同志们全面认识祖国的传统文化，分清精华与糟粕，使之与当代社会相适应，与现代文明相协调，保持民族性，体现时代性，前赴后继地为建设社会主义文化做出了自己的努力。披沙拣金，波澜壮阔，相信未来古籍整理与出版事业的成果一定会更加辉煌。

根据对五十多年工作的总结与回顾，结合当前古籍整理与出版工作面临的任务，我作如下九点建议：

第一，清理总数，打好基础。

中国传统文化具有悠久的历史，其文献记载历数千年而未中断。中华民族的典籍文献，素称汗牛充栋、浩如烟海，其数量之丰富，内容之深厚，举世无双。这些丰富的典籍不仅承载了中华民族的传统文化，并且对世界文明进程产生深刻影响，是全人类共有的宝贵文化遗产。

世界有四大文明古国，比如印度，历史非常悠久，东汉末期佛教从印度传到中国，对中国文化产生巨大影响。但发展到今天，如果没有玄奘的《大唐西域记》，印度的历史就很难撰写，因为《大唐西域记》所记载的印度那段时间的文献已经很不完整了，是《大唐西域记》的记载弥补了这段空白。又比如埃及，埃及大地上动辄是 5000 年以前、3000 年以前的文物，诸如神庙、金字塔、方尖碑，巧夺天工，灿烂辉煌，但它的文献有很大局限。刻在石头上的文字数量有限，又很难破解，现在还不能把字猜准、猜全。在纸草上书写也很有局限，何况纸草保存的时间不长。中国却不一样。中国从《尚书》《左传》到"二十四史"、《清史稿》，有丰富、系统的文献，用汗牛充栋、浩如烟海来形容绝不为过，这是中国得天独厚的优势。德国大哲学家黑格尔说，中国有完备的国史。确实如此。无论是印度、埃及、罗马，包括玛雅文化，都是中间断绝了的，搞不清楚当初是如何发展的，为什么达到那样的辉煌，是什么原因突然中断了，但中国历史却连绵不断。公元前 64 年一把大火烧毁了埃及许多古迹，又过了 200 年，把寺庙里懂古文字的人又全部赶走甚至杀掉，这样一来，就很难了解这段历史了。埃及卢克索神庙讲解员说，现在已经没有人能够了解神庙的历史了，"帝王谷坟墓的彩色壁画上隐约可见年轻法老神秘的微笑，却无法明白神秘微笑的含意"。他们说，"要了解法老的历史，只有到比法老坟墓更深的地下才能知道"。这就是文化传承断绝了，历史搞不清楚了。中国则不然，中国有持续的文献记载。秦始皇焚书坑儒，但他还统一了文字。统一文字，这是一个了不起的贡献。今天，在中国，一个字无论如何发音，写法总是一样的。我们联系世界上其他文明古国历史中断造成无法弥补的遗憾的事实，对统一文字的功绩怎样评价恐怕也不过分。怎样把历史文献保存好、整理好，为今天的经济、文化建设服务，这是我们的历史使命，否则上对不起祖宗，下对不起后代。

保护并继承中华民族文化遗产，要求今人对现在中国古籍作系统整理与研究，首先需要对文献资源作全面调查与清理。自1992年以来，国家古籍整理规划小组开始组织编纂《中国古籍总目》，历时十七年，于2009年6月终告完成。这期间规划筹备、调查清理、校勘定稿、印制出版，几十家图书馆、几百名专家学者，大家同心同德，群策群力，完成了这次古籍文献的普查工作，第一次向世界宣布中国古籍文献总计有二十余万种。在此基础上完成了《中国古籍总目》的编纂工作，应该说"清理总数"的工作首战告捷。

在中国历史上，像编纂《中国古籍总目》这样在全国图书馆界、学术界对古籍文献进行深入细致的清理，尚属首次。从这个意义上讲，《中国古籍总目》的编纂出版，具有开创性与总结性，堪称中国古籍整理研究的重大成果。今后各界学者继续努力，一定会使"清理总数"的工作更臻完善。

第二，分出档次，分类进行。

清理总数是个大的工程，当然不可能一网打尽，还要逐步完善。大体清理完之后，就要分出档次，把古籍分出三六九等。根据科研、教学和出版方面的经验，总计二十余万种的古籍，并不一定要全部整理出版。我看其中的大部分只要能完好保存就完成了任务。特别是现在有很多科技手段，如影印、缩微胶卷、扫描、光盘存储等，做起来更方便了。这是第一档。第二档是供科研和教学人员使用的。对这部分，只要做好校勘、做好标点断句就足够了。如果一个科研人员进行学术研究要根据别人搞的选本、看别人作的译文，才能读懂原文，那他用的就不是第一手材料，这种材料的价值就要打折扣了。当然，特殊的图书例外。有的书，确实佶屈聱牙，很难读懂，做些简单的注释也还是需要的。但第二个档次，一般来说是供研究人员用的，不需要翻译，也不要搞选本，只需要校勘断句或简单的注释就可以。第三档次是给一般读者看的，这部分应该是古籍中的精华。应该把传统文化中最优秀的东西普及给广大读者。但即使是精华，也有个时代的问题，也有剥离和转换的问题。比如古代讲的"忠"，与现在我们讲的忠于党、忠于祖国的"忠"，不一样。今天我们讲"孝"，和过去的含意也不一样。所以，古代的东西即便是精华，也需要批判地继承。唐诗、宋词是中国诗歌登峰造极之作，但它塑造的意境，抒发的情怀，仍然需要分析，批判地继承。《论语》《老子》有很多优秀的思想，但它们历史的局限、阶级的局限，仍然需要指出并告诉广大读者。这些作品总体上看是优秀的文化遗产，但整部书内容并不见得都是好的。这样的书，给一般读者看，应该有选本，应该有注释，有的应该有译文。如果我们把古籍分成这样三个档次，把该保存的保存好，然后集中力量把教学与科研急需的整理好，再选择精华进行普及，我们的工作就会有效率得多。

第三，选优荐精，避免重复出版。

新中国成立五十多年来，包括新中国成立前几十年整理的古籍，有很多整理水平很高。但有一些常见的、大家喜闻乐见的古籍，却是不断地重复出版。今天一本《论语译注》，明天一本《论语译注》；今天一本《孙子兵法》，明天一本《孙子兵法》，出来出去，大同小异，甚至后出的还达不到早出的版本的水平。比如《论语译注》，大家公认杨伯峻整理的那本好，《李太白全集》大家认为上海古籍出版社的校点本做得好，有这样版本的整理本，在一个时期内，还需要重新再搞吗？是否可以成立一个评议组，请专家对已经出版的古籍整理图书进行评议，比如说《孙子兵法》，有若干个译注本，经过评议，选出一个当前水平最高的版本，如果没有更多的地下文献的出土，至少在一段时期内不必再搞新的译注本了。当然，这只是一个建议，是指导性的，不是指令性的。我们把评议结果排列编序，叫"新中国成立以来古籍整理的善本目录"，以古籍领导小组的名义公布，读者信任，既有利于宣传推广这些图书，也有利于集中力量整理未整理过的文献。古籍整理出版与当代其他图书的出版不一样。当代的新书，那是今天作者创作的或者编辑策划的。而古籍是把现成的东西、已有的东西加以整理，我们就可以更有针对性、更有计划性，避免重复和浪费，腾出更多的人力、资金、出版资源，去整理没人整理过或没有达到一定水平的文献。

第四，制定规划，重点资助。

清理了总数，分出了档次，评议了已出的书，在这个形势下我们再制定一个重点整理出版规划。这个规划就可以更实际，更扎实，更有利于把我国的古籍有计划、有步骤地按轻重缓急安排整理好。制定了规划，分出了三六九等，分出了档次，在这个基础上就要资助重点，把钱花好。目的就是整理一本少一本，而不是越整理越混乱，甚至于越整理错误越多。"明人整理古书而古书亡"就是前车之鉴。

第五，建立集团，协同作战。

我个人认为，全国有二十多家古籍整理出版社，多了。如果不多，如果真需要二十多家，我们古籍社的出书总数中，古籍图书所占的比例就不是27%，也不是48%，而是90%或90%以上。正因为还有73%的力量，或者还有52%的力量在做别的图书，就证明不需要这么多古籍出版社。如果东西南北中各有一个古籍整理出版单位，形成几个中心，而这几个中心最后联合成一个集团，统一规划，重点资助，大力宣传，政策保护，我想一定能起到更大的作用，收到更好的效果。

第六，引进高科技，加快数字化进程。

古籍整理与出版工作一定要实现现代化，利用高科技手段。就从存储来说，一部经过缩印的《四库全书》摆放起来需10个2米高、1米宽的书橱，那要多少纸？多少木材？成本很高。二十余万种需要的纸张、木材岂非天文数字？而《四库全书》的一套光盘，只需要占一两个不太大的抽屉。再说到数字化的检索，效率就更高了。

第七，建设网站，信息共享。

古籍出版社可以在有条件的时候共同搞一个网站，对内沟通情报，交流信息，对外宣传古籍整理出版业，既对国内宣传，也对国外宣传。这份财产是中国独有的，也可以说是古籍出版社独有的，设立网站，发布信息，内外交流，条件十分有利。

第八，培训队伍，后继有人。

这是当务之急，没有队伍的培训，这一事业就会断绝，就完不成中央交给我们"保持连续的核心"的任务。当前应办好古籍编辑培训班，培训编辑队伍。我们还期望高校和科研单位，多开办有关专业，多招收和培养古籍整理的研究人员和编辑出版人员。因为，没有一支高质量的队伍，古籍整理与出版的工作是做不好的。

第九，百年大计，质量第一。

古籍整理与出版是关系到子孙后代的大事。我们整理的图书不仅要为这一代人服务，还要为千秋万代服务，所以整理古籍，要尽量恢复古籍的原貌，要求高质量。整理的形式、整理的方法要创新，不要停留在"乾嘉学派"、停留在清人的水平上，要根据时代的发展，开拓创新。特别是现在有这样好的科技条件，一定要搞出高质量的古籍整理版本来，不要重复出版，不要乱加炒作，不要从言情小说中找出路，一定要从这样的境界中跳出来，站在弘扬中华民族文化遗产的高度看问题，站在存亡续绝的高度上看问题。古籍图书出版要树立精品意识，实施精品工程。既然我们从事这项事业，就要继承前人的优良传统，推陈出新，发扬光大。如果我们哪个出版社能策划出《史记》《汉书》《三国志》这样的选题，那是不朽之盛事。如果我们能编选出像《唐诗三百首》《古文观止》《诗经》这样的选本，读者将受益无穷。我们要继承前人打磨精品"传诸后世"的精品意识。我们今天的条件是前人无法比拟的，我们应该比前人做出更大的成绩。我们要实施精品工程，要搞出前所未有的好的整理本、前所未有的好的选本，那样我们就可以说，我们为子孙后代做出了我们应该做的贡献。

谈到这里，我想起黎巴嫩作家纪伯伦说过的一句话："不要因为走得太远，忘了我们为什么出发。"如今，我们的古籍整理工作已经取得巨大成绩，要牢记古籍整理的使命。我们整理古籍，研究这些宝贵的举世无双的文献，为了什么？是为了继承和发扬中华民族的优良传统，是为了我们民族的今天和未来，这一宗旨一定要牢记。

第六章 重大文化出版工程《中国大百科全书》

游 翔：您从《中国大百科全书》第三版开始参与百科全书的工作，您是如何开始接手这项工作的呢？这前后发生过一些什么样的事情让您难忘？您对《中国大百科全书》的工作怎么看？

一、我对"百科全书"的认识

杨牧之：《中国大百科全书》特别是第三版前前后后有许多有趣的事情。这些有趣的事情，可以看出大家对"百科全书"的认识是不断地深化的，也可以看出在国际上，"百科全书"的发展，"百科全书"网络化的变化和进步，我们国内如何认识这个问题，又怎么样努力跟上这个脚步的。

我自己对"百科全书"的认识也是有一个过程的。因为我没有编辑过"百科全书"，我在中华书局也好、在总署机关也好，见过各种各样的书，也用过"百科全书"，但是我自己没有编过"百科全书"。"百科全书"是一种工具书。它跟《新华字典》《现代汉语词典》《辞海》《辞源》这些辞书、工具书还不同。过去觉得"百科全书"是一门了不得的大学问，有的时候需要解决一些问题，查一查，立竿见影，但从来没想过自己会有机会投入到这项工作中来。投入进来以后，认识到编纂"百科全书"这个学问可真是大得没边没沿，所以，人们都把"百科全书"称为"没有围墙的大学"。

"百科全书"，顾名思义"百科"即非常多的学科，意思是所有的学科。"全书"，在这很多学科中间全部的知识。"百科全书"一词最早是从希腊的文字演变过来的，学术界普遍认为古希腊学者亚里士多德（公元前384—前322），是"百科全书之父"。希腊文是什么意思？意思说这是一个非常大的圆圈或范围，在这个范围里汇集了所有的知识，所以"没有围墙的大学"这个比喻也还是有一定道理的。成为"百科全书"起码要具有两个条件：第一是概述人类已有的全部知识；第二，对这些知识进行整理、分类。

"百科全书"在西方发展得比较早，种类也比较丰富。可是《不列颠百科全书》最新的一版，它挺推崇中国的一些重大图书。它说中国早就有"百科全书"了，并说从三国魏的时候就有"百科全书"（指《皇览》一书）类的书了。《不列颠百科全书》还列举了一大排书名，唐朝的《艺文类聚》，宋朝的《太平御览》，明朝的《永乐大典》，清朝的《古今图书集成》，到后来大家都熟悉的纪晓岚的《四库全书》，他们都包括进去。这个说法值得探讨，因为他们所举出来的这些书，基本上是把不同类型的或者相同类型的内容汇集到一本书里，把这些资料编到一块儿。其实，中国的学术界把这类书称为"类书"，很难说它是现代意义上的"百科全书"。现代意义上"百科全书"，每个条目都是一个知识，一篇文章，然后形成一个体系，分成学科，分门别类。

比如说《中国大百科全书》第一版64个学科，第三版有103个学科。这103个学科基本上都是照着教育部，国家统一的标准分的学科。那103个学科有103个学科的内容，每个条目都是一篇"小文章"，介绍这个条目知识的来龙去脉，那就和刚才说的那一大排书不同了。那一大排书就好比现在搞的《中华大典》。《中华大典》实际上就是把有关书的内容分门别类地归纳、汇总，供大家查找利用方便，有类书的性质。今天再编类书，以纸版形式出版，就显得有点儿不上算了。现在有计算机，分门别类放入数据库，查什么都有，很是方便。中华书局搞的一个古籍数据库，就是这样一个工具，已经完成并使用。

学术界还有一种说法，认为世界上的"百科全书"有两个源头，一个就是上述以希腊为代表的西方源头说，一个是以中国为代表的东方源头说。他们赞成《不列颠百科全书》所说，中国古代的类书即属于"百科全书"性质，最早如三国时的《皇览》，至今已有1800年的历史了。还有学者说，中国最早的"百科全书"性质的书应属《尔雅》，理由是该书介绍了"当时人类已有的知识"。另外，该书对知识进行了分类编排，全书分为十九类之多。第三，表现形式已是条目的形式，全书2047条。所以说它是世界上最早的百科类工具书。这个观点和论述很值得研究和探讨。

我真正开始投入到"百科全书"工作中来，是在2009年。2009年8月，《中国大百科全书》第二版表彰大会在人民大会堂召开，9月，中宣部任命我为《中国大百科全书》第三版总主编，这时候我就开始进入编写大百科全书的准备阶段，一边学习，一边调研。当然，我也不是完全陌生，第一，我使用过"百科全书"，第二，我也为《中国大百科全书》做过一些贡献。二版立项的时候，我当时在新闻出版署当图书司司长，我同中国大百科全书出版社的同志到国务院秘书局去谈立项的事。在去谈之前，我要仔细阅读立项方案，认真研究编撰的利与弊，问题与困难。后来，我当了副署长，分管出版和发行工作。一次去向李岚清同志汇报《中国大百科全书》（二版）工作情况，岚清同志接见了署里和社里有关领导，听取汇报，跟我们一块儿合影，鼓励我们努力编好《中国大百科全书》第二版。

真正开始工作以后，我要学习了解国内、国外著名的"百科全书"，它们都是怎么编的，它们的特点，特别是国际上现在怎么样发展的，我们《中国大百科全书》一版、二版是怎么做的，这时候我才对"百科全书"有了一个初步认识。

二、《不列颠百科全书》突然宣布停止出版纸版

对于使用"百科全书"的人，碰到要查的问题，恐怕首先想到的是《美国百科全书》《不列颠百科全书》《科利尔百科全书》，也就是大家俗称的百科 ABC，还有《中国大百科全书》。学术界对《不列颠百科全书》可能更是情有独钟、推崇备至。

前几年，发生了一件让百科迷们大吃一惊的事。2012 年 3 月 13 日，《不列颠百科全书》突然宣布马上停止纸质版的出版。一时间议论纷纷。为什么呢？出得好好的，最后一版第 15 版，虽然已出版了二三十年，但还是颇受欢迎。第 15 版编者们十分努力，先在 1974 年出了一版 30 卷的，1985 年又出了一版号称"百科革命"的新 15 版，增加两卷，共 32 卷。这些都让读者感到编辑们兴致正浓，干劲正大，怎么就不再出版了呢？葫芦里到底卖的什么药啊？一时间众说纷纭。

不久，《不列颠百科全书》公司总裁发言了。他说："这个决定对"百科全书"意义重大，不是为了我们辉煌的过去，而是为了我们充满活力的现在和未来。"发言充满豪气，令人振奋。怎么为了"现在和未来"，又怎么样"充满活力"呢？他还没有具体说。

又过些天，又爆出《不列颠百科全书》公司的财务内幕。《不列颠百科全书》由 1990 年一年卖出 12 万套，到 1996 年这一数字下降到了 4 万套，收入不到全公司收入的 1% 了。《纽约时报》的文章说："上世纪 50 年代，书架上放一套《不列颠百科全书》，与车库里停辆旅行车或房间里摆台名牌黑白电视机一样，既实用又能彰显中产阶级身份。买套《不列颠百科全书》作为'家居装饰'已经颇有经济压力，很多家庭不得不为此分期付款，而最近一版

1395美元的标价，让它跟奢侈品一样让人难以负荷。"可见，告别纸质书，实在也是不得已之举。

但他们确实已有所筹划，有更着力创新的计划。《不列颠百科全书》编辑部在官网上说：

"更重要的是：这套'百科全书'将会继续存在——更大、更全面，也是以更有活力的虚拟化形式存在。在数字时代，服务知识与学习的方法已经远不是传统的参考。实际上，我们已经开始了新的方式。"

"宣布并不只是一种结束，它更是新的开始。"

这可以说是形势所迫，也可以说是与时俱进。

压力变动力，然后产生创新之举，产生让读者刮目相看的进步。

再往前说，对我启发最大、印象最深刻的是狄德罗和他的《法国百科全书》。狄德罗（1713—1784）被认为是"现代百科全书之父"。他的《法国百科全书》从1751年至1772年，历经20年完成，全名为《百科全书，或科学、艺术与手工艺大词典》，成书时28卷，被公认为是现代百科全书的奠基之作。恩格斯曾给过高度评价，他说"《法国百科全书》成了一切有教养的青年的信条，它的影响是如此巨大，给了法国革命党人一面理论的旗帜"。这个评价实在是太高了。这样评价一部"百科全书"，这是我没想到的。恩格斯为什么这样评价，因为欧洲正在进行着如火如荼的大革命，狄德罗把"百科全书"用来宣传唯物主义，作为改变人们思想方法，同天主教会和封建专制势力以及神学桎梏斗争的武器，在每个条目中阐述着他和他的同志的政治信仰和理论。这就为法国大革命做了舆论准备，恩格斯因此有那样的评价。

狄德罗宣称，他编辑《法国百科全书》的一个指导思想，即以解放思想为目的，以革新态度总结介绍现代知识，促进知识向现实生产力转化。革新的态度，实际就是要符合时代精神，总结的目的就是引导科学的发展，核心是知识向现实生产力转化。这个思想在当时（即便现在），应该说是很有价值的。

这是第一点，从"百科全书"的学术价值和政治意义上的认识。

第二点，从事"百科全书"事业的人，总是跟着时代的发展在不断地追求，不断地完善，因此总是不断地修订。这是"百科全书"的又一特点。一个版次差不多是十年，也就是十年左右修订一次，追求总结新的发展和进步。后来，《不列颠百科全书》觉得，十年修订一次，有的知识在书付印时即已过时，所以又动脑筋，改为一年修订十分之一，苦心孤诣地要跟上时代的进步和科学的发展。

《不列颠百科全书》的修订，总共15版的过程令人深思和赞叹。

《不列颠百科全书》诞生于18世纪中叶（1768—1771年），一个新时代到来之际。英国爱丁堡的书商和印刷工人怀着当时启蒙之风的科学精神，决定编写一套"百科全书"。1768年，由28岁的学者斯梅利以200英镑的酬劳，受聘任主编。经过三年努力，到1771年，三卷出齐，获得成功，意外地卖了3000套。可以说，《不列颠百科全书》是英格兰启蒙运动的产物。

从此，开始了《不列颠百科全书》至今250余年的历程。

第二版（10卷，8595页）重点是修改第一版的差错，在内容上加以扩充。

到第三版时（18卷，1.6万页），才真正达到了"百科全书"的标准，奠定了《不列颠百科全书》以后的世界声名的基础。

这1—3版可以视作《不列颠百科全书》的初创期。

第九版（1875—1889年），长达24卷，包括有1100名著名学者参加撰写的学术文章，号称"学者版"。这一版也成为百科全书界"大条目主义"的代表作。后来很多学者认为这一版是"百科全书"历史上的顶峰，英国人甚至说，该书的权威性"仅次于上帝"，是学术界的"圣经"。

第十版（1902—1903年），加上了地图和目录卷，使《不列颠百科全书》更为完整。这一版实际上是第九版的补充。

第十一版（1910—1911年），由剑桥大学接手，人称"经典版"。它保持了学术上的严谨性，同时大力提高可阅读性，尽量减少文章长度，很受读者欢迎。

这一阶段，从九版到十一版，应看作是《不列颠百科全书》的成长期。

这之间和之后，有两件大事必须作个交代。一件是，1790年，《不列颠百科全书》以盗版形式进入美国，引起美国朝野普遍关注。"美国国父"乔治·华盛顿及财政部长亚历山大·汉密尔顿、第三任总统托马斯·杰斐逊都以拥有此书为幸。

第二件事发生在1920年，由于"一战"造成英国经济的急剧衰退，原来《不列颠百科全书》版权持有者，将版权转售给了美国的喜尔斯百货商店。这样，《不列颠百科全书》从此成了美国的财产。

美国人投入巨大人力、财力，邀集140个国家4000多位学者，于1929年完成第14版（24卷）。由于内容丰富，《不列颠百科全书》由"国家地域性百科全书"跃升为"世界性百科全书"，确立了它在百科全书界的权威地位。第14版总计重印了41次，总共售出300万套，这是两个令出版人赞叹的数字。这一版最大的贡献，是确立了连续修订制度，由每十年修订一次改为每年修订十分之一，尽量保持材料的现代性和新鲜感。

1974年，第15版问世，30卷。1985年增至32卷，号称新15版。

就15版最大的变化是重构了知识体系，由过去的学科为主，发展为综合的交叉科学形态，把人类知识体系按发生学原则分为十大部类：即物质和能、地球、生命、人类、社会、艺术、技术、宗教、历史、科学。这是一个全新的框架。

从现在看，这14版、15版编者已经使出了浑身解数，树立了权威地位。如何跟上不断变化的时代，《不列颠百科全书》做了很多努力。这些努力体现在：

为方便不断修订，不列颠百科全书公司在1989年就把第15版的内容制作成光盘版，开始了进行数字出版、电子出版的探索。

1994年，推出网络版，是第一个多媒体"百科全书"。

不断修订，不断出新：前后15版，做出了许多努力和尝试。

学术性、权威性：请各学科权威、专家主笔。

经典版：力求文章的权威。

简明版、阅读型：文章变短，不断瘦身，以便于阅读。

信息加快更新：由传统的十年一次修订，改为一年修订十分之一。

总之，从3卷到32卷，从长条文章到短条的增多，从保守的爱丁堡到前卫的芝加哥，从英国人的手里转到美国人手中，几度易主，一直在求变，但是始终不变的是它在学术权威性和出版的严肃性上的坚持。

这时，外部形势更加逼人。

1998年，谷歌公司推出搜索引擎。

2001年，维基百科创立，网络的应用，改变了人们的查阅方式，把鼠标和人拴在一起。

新的工具更加新颖方便，吸引使用者。市场的分割逼使《不列颠百科全书》寻找新的出路，这就出现了2012年3月13日的决策。

"百科全书"求新、求变是又一突出特点。

第三点，从事"百科全书"事业的人，都富有令人敬佩的追求和牺牲精神。

一部"百科全书"，一个版次就得十几年，修订来修订去，一版一版，一代一代人干下去，上百年、二三百年，没有点儿追求精神和牺牲精神是干不起来，干不下去的。

许多了不起的学者，为了将自己的研究贡献给世界，贡献给读者，都积极参加到"百科全书"的条目撰写中去。参加历代各版《不列颠百科全书》的作者有：牛痘接种法创始人詹纳写了"牛痘"条目，"人口"条目是世界闻名的经济学家马尔萨斯写的，"进化论"条目是《天演论》作者赫胥黎写的，"心理分析"条目是精神分析奠基人弗洛伊德写的，"俄国"条目是俄国大文学家克鲁泡特金写的，"列宁"条目是被斯大林批判的托洛茨基写的，"古典政治经济学"是大卫·李嘉图写的，甚至"批量生产"条目也是请"汽车大王"福特写的，还有爱因斯坦、萧伯纳等一大批诺贝尔奖获得者撰写条目，真是阵容豪华。他们为撰写一个条目字斟句酌，几千字的文章却凝聚了他们一生研究的成果。

三、"中国大百科全书"的事业和今后的构想

中国近现代意义上的"百科全书"事业，真是前赴后继，百年大业。据孙关龙先生介绍（见《百科全书的历史》载于《中国编辑》2003年增刊号），近代"百科全书"传入中国是19世纪60年代。当时，由多位学者介绍、引入、翻译若干学科、若干条目。

1908年，四川学者杨紫极，利用他擅长法文的优势，到1922年，十四年间翻译了二百多万字的狄德罗《百科全书》。1924年，上海商务印书馆成立了由王云五为主任的"百科全书委员会"，打算在翻译《不列颠百科全书》的基础上编辑中国的"百科全书"，可惜只过了一年便停止了。

新中国成立后，胡愈之先生曾倡议编辑出版中国"百科全书"，并列入国家审核通过的《科学发展十二年规划》中，可惜后来不了了之。

1978年，改革开放的春风越刮越大。启蒙人们思想解放的"真理标准的讨论"，给思想文化界带来巨大变化。当时，编译局原副局长姜椿芳同志提出了编撰"中国大百科全书"的倡议，并得到中央批准，于是中国百科全书事业开始了新的一篇。

《中国大百科全书》的作者同样具有忘我的投入和奉献精神。《中国大百科全书》的倡导人姜椿芳先生，大家称他为"中国现代百科全书之父"，他的事迹也正体现着这样一种追求理想和不惜牺牲的精神。姜椿芳先生从1968年9月16日被捕，到1975年4月19日解除监禁，在监狱里蹲了2407天，差不多七年的时间。出狱那天，编译局的领导去看望他，他们见面之后，姜老不谈身体，不谈家庭，却立即建议编纂出版中国大型工具书——百科全书。

他在平生最后一篇没有写完的文章中说：

1975年4月19日，我出狱的那天，中央编译局的负责人王惠德、叶直新、张仲实同志来看我。我谈起在狱中的设想：编译局已经译出《马恩全集》《列宁全集》《斯大林全集》，是否可以用现有的编译力量，配备一些有专业知识的编辑，编辑中国还缺少的大型工具书——百科全书。（见黄鸿森《百科全书编纂思考》

248 页）

这是何等的胸怀，何等的气概！胡乔木同志称赞姜椿芳对百科事业充满了"殉道式的热情"（胡乔木致李荣、朱德熙信 1984 年 5 月 13 日）。

《中国大百科全书》第一版多数卷编写时间长达五六年，有些卷时间更长，如《中国文学》8 年，《生物学》《现代医学》10 年，《中国历史》12 年。参加编写工作的前后计有 20672 人，中科院 400 多位学部委员中有 336 位参加编撰工作，占 84%。许多年迈的学者为撰稿审稿、查核资料，常常夜以继日，艰苦备尝，众多事迹，感人至深。

经济学家许涤新、考古学家夏鼐、历史学家侯外庐、文学家周扬、冶金学家孙德和、物理学家王竹溪、天文学家戴文赛、政治学家陈体强等，都是在住院期间仍继续领导有关卷的编撰工作。法学家钱端升等老专家都亲自到北京图书馆查核资料。建筑学家童寯临终前仍在写 "江南园林" 条目，我国"导弹之父"钱学森先生在百忙中帮助编辑部探讨编辑方针和读者对象。

《中国大百科全书》正是这些事业的伟大追求者们完成的。

我们如何继承前辈们的事业？我们对《中国大百科全书》第三版进行探索。

在《中国大百科全书》成书前，我国还没有现代意义上的"百科全书"，我们很推崇《不列颠百科全书》。但正是新版的《不列颠百科全书》介绍中国百科全书时明确说明：中国明代的《永乐大典》是"古代世界上最大的百科全书"（见《不列颠百科全书》国际中文版第 6 卷）。这部《永乐大典》，编纂时间是 1403 年至 1408 年（明成祖永乐年间），总计 6 年。参加编纂人数达 2169 人。总计 22877 卷，目录 60 卷，分装 11095 册，总字数 3.7 亿，现仅存810卷。同时，正如我前面所介绍的，《不列颠百科全书》还列举了我国三国曹魏的《皇览》、隋唐之际的《北堂书钞》、唐代的《艺文类聚》、宋代的《太平御览》、清代的《古今图书集成》等27种类书。

这27种书都是我们今天所说的类书。"百科全书"专家孙关龙先生说"类书是资料性工具书"，"是准百科性质的书籍"，是有道理的（见孙关龙《百科全书的历史》《中国编辑》2003年增刊）。

1975年，在监狱里就构思，一出狱马上建议编辑"中国大百科全书"的姜椿芳先生提出了编纂中国"百科全书"的方案，经过各方面论证、完善，得到中共中央、国务院的批准。1993年，经过2万多位作者15年奋斗，74卷的中国第一部大型现代综合性"百科全书"问世了。

接下来，1995—2009年，又经过14年的努力，《中国大百科全书》修订第二版问世。如今，我们又开始第三版的工程。

2017年，我们与中国科学院的专家、学者、院领导召开三版工作研讨会。会后，科学院的"科学网"披露了会议情况和三版工作进展。这是2013年开展工作以来，第一次向外界披露三版工作情况，立即引起海内外媒体的广泛关注。国内的《参考消息》《光明日报》《中国新闻出版报》《中华读书报》《环球时报》和香港的《南华早报》，国外的美联社、新加坡的《联合早报》、《新西兰先驱报》、英国的BBC等纷纷发表消息和评论，可见世界对中国编制新一版"中国大百科全书"的特别关注和期待。

改革开放以来，特别是中国大百科全书出版社成立以来，我们与不列颠百科全书公司交往日益增多。

1979年11月，邓小平接见了来访的不列颠百科全书公司副总裁吉布尼。

1980年8月,邓小平将不列颠百科全书公司赠送他的《不列颠百科全书》转赠中国大百科全书出版社。不久,中国大百科全书出版社又与美国不列颠百科全书公司签订合同,共同出版《简明不列颠百科全书》中文版。相互间的来往与合作,我们从美国同行那里学到了很多经验,受益颇多。

我们是后来者。后来者要赶上去,要有新的进步,靠什么?只能靠质量,靠准确和权威。

国际上对于"百科全书"的质量有个评判的机制,它以"百科全书"被图书馆、评论刊物、专家、重要报刊引用的次数,图书要目、工具书收录的数据作为比较的标准。这个标准最高分是15分,现在《不列颠百科全书》《康普顿百科全书》《美国百科全书》都得到了最高的15分,很不容易。我们必须赶上去,大胆探索,要形成我们自己的质量品牌。亦步亦趋,东施效颦不行。

毛泽东同志早年和王任重同志谈话时说,不如马克思不是马克思主义,等于马克思不是马克思主义,只有超过马克思才是马克思主义。这就是讲的继承与创新的关系,变化、发展、创新是马克思主义的灵魂,只有创新才能超越。

我们现在有一些编撰的设计,也可以说是一些思路,正在探索和论证,还要请大家出谋划策,不断完善。这些考虑大体是这样的:

1. 关于网络版

网络版从内容上说,要有鲜明的中国特色和风格,重视对中国各民族的历史文化遗产、科学技术成就和各方面情况的介绍。在注意稳定性的条件下,突出阐述建设有中国特色社会主义理论和实践的重大成果。我想,这一点是广大读者尤其是国外读者最为关心的，也是国外"百科全书"薄弱的地方。

在运作方面，网络版进行多媒体配置，运用文本、图片、音频、视频和交互产品，体现科学性、知识性、文献性、艺术性、趣味性，努力运用现代科技生动活泼地展示人类创造的科学知识。

网络版分为专业板块、专题板块、大众板块三个板块。专业板块是为主体，专题板块、大众板块是对专业板块的丰富和补充。

专业板块是网络版的核心、主体。类似专业板块的条目一版是7万条，二版是6万条，三版将有30万条，规模大几倍。它的框架以科学分类为基础，既要有稳定性，又要具有时代性、开放性。专业板块按学科分工编撰。其中人文科学、社会科学内容的比重略大于自然科学和工程技术科学，经加工、整合为一体。以大学及大学以上文化程度的非本专业读者为对象。介绍知识既要坚持学术性、准确性，又要深入浅出，具有可读性。

专题板块以各种特定课题为中心，以多作者、多视角、多条目汇集的形式编撰。这种专题汇集，可以方便读者阅读、深入探讨，尤其对专题研究者会有裨益。

大众板块以满足人们对现实的经济、政治、文化、教育、医药、文艺、体育现象及日常生活知识的关注为重点，注意雅俗共赏。采用"开放集稿、封闭发布"的运作方式。以中等以上文化程度的读者为对象。

要强调的一点是我们的网络版是《中国大百科全书》的网络版。《中国大百科全书》是高端工具书，主要是给大学及大学以上读者使用的，他的着重点在准确和权威。不可能像有些网络工具那样连怎么煎药、怎么打行李都作为条目去解释，这一点是要给大家说明的。

2. 关于纸版

中国有中国的特点，一些读书人特别是年长的学者，图书馆、学校、研究单位还需要纸版。纸版的条目如何选定？考虑到我们已有网络版，纸版的条目可以大大精简，但是，精简后的条目应该包括这个学科的骨干条目，这些条目能够形成学科较为完整的框架和体系。

考虑到网版的方便和灵活，新纸版的读者不会像只有纸版时那么多，所以，我们将采取按需印刷的办法，做到根据需要，适时供货。

新的纸版还有如下特点：

"纸网关联互动"。现在国家给我们提供了条件，网络版、纸版都要做。这在国际上目前只有我们一家。我们先做网络版，在网络版的基础上，再做纸版。纸版与网络版先后成型，这就给两个版本的结合或关联互动创造了条件。

因为网络上的东西肯定更丰富、更多彩，不但有文字还有图像，有声音、动漫，是多媒体的。纸版上的东西是从网络版几十万个条目中筛选出来的，更精粹。但是为了扩充纸版的内容，增强它的表现力，在重要的条目下面增加二维码与我们的网络版链接。比如"郭沫若"一条，不可能写得很长，后面加二维码，郭沫若科学方面的文章、郭沫若的诗歌、小说作品等，只要是我们的网络版上有的，用二维码都能链接起来，这就形成纸网结合和互动，大大丰富了纸版的内容。

另外，我们在设计纸版如何分卷的时候，根据读者的意见，计划分两步走。第一步，先按学科分卷出版。第二步要采用"大类集成"的办法来分卷，把相关相近的学科结合在一起，成为一个"学科群"。用"大类综合"的办法来编纂，在一个大门类中，尽量减少、避免重复。比如，你是学历史的，中国学者一般文史不分家，那么你需要看中国历史、世界历史、中国文学、外国文学、中国哲学、世界哲学，如果把文史哲综合在一起，成为一个学科群，一大卷，使用起来就会很方便，购买起来也会比较便宜。又比如：地球科学学科群，包括地球科学、地理学、大气科学、海洋科学、地球物理学、地质学、生态学、环境科学、中国地理、世界地理等，汇编成为一个学科群，研究地理的人，一卷在手，左右逢源。一个跨学科的人物可以集中一起来写，不必分散在不同学科的各卷中去。当然，做起来有难度，但会给读者带来很大的方便，就值得一试。我们将根据工作进展和各方面条件的情况适时开展。

我们还想在每个学科前面设一个"超长条目"，就是概观条。这个超长条目由该卷主编撰写，可以是一两万字、两三万字或更长。这个超长条目，要介绍这一学科发展的历史、研究的现状，了解学科的发展规律，进而展望学科未来的发展趋势。其实，超长条目等于是把这个学科的从前、现在和未来做了一个总结概括，所以叫概观条，也是一部学术简史。所有的（103个学科）超长条目，汇编在一起，将是一部了不起的学术巨著。

另外，还必须讲一点，我们必须有思想认识和准备。那就是我们的工作由于经验和条件限制会有考虑不周、设计不善、施工缓慢等问题，但我们仍然，或者说，一定要有信心。各种"百科全书"，甚至很伟大的"百科全书"，在前进中也都是有不足甚至缺欠之处，所以他们才会一版一版地修订。他们的教训也是我们的财富，是可以借鉴以助我们工作的完善的。

比如，《不列颠百科全书》第一版的时候很保守，没有收录"人物"条目。第二版的时候正逢美国独立战争，但它也没有什么反映。到第三版时，竟然给路易三世写了敬献题词，说《法国百科全书》

宣传无政府主义，诱使人们造反，而我们这部书就是要抑制这种思想。"我们相信，陛下对我们这样做一定会非常满意。"这样的献词遭到了学术界、百科全书界的嘲笑。

《法国百科全书》得到恩格斯那样高度的赞扬，但是中间也有不少问题，有许多条目充满了冗长的辩论，不像辞书条目。后来我想这也有它的道理，为什么条目中会有辩论之词呢？就像恩格斯说的，它给了法国革命一面理论的旗帜。但他们的批评没有局限于宗教信仰问题，他们把批评扩大到他们所遇到的每一个科学传统或政治措施。狄德罗们把"百科全书"当作向宗教桎梏和封建势力斗争的武器。这是当时法国革命的需要，我们不能简单苛求。但从"百科全书"角度讲，他们把条目作为论战的武器，削弱了条目的知识化，"百科全书"已经不是单纯的检索类的工具书了。这就和今天"百科全书"的条目书写原则和宗旨不一致。所以，如果从一部"百科全书"角度来要求，它也是有不足的。

《中国大百科全书》第一版做出了杰出的贡献，是伟大时代的产物，结束了中国没有现代"百科全书"的历史。我们翻翻档案，全世界有五十几个国家都有"百科全书"。自从有了《中国大百科全书》第一版之后，中国就结束了没有现代意义上的"百科全书"的历史。这个贡献我们应该给予高度的评价。可是当时，它也确有不尽如人意之处。一版第二任总编辑梅益同志说，一版开始的阶段，"主要问题是缺少完整的以学科分类为中心的总体的设计。"这给后来造成了很多的被动，有的学科很厚，有的学科很薄，有的零碎不完整，都是刚开始缺少总体设计的缘故。另外，没有严格地按照编辑体例进行，这造成了缺乏统一标准、缺乏规范和一致性。这是经验不足造成的。黄鸿森先生在一篇文章中举的一个例子很说明问题：在一版中，印度文学家马鸣，他在4个卷有条目，他的生卒年居然有4种说法，而且4种说法，都是模糊的，都是一个大体的范围，这就不够规范，不够统一。

我举上述的几个例子，目的就是激励我们在前人的基础上，如何搞得更好。要坚定信念，要有信心。一个伟大的作品是时代的呼唤，是时代的产物，有时代的光荣也有时代的局限，都需要我们具体分析，不断地改进、充实和完善。纸质版有纸质版的优势。纸质版的缺陷是没有网络版便捷，没有网络版生动，所以我们的任务就是把前人，把国内、国际"百科全书"的大事业继承下来，在巨人的肩膀上前进。

从《不列颠百科全书》诞生之日起，到2012年纸版停印，总计241年（1771—2012年）。241年风云变幻，《不列颠百科全书》从最初适应时代的需要，三个人策划，一个人的努力编纂，终于问世。而1版、2版、3版，直到第15版，达到高峰，1990年一年售出12万套，造福广大读者。然而时运难料，仅仅6年之后，1996年销售就跌到了4万套，每年销售额只占公司收入的1%。此时，公司主事的人们已经看到了形势的变化，看到了艰难的未来。因为一则，他们已经感到辛辛苦苦长时间的修订（十年修订一次，或一年修订十分之一），待印刷时有的内容已经过时，读者不满意，自己也不满意。所以先后推出电子光盘版和多媒体百科，以图弥补。再则，科技发展迅速，1998年谷歌推出搜索引擎，2001年维基百科网络的应用，同行竞争的残酷现实，不列颠百科全书公司渐渐开始变向，而到2012年，断然宣布停止纸版的印制，想想也就不奇怪了。

《不列颠百科全书》编辑部在官网上说："宣布并不是一种结束，它更是新的开始。"这是悲壮的，也是不甘心的，更标志着启动一个新征程的决心。

《中国大百科全书》半路追赶，《不列颠百科全书》的创业历程让我们受益良多。我们有各方面的支持，我们占据了天时、地利，是幸运的，但创新和超越却不是一句话、一个决议，就能做到的，必须讲究科学，敬畏规律，尊重专家，质量第一，摒弃私心，齐心合力，这才能无愧于一、二版艰苦创业的前辈，无愧于广大读者的期望，无愧于时代。

四、《中国大百科全书》第三版中的几个疑难问题是如何解决的

（一）现在做不做网络版？

今天继承《中国大百科全书》一版、二版事业搞第三版，看起来条件很好；但真搞起来也是很不容易的，中间有很多曲折和疑难，也并不是说国务院下一个文、复一个函，问题就都解决了。国务院批复立项了，中宣部也任命了总编委会成员及主要负责人，但第三版究竟怎样做，这中间还有一些复杂的问题。还是照原来纸版一、二版的设计格局，增加几百条或减少几百条，对一些过时的条目做些修订，还是跟上国际发展的趋势，抓紧搞网络版？当时大家有不同意见。我想增加几百条、减少几百条，调整一番，也必要，但突破不大，没有质的变化。从一版按学科分卷，74卷，到二版综合的，按索引的顺序来排，32卷。三版怎么做呢？拿不定主意。我们周围，很多人希望尽快搞网络版，但是也有的同志认为，现在还不要忙着搞网络版，认为网络版"维稳"工作难度大，内容很容易出问题，不好掌控。他们好心地忠告我们，内容一上线，必须24小时监控，现在你们的技术跟得上吗？出了问题扩散很快，还是调研、论证充分了，等经验丰富些再说吧。

可是，国际上网络技术发展风起云涌，形势甚是逼人。这种形势下面不抓紧搞网络版，就要错过时机，时机一错过就不是几年的事了。所以，当时我很觉得有压力，关键是到底搞不搞网络版。两种意见，如何抉择。

我们开始调研。

先去请教路甬祥先生。路甬祥先生是全国人大常委会副委员长，科学院原院长、科协原主席，他是行家，国际国内科技发展状况、问题，了如指掌。他说，你们还是得抓紧搞网络版。你们的二版送给我了，我到现在还没开包，三十多卷，我没地方放，另外也没时间看。我要碰到问题就"百度"一下。百度虽然不准确，不能依靠它，但是它能提供线索，所以你们一定要抓紧搞网络版，要搞出一个准确、权威、可以信任的版本。

经济学家厉以宁说，立足科技发展最前沿，运用现代出版载体，扩大"百科全书"的影响力，已是一项迫在眉睫的任务。

我们又到北大、清华，找教师咨询，到科学院去找研究人员咨询，几乎所有的人，都希望赶快搞网络版。

这时候，新华社记者来了解情况，之后还发了"国内动态清样"。"国内动态清样"介绍了记者征询的各方面意见，希望尽快启动国家编撰机制，推动《中国大百科全书》新版的进行。"国内动态清样"特别讲到，要与时俱进，《中国大百科全书》的修订也是一个国家的科学文化实力和综合国力的标志，应该有新的突破。文中说：

近年来，西方国家的"百科全书"在互联网上不断扩张和泛滥，一些不公正的、错误的甚至反动的内容充斥其中，而普通受众误认为其内容"权威"，我国的主流文化、信息安全和意识形态安全受到了严重威胁。

而在国内，反映我主流价值体系和主流文化，准确权威的网络"百科全书"仍处于空白状态。百度百科、互动百科等民营机构运营的在线"百科全书"，在不同程序上存在着政治错误和知识错误，而且大量地抄袭、截取其他著作，知识缺陷和知识产权问题明显。

"国内动态清样"明确提出，面对着网络技术的发展，要跟上新型媒体的进步，跟上时代潮流。

"国内动态清样"刊出的当天，国务委员刘延东同志就做了批示。刘延东批示道："编辑新版《中国大百科全书》实有必要，请斌杰同志阅研并提出意见。"

柳斌杰同志当时是新闻出版总署署长。我们把这些情况汇报给总署，总署就按照刘延东同志要求，让我们先起草报告。我们夜以继日地把报告写好，立即送交总署。10个月后，总署召开党组会进行讨论。会上原则通过了这份报告，请总署办公厅再润色后报给国务院。

这个过程中间我特别感谢一个人，就是当时中宣部出版局的陶骅局长。后来她去《求是》任总编辑了。我听了先不进行网络版工作的意见以后，有点儿失望。我们满心满意想要搞网络版，还说维基百科怎么向我们挑战，维基百科作者和编者互动，闹得怎么热闹，影响多大。但是一说暂时先不搞，先论证，我就有点儿不知如何是好。我到中宣部出版局，正好碰见陶骅、郭义强、刘建生、张拥军几位局领导在开会。陶骅热情地请我进去坐，我就把这事跟他们说了。陶骅说，三项任务中的平台建设你们先搞着呗，纸质版需要平台，网络版不也需要平台嘛。你给纸质版建立好平台，随后搞网络版的时候这个平台不也就用起来了吗？这实质上网络版不就是开始了吗？她还说，形势在不断变化，人的认识也在变化，你们先做着嘛。这些话给我很大的鼓励和启发。

后来，总署根据刘延东同志的意见给国务院打了报告，就定下来网络版和纸版一起搞。

回想这一过程，中宣部领导始终非常重视，非常关心。雒树刚副部长和我谈话时十分热情地说："牧之，你们这事很重要。你有事就来，我们虽然很忙，你来谈个十分钟、二十分钟的我还是能抽出时间的。"我听了很温暖。云山同志打电话谈工作，还不忘问我"百科全书"进展情况，有什么困难。

2011年11月5日，国务院办公厅关于编纂出版《中国大百科全书》第三版问题的复函下发了，文中说：

新闻出版总署：

同意编纂出版《中国大百科全书》第三版，通过建立数字化编纂平台，编纂发布和出版网络版、纸质版，具体工作由中国大百科全书出版社承担……

开展工作所需经费由国家财政予以支持，请中国大百科出版社按程序申请，由财政部按有关规定核定。

因为给国务院的报告是总署写的，国务院批复也是发给总署的，随后我写了一个书面的汇报，送中宣部。先说搞两个版是怎么设想的、大体的方案，如何加强导向、把好关，怎么样努力把一切错误都消除在发布之前，怎么样做到坚持导向、坚持科学性，不能出现一点儿政治错误，特别写出在这方面已经制定了什么严格措施。

网络版、纸版的矛盾就这样解决了。今天，八九年过去了，搞网络版确实是个新课题，给我们工作提出了很多挑战，只搞纸版会省心不少，但这是一项跟上世界大势的项目，《中国大百科全书》网络版纸版同时搞，是创新的工程，对我们每个人的锻炼、对队伍的成长都很有价值。这个工程今后还会有许多困难，但我们一生能有这样一次机会,那是我们的幸运。

2012年3月,《不列颠百科全书》突然宣布停止出版纸质版,集中力量搞网络版,更增加了我们抓紧搞好网络版的决心。

(二)如何定位"中国大百科全书网络版"

这个定位,很重要,这将决定搞多大规模、设多少学科,条目写到什么水平,是中学水平还是大学水平。实际上就是搞一个科学的、实际的顶层设计。

我们百科社这个领导小组包括我自己,开始两年确实没有弄网络版的经验。只是有创造的决心,有攀登的豪情壮志,要搞最好的,要赶超世界先进水平。那时的认识还是肤浅的,只看当时我们的口号就可以了然。

有的同志说,"百度"已经上千万条了,我们不能不如它吧?总不能太少吧?我们的口号是"海量"。

有的同志说,我们提个响亮的口号叫"一点就有"。

没过多久我就觉得,这两个口号恐怕不行,但为什么不行,我还说不明白。问同事,问专家,我们究竟要做一个什么样的网络版?

后来我终于想明白了,讲出来后百科领导小组的同志都觉得有道理,大家补充完善,形成了总的意见:

第一点,我们是"中国大百科全书"的网络版;

第二点,"中国大百科全书"是代表国家水平传达国家声音、意志的高端工具书;

第三点,"中国大百科全书网络版"是这个高端工具书的网络版,必然不是"百度",连煎中药、打行李都介绍;也不是"维基百科"自由开放,"人人可以编辑的自由百科全书"。

另外，国内外已有不少网络百科，中央为什么还要投巨资，要求我们再搞？就是要我们搞一个准确、权威，导向正确，代表国家声音、意志、国家水平的网络版"百科全书"。

网版和纸版在读者对象上有什么不同呢？如果说纸版一直是大学和大学以上为读者对象，网版因为它的便捷、快速的特点，应该更普及一些，定位为给高中及高中以上读者使用的网上工具书。传播正能量，代表主流价值观，让高中以上的青年得到正确的知识。

所以，我们认为，既然是这样一本工具书，不需要100万条。一版7万多条、二版6万条，网络版读者比较多，条目总要多一些，一百多个学科知识的骨干、框架、理论体系总得齐备。中宣部同意我们由100万条减为50万条。实事求是。

（三）学术界形势发生了很大变化，现在组织大型工程很不容易

《中国大百科全书》做一版时，是20世纪七八十年代，大的文化项目还不多，大家对编纂《中国大百科全书》十分重视，以能参加百科工作，甚至写一个条目为荣。

现在不同了，请一位专家很不容易。如历史卷的主编人选：大家提了五六位：李学勤、蔡美彪、林甘泉、金冲及、瞿林东，我和刘国辉社长跑了七八次，一一去拜访，他们各有各的困难，我们先后谈了五六位才成功。现在科研项目多，资金也丰厚，一个专家、教授有多个项目同时在进行，写几个百科条目似乎是一件小事。千字稿酬才二三百元，有的人不当回事，何况这几千字要求很多，很不好写。不少先生事多，忙，常常让他们的学生去写。有的学生写完，他们审定一下，把把关；有的学生写完就送到编

辑部来了。这直接关系到质量。多数单位还是好的，如中科院白春礼院长，36个学科，亲自抓，还由院里给每个学科拨20万元，用于开会。韩启德先生，现代医学学科，亲自主持会议，一一布置任务，交代时间，限时完成。徐匡迪先生的矿冶卷，张侃先生的心理学卷，最先完成。中国社会科学院（14个学科）和文化艺术研究院担当的学科进展不够好，有的学科至今才完成20%。出版社很着急。

我们做了一些努力：召开进展慢的学科开座谈会，找原因，请进展好的学科介绍经验；领导小组同志去困难多的学科主编、副主编处专门拜访；发简报，公布各个学科的进度表。

可是，如果作者单位不抓，作者不起劲，不但速度上不来，质量也没保证，一旦上了网，点击量大，出点儿问题影响就大了。

（四）"8年时间完成"这个规定的来历

2009年9月28日，当时部里的常务副部长雒树刚同志找我谈话，问我打算怎么搞，有什么样的方案。

我说，现在世界上网络工具发展很快，我们想搞纸版的同时，搞网络版。

雒部长说，网络版的事要充分论证，听取意见，做好准备。他又问我，搞纸版需要多少时间？总不会再搞个十四五年吧？

我说，如果只搞纸版8到10年应该可以完成。

他说，这还差不多。

后来，我和百科社的几位领导到中科院、社科院、北大、清华、总署征求意见，他们一致意见要抓紧搞网络版。

我和百科社的领导班子决心按这个方向努力，得到中宣部有关领导的支持。

总署根据刘延东同志批示意见，要求我们把网络版作为重点，网络版、纸版一起搞。总署就按这个想法向国务院打报告，请求立项。但在时间的安排上总署的报告沿袭了"纸版8年"的说法，忽视了现在报的是纸版、网络版两项。国办批复后，我们发现报告附件上写的是"8年"，吃了一惊，但是国务院的文件已经批下来了，很难再去要求改了。

我们在向中宣部领导汇报时，多承郭义强局长理解和支持，定为"2022年网络版50万条整体上线，纸质版基本完成，陆续出书"。

纸质版"基本完成，陆续出书"，8个字，给我们减轻了不少压力。感谢！

（五）关于资金支持问题

那么，国务院批复了是不是就能够顺利开工了？不是。比如文件上说："开展工作所需经费由国家财政予以支持，请《中国大百科全书》出版社按程序申请，由财政部按有关规定核定。"这话是要求财政部支持。说支持，给你一百万也是支持，给你一个亿也是支持，怎么叫支持？按程序申请，一级一级地办下去，要过多少关，说多少好话，可以想象，所以这事还有个尾巴。我看了这个复函后心里就嘀咕，解决资金支持的问题怕也不会那么简单啊。

当时中宣部蔡名照副部长分管出版。他在外文局的时候我跟他很熟。我打电话给他，请他主持召开个联席会，跟有关部委给我们协调协调，特别是财政部、教育部、文化部、中科院、社科院，很多作者都归这些单位管。他很理解，不久，便安排了时间，主持召开了协调会。这个会参加的有中宣部陶骅、郭义强，教育部徐维凡副部长，财政部张少春副部长、文资办主任王家新，新闻出版总署副署长邬书林，中国科学院副院长潘教峰，社科院副院长朱佳木，中国出版集团是我和谭跃，由蔡名照主持。大家都表态支持，听着挺高兴。财政部张少春最后发言，他说，在信息化、网络化、文化体制改革不断深化改革的背景下面，运用传统的举国体制编撰三版已不适应，要多采取企业化运作的方法，运用商业融资等市场手段解决问题。建议，先启动数字编撰平台，加快网络版建设，要采用商业融资等市场手段。我听他说要我们"用商业融资"的市场手段，心里一沉，他怎么能这样说呢？这不麻烦了吗？我当即提出来，我说一个出版社上哪儿融资去？融资得有信誉，出版社是文化单位，又挺穷，能有多大信誉？全社加上离退休同志总共有四五百人，谁给你投资？而且《中国大百科全书》搞出来一时也赚不了什么钱，怎么去社会融资？

晚上王家新给我打来电话。王家新当时是文资办主任，因为业务上负责我们这一块，和我们挺熟。他当处长时我们就认识，那时候弄古籍，古籍的经费他都很支持，后来我们编辑《大中华文库》，他也很支持。大家都感到他有文化情结，关心文化事业。他在电话里说，少春那个讲话那是他自己的观点。我说，你不用说谁的观点了，这钱没着落了。他说，你别着急，总能解决，慢慢他会变化的。我说，慢慢变化，等到什么时候变化？还得请你多帮忙啊。庄稼不等人，该播种就得播种，"不插五月秧"，到五月份你还没插秧，秧就老了，粮食就会减产，所以着急啊。

你有你的办法，我有我的办法，情急之中，我们想一招儿，我们请科学家吴文俊、甘子钊、郑哲敏、杨国桢、王绶琯五位给温总理写信反映情况。他们都是《中国大百科全书》一版的作者，对"百科全书"工作很有感情，很支持我们的工作，支持我们搞网络版。我们把事情原委和他们一说，解决不了钱，财政部让我们去融资。科学家都很惊讶，说一个出版社上哪儿融资去，立即同意给国务院领导写信。时间是 2012 年 6 月 2 日。温家宝总理收到信就作了批示。6 月 7 日就转到我们社里。温总理批示："请新闻出版总署商财政部处理。要根据国务院批复要求，予以支持。""要根据国务院批复要求，予以支持"，这句话分量很重啊。我们把温总理批复复印了一份送给财政部，张少春看后就急了，但是急归急，总理有批示他还得认真照办，说你们做预算吧。

这种情况下，资金的问题算有眉目了。今天回想起来当时没有经验。当时我们就觉得预算要想得周到一些，千万不能有遗漏，否则以后不够再要就更困难了。经过各方面调研后，做了一个预算，按照当前的市场价格，总盘子是 7.8 亿元。很快，财政部派了一个小组进行审核。审核的专家都很支持，7.8 亿元只减少了 4000 万，定为 7.4 亿元，很出乎我们意外。这确是一笔大钱呐，得好好干啊。

钱到手了，我又增加了一个压力。国家给我们这么一大笔钱，我们能干出什么样来，干不好如何交代？我们做预算时候没有经验，没有细分前期、中期、后期，没有考虑轻重缓急去安排，担心不够用，担心下次不给了，再加上有时候用起来缺乏经验，对市场行情缺乏科学认识，到年底了钱还有不少没花出去。我们被告知，财政部有规定，预算的钱当年花不出去，明年就要核减。这样就逼使我们在十月份、十一月份、十二月份上旬焦急地设法用钱，这种用钱就难免有不科学之处。

财政部确实很支持，启动经费给了一亿元，第二年、第三年又各按照预算拨付了。文化人常常是既不会要钱也不会花钱，国家幸好当时经济上比较富裕，给你这个钱了，但是怎么花得科学、怎么用得科学，这确实是要在实践的过程中认真总结经验，教训还是挺多的。要钱不容易，要来以后把钱花好也不容易。这其中的烦恼，还真是局外人难以理解的。

（六）作者队伍和编辑队伍

有了"钱"还不行，还得有人，万事都是靠人来实现的。现在跟从前不一样了。当年"文化大革命"后期，中华书局搞校点"二十四史"和《清史稿》，请专家来参加工作。天南海北的专家，多大牌的专家，一说请他来，都是高高兴兴的，头天晚上通知，第二天早上拿个简单行李就来了。一来这个项目是毛主席亲自批准的，光荣；再者那时候也没有什么学术研究项目可作。现在高校、研究单位的专家学者都有很多任务，哪个任务都很重要，哪个任务的经济效益都不比"百科全书"的低，所以请人家来比过去难多了。人家的任务都是计划之内的，授课的、作科研课题的，涉及职称、学位、单位的经济效益，有时间表，而且资金都不少，挤出时间来干"百科全书"的事就不容易。但是给"百科全书"写条目有两个好处：第一，如果你在"百科全书"上写个条目，说明你学术上很有水平，是很权威的，证明你是专家，我们在每个条目下都署上作者姓名，能在"百科全书"上占有一席之地，影响当然很好、很大。第二条，中宣部大力支持和协调，中宣部办公厅给与"百科全书"有关的单位发了函，文联、科协、教育部、科技部、工业和信息化部、环保、交通运输、农业、文化部、计生委、新闻出版广电总局、体委、中国科学院、中国社科院等等。发函的核心是两条，对承担编撰任务的部门要把编撰工作作为本部门科研工作的重要部分，切实保证《中国大百科全书》第三版的专业性、准确性和权威性。第三条，对承担《中国大百科全书》

第三版编撰工作的专家、学者，在工作方面积极创造条件，合理安排并保证他们的编撰工作时间，在业绩考核方面将编撰工作成果按科研成果或教材来对待，请各单位给予支持。中宣部给这些单位发了函，强调这项工作很重要，必须支持，专家学者们做的这项工作也算科研成果，计入他们的考核中去。这就挺有力度了。

客观地说，不少单位工作确实很忙。一次我去音乐学院开会，音乐学院院长是音乐卷的主编，这个会一点半就开，音乐学院是两点才上班，他们安排一点半开，是因为这位院长两点半还有一个会，他要占用一点儿中午休息时间把会开了，而且不是他一个人，参加会的有三十来人，都得提前来开会，人家确实是很忙。中科院白春礼院长召集中科院36个承担"百科全书"任务的部门开会。第一次通知后，改期，因为他中央有会。第二次通知了，又改期，他又有必须参加的会。第三次，总算开成了，但原来有六十多位院士要参加的，那天只来了三十多位。因为改期三次了，人家自己也有安排的事要做了。白春礼院长一再解释说："都怪我不断地改期，我也没办法，中央开会通知我去。"都非常忙，但都还是大力支持。

在《中国大百科全书》第二版完成的时候，周光召先生做总结提到人的时候，就非常的自豪。他说，"百科全书"二版的编撰，尽可能保留第一版仍健在的、德高望重的专家学者，在这个基础上，又聘请了各学科领域卓有成就的众多中青年专家学者。他们踊跃参加，做出了突出的贡献。目前，《中国大百科全书》第三版作者累计已达3万多人，中科院、工程院院士大都参加进来，中国社会科学院首批学部委员，47人中间有30人参加了工作。这确实是群策群力，众志成城。在国外，一部"百科全书"不可能有两三万专家来给你写条目，这是不可想象的。

再说说社内的编辑队伍情况。一版时，兵强马壮，从各处调来的业务骨干，承担着主要编辑工作。二版时，虽然一些老编辑退休了，退出了第一线，但一版的经验、作风传了下来，在一版时的中青年编辑在工作实践中成长起来，也能够挑起重担、独当一面了。到现在三版时，参加过一、二版的编辑已是凤毛麟角，一版时成长起来，二版时成为主力的同志也大多退休了。我2009年来社以后，二版时的骨干还有十几位，到现在大都六十岁开外，也都退休了。好在他们事业心强，热爱、关心、支持百科事业，不少同志挤出时间返聘帮助审稿、带学生、培养青年编辑。但他们毕竟已非四五十岁的当年，许多时候必须以身体、家务为重，不可能像当年那样全部时间用在"百科全书"的编辑上了。这也是没有办法的事。

青年编辑在成长。三版内容中心，八十余人，有70%的人刚进社一年、二年、三年，最多的也就四五年，可以说还在学习期。他们多数没做过编辑工作，对"百科全书"的编辑工作更是陌生，但他们决心大、干劲大，对未来有理想。他们是"百科全书"事业的未来。我们得允许他们一步步向前，一天天成长，但毕竟还很难独当一面。

一次学科工作会议，有位专家提意见，说我们的编辑反馈意见太慢，他们提了问题，过了好一段时间也没有回话。我很惭愧，当即向专家道歉，并表示主要是我们负责的同志做得不够，下来一定尽快解决这些问题。同时，我还向他们解释，我们现在编辑力量严重不足，有经验的编辑日渐其少，只好边干边学，尽快培养青年同志。我还豪情满怀地说，请大家相信，伴随着三版工作的进行，伴随着三版工作完成，一批有学问、有经验、有理想的编辑队伍一定会形成。

这就是目前三版编辑队伍的状况。建设一支有学问、有经验的编辑队伍是我们十分重视、十分焦虑的一件大事。

这里还要补充说一说财政部文资办，现在叫财政部文化司，他们对《中国大百科全书》的工作非常支持。有一次文资办负责人到集团来，我就跟他说，你这个主任对《中国大百科全书》工作很支持，大家很感谢你，能不能抽时间到中国大百科全书出版社去看一看大家？后来他果然安排了时间去百科社调研。他一看百科社那个楼确实很破旧了，从1978年建楼，三四十年过去了，很多设施都在凑合着用。他觉得这么多专家学者在这儿工作，出出入入确实很不方便，会影响百科全书编纂进程。又听百科社同志介绍，一次外国专家来社里访问座谈，一位女士去卫生间，进去了马上又出来了，问她怎么回事？她说，没解决，这里边没法落脚，气味太严重。当时百科社就觉得很没有面子，条件确实太差了。这位文资办负责同志了解了情况，有了亲身感受，表示：你们项目意义重大，又有许多老专家、老学者在这里工作，我一定设法去部里争取拨一笔钱，改善一下你们的工作条件。

我听了以后，非常高兴。能维修一下大楼，改善大家的工作环境，我是很知足了。后来，百科社请了著名设计师，请了施工团队，经过一年多一点儿的努力，装修完成。内部办公环境大大改善。从外表上看，一座现代化的大楼耸立在二环路边上。环状的银灰色装饰，让人联想到如今是网络社会。"中国百科"的大红社标，辉耀高空，邓小平题写"中国大百科全书出版社"社牌，令人鼓舞。中国大百全书出版社乘胜前进。

第七章
办好一本刊物的感想

游　翔：《文史知识》1981 年创刊，是我国具有影响力的文史类名牌刊物之一。您曾担任过《文史知识》的编辑部主任，主持编辑工作的常务副主编，您能否回忆一下当时办刊的过程？此外，您对如何办好一个刊物有什么感想呢？

一、创办《文史知识》的缘起

杨牧之：前面谈古籍整理与出版工作时，我谈过，1981 年前后，我在总编室工作的时候，经手了一件大事。1981 年 5 月 22 日下午四点多钟，我接了一个电话，这个电话是陈云同志的秘书肖华光打来的。肖华光在电话里说，陈云同志 1977 年在杭州看到中华书局校点的"二十四史"甚为关心，曾询问古籍的校点工作进展如何。最近又一次询问这件事，还说古书如果不加标点整理很难读，如果老一代不存在了，后代根本看不懂，文化就要中断，损失很大，一定要把这一工作抓紧抓好。

1981 年 7 月 9 日，陈云又委派他另一位秘书王玉清传达他的意见，这个意见就更加具体了。陈云同志说，古籍整理不光是解决标点注解，这还不行，要做到后人都能看懂，要译成现代语言。搞古籍整理工作不是一朝一夕的事，要搞个十年、二十年、三十年，甚至更长一些时间，这件事一定要搞到底，要搞一个班子，这个班子要组织起来，要准备三代人，要花点儿钱，花个十亿八亿完全必要，当然，钱要慢慢地花，做对我们的后代有好处的事。要搞个规划，开始不能搞得太大，要从实际出发，学理工专业的大学生也要知晓中国历史。

很快，以中共中央的名义下发了《关于整理我国古籍的指示》（37 号文件）。这个文件与陈云同志的讲话精神是一致的。可以说，中央的文件和陈云同志的讲话，使中华书局开始了一个新的时代。中华书局如沐春风，人心振奋。不久，恢复了古籍规划小组。中央委派李一氓同志担任组长，中华书局是小组的办事机构。中华书局的责任更重大了。第二年召开古籍整理工作会议，古籍整理这件大事就这么蓬蓬勃勃地开展起来了。

陈云同志的指示精神，最主要讲的是文化传承的问题，文化不要中断的问题，也就是不能割断历史。他是针对"文化大革命"否定文化、否定知识分子的一个拨乱反正。"文化大革命"大革了文化的命，颠倒历史，混淆黑白，使许多人，特别是青年人，对自己祖国的历史，灿烂文化，一无所知。陈云同志要求要搞好古籍整理和出版工作，要让后人都能看得懂，即便是学理工科专业的大学生，也要知晓中国历史。在这种背景下面，中华书局开始制定五年和八年的古籍整理出版规划，开始策划一些重大的出版工程。也是在这种背景下面，为了贯彻中央文件精神，搞好文化传承大事，做到后人都能看得懂，中华书局创办了面向中学和中学以上读者的知识性、普及性的《文史知识》。

创办《文史知识》是总编辑李侃提出来的，得到总经理王春大力支持。中央党校教务长宋振庭为《文史知识》创刊号写了"发刊词"。从1980年筹划、1981年创刊，到1987年5月我奉调去新闻出版署，这期间有七年时间我主持编辑部工作。

2006年，中华书局再版我的《编辑艺术》时，写了一个"再版说明"，现摘录于下，供大家了解情况。

1981年，应文化发展的需要和社会各界的迫切需求，中华书局创办了以传播介绍中国古代优秀传统文化为己任，兼具知识性、普及性的《文史知识》杂志。《文史知识》问世后声名鹊起，以朴素、认真、求实的风格独树一帜，很快成为名牌刊物，赢得"大专家写小文章""带有文史知识辞典性质的刊物"的评价和"准确、生动、有用"的盛誉。最初几年，发行量呈几何级数增长，迅速成为广大热爱中国古代传统文化的读者的良师益友。创刊三周年时，应读者的强烈要求，居然把已出的全部刊物重印一遍。这在中外期刊史上亦属空前。至今，《文史知识》出版了一百余期，先后获得"中文核心期刊"、"CSSCI"、国家期刊奖"百种重点期刊"等殊荣。

把《文史知识》办成一个传播中华文化的普及刊物，在中华文化传承中间做好普及工作。因为归根结底，古籍整理出版也好、古籍整理研究也好、做学问研究问题也好，总是要让大家看得懂，弄得明白，知道好在什么地方，如何继承、如何发扬光大，《文史知识》就应该起着这样一个作用。所以，《文史知识》一创刊便大受欢迎，第一年邮局征订就达到四万份，经过两三年就到了二十七万份，后来曾达到三十万份，确实是几何级数增长。

特别有意思的是，刊物办了三年，读者居然要求购买已出的前两年的刊物。存货早已售光，我们不得不把已出的刊物全部重印了一遍。我记得我们当时搞"佛教文化专号"，西藏都买了一百多本。最后这期刊物全部卖光，连编辑手头的样书也全送光了，不得不加印。后来又出了"道教文化专号""儒家文化专号"。当时"佛教文化专号"在全国还是开先河的。我们请中国佛教学会会长赵朴初先生写《佛教与中国文化的关系》，请中国社会科学院宗教所所长任继愈先生写《佛教与儒教》，季羡林先生写一篇研究佛教的治学之道，季羡林先生对印度佛教是有专门研究的。还请了许多大学问家，如阴法鲁先生写《中国古代寺院的音乐活动》，周振甫先生写《谈谈以禅喻诗》，罗哲文先生写《漫谈塔的来源与演变》，白化文先生写的《谈谈怎么逛庙》，进庙第一进是什么内容，第二进、第三进都是什么内容。还到法源寺请有学问的和尚给我们写文章，谈和尚为什么要参加生产劳动，为什么要干活儿，和尚头上的"点"是怎么回事，唐僧背着的是什么东西，这些有关佛教的具体问题，都是请法源寺的和尚帮着写的。结果二十多万册一下就卖光了。后来又把《文史知识》全部重印了一遍，这在期刊史上虽不是绝无仅有，大概也没有第二家在出刊三年能全部重印的。

这个原因是什么呢？除了大家努力之外，最主要还是时势造英雄，是形势的需要、时代的需要。"文化大革命"以后需要文化、需要读书、需要在大革文化命的"文化大革命"之后把文化捡起来，弘扬中华民族文化。这也是我反思之后，或者说受过教训之后的一种体会。1985年《文史知识》被评为北京地区"最佳文史类刊物"。后来刊物五周年的时候，中央电视台给我们做了一个十分钟的节目，题目叫"五载辛勤花满枝"。那时候是风清气正，没花一分钱就做了这么一个节目。1986年，《文史知识》编辑部又被文化部评为"文化部优秀青年集体"。后来，出版改革，我们曾经想要把《文史知识》做成自负盈亏、独立经营的部门，以利于放手开拓。但中华书局没有同意，因为我们一期印30万，用纸很多，中华书局的古籍图书，小众，印量小，中华书局不同意我们独立经营也可以明白其中的道理。那时候，国家出版局很支持，刘杲同志还到我们那儿去，跟大家一块儿座谈过，很支持，说你们可以闯一闯，但是中华书局不同意，所以"改革先锋"我们也没当上。

下面，我分几章，谈谈办刊物的体会。

二、什么样的刊物受欢迎

杨牧之：在办刊物之初，最让筹办者思虑的问题是："办个什么样的刊物会受欢迎？"你觉得某类刊物已经不少，不好再办，可是一家新的同类刊物办起来，居然大受欢迎。你觉得某类刊物是冷门，没人办，你办起来偏偏打不开局面。"办个什么样的刊物会受欢迎？"这个问题解决好了，才能谈其他问题，才能考虑"怎样办刊物才会受欢迎"的问题。

（一）两个评选的启发

"办个什么样的刊物会受欢迎？"这个问题很不好回答。它牵扯的方面太多，恐怕不是哪个人拍拍脑袋就能解决得好的。但也有个简便的办法，可以看出点儿门道。现在，不少省、市的出版部门、杂志社都在搞评选，从这些评选的结果去分析，可能会给我们一些启发。

我举两个例子。一个是《北京晚报》在1985年发起的"最佳杂志大家评"活动。因为《北京晚报》的对象主要是北京地区的读者，所以，它可以代表北京读者的意见。这次评选，按专业门类评出了15种"最佳杂志"。这15种是：

共青团团刊：《中国青年》《辽宁青年》

青年思想教育刊物：《青年一代》

时事政治刊物：《半月谈》

文史类刊物：《文史知识》

文学刊物：《啄木鸟》

世界知识刊物：《世界博览》《环球》

综合性法律刊物：《民主与法制》

电影刊物：《大众电影》

体育刊物：《新体育》

文化生活刊物：《八小时以外》

文摘刊物：《读者文摘》《青年文摘》《东西南北》

这是从 5000 多张读者推荐票中统计出来的结果。这 15 种刊物可以分成四类：知识性的、娱乐性的、思想道德教育性的、文摘性的。

第二个例子是上海市 1988 年评出的"十佳期刊"。这"十佳"是：

《世界之窗》《书林》《语文学习》《现代家庭》《收获》

《故事会》《青年一代》《小朋友》《大众医学》《科学画报》

这是从上海市 391 种期刊中评选出来的。北京的评选工作分两个阶段。先是读者投票评选，分类统计票数，然后每类中得票最多的 10 种进入第二轮，由专家评选。上海的评选是群众与专家相结合的做法，有相当的群众性和权威性。这个评选大致可以代表上海读者的意见。

这一北一南两次评选都是很认真的，代表了两个地区绝大多数读者的意愿，也是符合实际情况的。从两次评选、两个结果，我们可以看出读者一些什么趋向呢？

《北京晚报》评选上的 15 种，介绍世界各地、各国情况的有两家：《世界博览》《环球》；上海市评选出的"十佳"，介绍世界各地、各国风情的《世界之窗》名列榜首。这类刊物是一个热点，这好理解。显然这是由我国的大形势决定的。我们国家经过了长期的封闭，一旦改革开放，走向世界，读者便热切地想知道世界各地的风土人情，想了解世界的变化，所以，南北评选，这类刊物皆榜上有名。

再一点，就是有关青年思想教育方面的杂志，南北两个评选总共评上了三家，而其中《青年一代》被两家共同选中，可见其受欢迎之广泛。《青年一代》创刊不过十年，发行量竟然高达四五百万份，原因究竟何在？探索其中奥秘，恐怕还是大气候所致。粉碎"四人帮"后，人们的观念与"文化大革命"时期相比，发生了地覆天翻的变化。什么对，什么不对，都要好好想一想，再加上改革、开放，什么迪斯科、霹雳舞，什么性解放、艾滋病，什么自我设计、系统工程，纷至沓来。青年人积极、敏感，接受快、模仿快，热得快、冷得快，一边探索、一边迷惘，不断寻求答案，不断否定自己，这些恐怕都是青年刊物走俏的原因吧。

还有一个热点，北京评选居然有三家文摘刊物中选。三家刊物我都读过，有的高雅，有的俚俗，但都有相当多的读者。据说甘肃的《读者文摘》发行最高峰达七百万份，真是了不起。这类刊物为什么能受欢迎？我和不少读者在聊天时，他们都说，现在大家很忙，而杂志太多，对大多数读者来说他们并非研究某一门类的学者，他们不过想知道天下之事，知道就行，不想深究。我想，这就是文摘性刊物得以生存、发展的土壤吧？据《北京晚报》副总编辑韩天雨先生介绍，在5000份选票中间，大学以上文化水平的读者占17.8%，中等文化水平的读者占57.9%，二者合计占75.7%，这样一个大比例的读者群，无论是大学文化的还是中等文化的，都把《读者文摘》作为最受欢迎的刊物之一，其受欢迎的程度可见一斑。

（二）谁也离不开时代的要求

归纳起来，最突出的一点，就是办杂志谁也离不开时代的要求，所谓应运而生是也。想当年，《读书》创刊，何等红火，许多人抢购《读书》，先睹为快。《文史知识》办了三年，应读者要求，居然全部重印。这在中外杂志史上恐怕也是独此一家吧？《读书》当年的红火，是因为当时倡导"解放思想"，"实践是检验真理的唯一标准"。《读书》主张"读书无禁区",大胆探索;《文史知识》适应了"文化大革命"后形势的需要。"文化大革命"大革了文化的命,痛定思痛,大家又重新学习中国历史、中国文化,中华书局及时地给读者送去了《文史知识》。

回忆中国的报刊史,又何尝不是如此?一般来说,报刊界大都认为中国历史上最早的一本杂志是《察世俗每月统记传》(察世俗是 Chinese 的音译,统记传,即无所不记,广为传播之意),照今天的译法大概就是"中文月刊"的意思。它诞生于 1815 年的马六甲,由梁阿发兄弟和美国传教士马礼逊创办。当时,正值西方力量东来,该刊一方面传播西方宗教,同时亦介绍国内外新闻和西方科学知识;清朝末年,反帝制,要维新,出现了《民报》《浙江潮》《东方杂志》;五四运动前后,要科学、要民主,出现了《新青年》《现代评论》;20 世纪 30 年代,出现了《新中华》《中学生》;抗日战争爆发,为宣传抗日救亡,有更多的杂志出现。这些杂志因为战争动乱,有两大特色:一是新闻刊物风行,一是为携带方便,多出袖珍本,42 开、64 开的都有。

相反的例子也很多。

西方宗教东来,为适应宗教传播的需要,有人创办了《教会新闻》。但中国人对于西方宗教,不信的多,半信半疑的多,所以出到三百期就不得不改名为《万国公报》,兼言时事政治和宗教理论。然而,还是不能适应大多数读者的需要,眼看订户日减,只好增出《益智新录》,专谈现代科学,以为辅助。教士为了达到传教的目的,将刊物办下去,不得不屡次改变刊物的体例,然而几经挣扎,还是不得不停刊。我国著名的报刊史专家戈公振先生在《中国报学史》中论述得很中肯。他说:"盖出资者多教士,主张尽登有关传教之文字,而普通阅者又注重时事,故于政教二方面之材料,颇难无以偏重。"普通读者注意时事,出资者意在传教,脱离时代,脱离读者,这也就是为什么最后还是逃不脱停刊厄运的原因吧?

(三)怎样才算有时代感

同样一本符合时代要求的刊物,有的生存、发展,有的不久便偃旗息鼓,办不下去了,什么原因呢?这中间就有一个如何认识时代、如何为时代服务的问题了。

我们还是以《文史知识》为例。《文史知识》是以介绍中国历史、中国古典文学为主要内容的刊物,也就是介绍中国古代文化。介绍中国古代文化这样一种杂志有什么时代感?难道我们今天说秦始皇第一个统一了中国,五十年前不就这么说吗?这话似乎也有道理,但是所谓"时代感"的含义却不在这里。

《文史知识》是1980年下半年酝酿创办、1981年1月创刊的。当时,中共中央党校的教务长宋振庭同志给《文史知识》写的"代发刊词"提出了如下令人深思的问题:

为什么不分时间、地点,"全民上阵"去砍光树木,烧石炼"铁",甚至用大缸、土炮楼炼铁?虽然一个高小的化学教员都能明白,那炼出来的并不是铁,那是高硫的石头巴巴,但谁又能制止得住?

为什么中央广播电台在讲到全世界的人的长寿材料时,却偏把唐朝的中医师孙思邈(读秒)硬读成孙思帽,还说佘太君活了一百岁,他连小说人物和历史人物都分不清,我真担心他会再举出孙悟空活了几百万岁的例子哩!

答案很清楚,十年动乱,大革了文化的命,"四人帮"全盘否定中华民族灿烂的古代文化,使许多人,特别是青年人,对自己祖国的光辉历史、灿烂文化,一无所知。他们对自己祖国的文化并非不爱,而是不知道有什么可爱。列宁曾经断言:"在一个文盲众多的国家里,绝不可能建成社会主义。"创办《文史知识》这样一个普及刊物,正是符合了当时社会的需要,也可以说是时代的需要。

创刊伊始,我们立下宗旨:扎扎实实地介绍中华民族五千年的灿烂文化,要准确、系统、生动、有用。但光有这样一个大的"时代感"还不够。读者的兴趣、口味,也就是说读者的需要会不断变化,作为一本杂志,必须充分考虑到这个"不断变化"。所以,我们注意不断调整刊物内容的中心。我们一方面坚持介绍基本的文史知识,不哗众取宠,以踏实取胜;一方面我们密切注意社会的需要。比如,社会上大讲《岳飞传》《杨家将》,历史与小说共存,信史与传说同在,很多读者急需对二者进行科学的区分,我们便组织了《历史上的岳飞和小说中的岳飞》《杨家将的历史和传说》等文章,告诉读者历史上的岳飞、杨家将是什么样,小说中的岳飞和杨家将又是什么样,以及为什么会有那些不同。又如,一个时期,社会上武侠小说泛滥,一部武侠小说一印几十万册,甚至上百万册,原因何在?简单地否定是容易的,但并不能说服人,也不能从根本上解决问题。我们便组织专文《〈三侠五义〉是一部思想平庸的书》,通过对《三侠五义》的解剖,纵谈武侠小说产生的背景,"平庸"在何处,并细致地分析了它为什么能吸引读者,以及究竟应给武侠小说以怎样的历史地位等问题。近年来,广大青年十分关心方法论的讨论,北京读者郑克伟投书《文史知识》,他说,"仅仅用过去的手段,一本书一本书慢慢啃,把老一辈学者已经走过的老路重复走一遍,然后再开始研究新问题,恐怕我们这一代人永远赶不上学术发展的速度,也永远超不过老一代学者。"对这个问题怎样看,可以讨论。但这个问题确实是《文史知识》读者所关心的问题。我们的"治学之道"一栏就是向读者介绍治学的方法、经验的，所以，讨论这个问题是读者的需要、是建设"四化"的需要，因此也就是时代的需要。显然，不在刊物上讨论和研究这个问题，就会脱离读者。经过仔细研究、周密准备，我们在刊物上开展了"80年代我们怎样治学"的讨论，连载四次，还组织了三次座谈会，邀请了北京大学、清华大学、北京师范大学、中国人民大学等三十几位同学参加，还邀请了邓广铭、李泽厚、金开诚、林甘泉等十几位专家学者参加。虽然他们的观点不同，有的甚至相反，但他们的发言刊出后受到了读者的热烈欢迎。辽宁、江苏等省的大学和科研单位还来函索取讨论的资料。

"时代感"还体现在刊出的文章要有最新、最高的学术水平。有人也许认为，一本知识性的刊物，介绍一下基础知识足够了，不必要也不可能反映学术上的最新成果和水平。我认为这种看法不对。这种看法，正是一个知识性、普及性刊物办不出水平的根本原因。一般要学习知识的读者，他当然要了解基础知识，但他要了解的是最新水平的基础知识，要了解最新研究成果。作为一个编辑就应该把这样的知识介绍给读者，使读者从学基础知识开始，就接触到当前的最高水平。这就要求我们了解学术界动态、研究水平和作者的研究情况。

从《文史知识》的努力，可以见到这个指导思想的成效。如："劳动创造了人""劳动创造世界"，恩格斯第一次提出了这一伟大论断，但这一论断的证据何在？北京人化石的发现为这一论断提供了一个证据。那么，北京人化石是怎样发现的呢？我们请北京人化石的发现者之一、八十高龄的贾兰坡先生撰写了《北京人化石发现记》。贾老的文章生动而令人信服地回忆了五十多年前发现北京人化石的情况，有力地论述了这一发现的重大意义。可以说，此文有传世的价值，毋庸讳言，再过一些年，还有谁能写北京人化石发现的"亲历记"呢？中国是一块宝地，第一个北京人化石发现的五十五年之后，1984年10月2日，又一具猿人头骨金牛山（在辽宁省营口市）猿人化石被发现了。它的价值何在？它的发掘情况如何？我们又请金牛山猿人化石的发现者吕遵谔同志撰文。编辑部为能组到这样一些稿子而感到幸运和快乐，读者为能订阅到这样的刊物而感到满意。又如，我们请著名古文字学家李学勤先生撰写了《古文字学十二讲》，他不但总结性地介绍了古文字学研究的成果，还开列了古文字学研究面临的十五个课题。可以说，这一组文章，既总结了过去，又展望了未来，而且提出了当前研究的课题。十二篇文章连载过后，我们以《古文字学初阶》为名结集出版，哪料到，一本谈古文字研究这样专门的书，居然重印了多次。此外，我们还开设了"历史学家谈怎样研究历史"专栏，其中重要一点，是要求为此栏撰文的历史学家重点介绍某段历史，某个学科或某一问题的研究现状、争论的焦点、今后研究的重点。还开设了"文史信息"和"文史研究动态"两个专栏。

　　谈到这里，我们可不可以这样概括，我们办刊的所谓"时代感"，一是时代需要你这本刊物，一是刊物中的文章反映了当前时代的学术水平，能解决当前时代提出的问题（当然指你的刊物所介绍的专业范围）。就拿《文史知识》来说，它主要是介绍传统文化，但传统文化内容太丰富了，孰先孰后，孰轻孰重，就要由这个"时代感"来决定了。

三、"雅""俗"与"雅俗共赏"

杨牧之: "雅"与"俗"是一对矛盾,也是确定读者对象的大问题。大家总说要"雅俗共赏",但怎样做到"雅俗共赏"呢?"雅"是什么?"俗"又是什么?怎样处理好"雅"与"俗"之间的关系?这些问题都很值得探讨。

要让两个层次的读者都有用

《文史知识》创刊之前,社会上已经有不少有关文史的刊物了。我们要把《文史知识》办成什么样子?过"雅",则深,阳春白雪固然高洁,然而"国中属而和者不过数十人",不符合我们向广大读者宣传、介绍中华民族五千年灿烂文化的宗旨。过"俗",发行面可能会大,经济效益会好,但不利于读者的提高。经过反复考虑,再三实践,我们决定把《文史知识》办成这样一种杂志,它介绍的是基本知识,但又是有学术水平、反映最新研究成果的基本知识。这些知识,中等文化水平的读者经过努力,可以看懂。这中等文化水平的读者好比达到了"升堂"的水平,而《文史知识》可以帮助他"入室"。但正如由"升堂"而"入室"必须"经过努力"一样,中等文化水平的读者要读懂《文史知识》也要经过努力。经过努力看懂的文章,与一看就懂的文章是不一样的。事实证明,轻易到手的东西人们是不很珍惜的,经过艰苦奋斗得来的东西才感到宝贵。

对中等文化水平读者合适的东西,文化水平高的读者为什么也能喜欢,也能接受呢?道理也很简单。中国古代文献浩如烟海,为世界所羡慕。黑格尔在《历史哲学》一书中说:"中国有最完备的国史。"我国古代文献,据我们统计,有二十余万种(见《中国古籍总目》),少则也有十余万种。然而,被人羡慕不见得都让人愉快。"吾生也有涯,知也无涯",这样多的文献,一个人终其一生也很难读完,即便是专门家,恐怕也没有精力全部涉猎。中国传统的治学方法有很大局限性,这就是"皓首穷经"。这样一来,除掉他研究的那一门,那一经,其他门类恐怕已经没有多少时间再去"穷究"了。由于这两个原因,使文化水平高的读者欢迎《文史知识》不但是可能的,也是我们应该努力的。

这样的选题可以"雅俗共赏"

经过这样分析,我们心里有了一个尺寸、一个标准。但怎样具体落实呢?说得具体一点儿,也就是什么样的选题具备上述的条件呢?还是让我们结合具体的例子来谈吧。

《文史知识》在"文学史百题"栏内曾经发过《诗歌史上的双子星座——李白与杜甫》一文。李白与杜甫是两个伟大的诗人,对于具有大学水平的读者,这个命题所包含的内容:①诗歌史的一般情况;②李白与杜甫的各自地位、各自特点;③他们之间的关系;④为什么说是双子星座,等等,可以说都会了解,不成为问题。而对于中等偏上文化水平的读者,这些内容又恰是他们所要求知道的。也就是说,"雅俗共赏"两方面,"俗"的方面做到了。但怎样满足"雅"的方面的需要呢?安排这个选题时,我们考虑到更深一层的背景。这些背景所包括的内容,文化水平高的人需要知道,中等文化水平的读者也应该知道。这是什么"背景"呢?熟悉文坛掌故的同志都知道,《诗歌史上的双子星座》是1962年郭老(沫若)在纪念杜甫诞生1250周年大会上演讲的题目。那时候,郭老热情洋溢地赞美李白、杜甫,把他们比喻为"诗歌史上并列着发出不灭的光辉的双子星座"。但是,10年之后,他出版了《李白与杜甫》一书,一改旧见,抑杜扬李,把杜甫说得一无是处。郭沫若同志是研究社会科学的权威,他的观点很有影响。那么，他抑杜扬李对不对？这个问题很现实，文化水平高的读者需要探讨，对于一般读者，它又属于新的问题，也应当知道。所以，《诗歌史上的双子星座——李白与杜甫》这一题目本身就寓有深意。熟悉情况的同志看到这个题目，就想看看"它"和郭老所谈有什么异同。文章作者不负众望，他从"不同的创作道路""不同的创作方法""不同的艺术风格"等方面论述了这样一个论点：李、杜在中国诗歌发展史上各自做出的独特贡献是无法抹杀的，主观地采取简单的扬此抑彼的态度，无法改变他们在诗歌史上的双子星座的地位。应该说，这篇文章，既反映了"百家争鸣"的新动态，又反映了学术研究方面的新进步。它是兼顾了文化水平较高读者和中等偏上读者的需要的。这是对一个具体实例的解剖。

我们再从一个栏目一年的全部选题来解剖。如"文史信箱"栏，看起来这似乎是一个"通俗"的栏目，是解答一些具体问题的，怎样做到"雅俗共赏"呢？这里，我先把"文史信箱"1986年所发的全部题目抄录于下，然后我们再做分析。这些题目是：

中国古代皇帝有哪几种称谓

"扬州八怪"究竟指哪几位画家

古代外国人怎样称呼中国

"木牛流马"是什么样的运输工具

《三国演义》中丰富生动的情节都是虚构的吗

为什么说中国有五千年的文明史

为什么说黄河流域是中华民族的摇篮

清代皇帝怎样避暑

古诗为什么会出现异文

怎样认识佛教徒的人生观和道德观

"八仙"的来历

"清宫四大奇案"是怎么回事

一般来说,这些问题都很具体,很重要,知识性强,也很有趣味。制订"文史信箱"的选题,我们掌握一个原则,那就是所要介绍的问题大家都知道一些,但又说不详细,说不具体,说不清楚。"大家都知道一些",说明这个问题的普及性和通俗性;"但又说不清楚",说明它有一定难度和深度。"大家都知道一些",才能引起读者的注意,他才会想,这个问题是个问题,刊登它有必要;"但又说不清楚",才能吸引他读下去,看看究竟是怎么回事,弄弄清楚。试想想,读者的心理是不是这样呢?如果我们自己见到自己知道一些而又说不清楚的题目,想不想看个究竟呢?这就是我对读者心理的基本分析。

我觉得上述 12 个题目就具有这个特点。这个特点,可以说就是"雅""俗"两方面都感兴趣,都关心。而我们约请的作者,又都是对这个问题有研究的同志,是专门家,他们写的文章深入浅出,虽然不一定很长,但醇厚耐读,效果当然很好。

从两个统计数字,可以看出我们对于"雅俗共赏"的做法是成功的。

1984 年,《文史知识》曾经做了一次读者调查,从几万份"读者意见表"中,我们选取 1000 份做了一个统计,其中 20~30 岁的读者占 59%,31 岁及以上的读者占 35%(有 6% 的读者没有注明年龄)。而在这样一个年龄构成的读者群中,认为刊物深浅合适的占 66%,认为深了的占 28%,认为浅了的占 6%。

关于读者的反映,我想起了几件很有意思的事情。

当代著名的大诗人臧克家先生,我每次到他家里去,他都和我大谈他如何喜欢《文史知识》。他说,他是《文史知识》的第一读者。他有五十多种杂志，唯独《文史知识》，他是每期必看，格外钟爱。我问他："您学问渊博，造诣深厚，《文史知识》对您有什么用呢？"臧老说："任何人都有许多不够的方面。《文史知识》正是为我们提供了补充的方便。"最初他和我谈这些话时，我总认为臧老是在鼓励我们，但当我读到他的来信，不由得怦然心动。他信中说：

《文史知识》创刊以来，总不离手。每晚卧床上，灯下研读，习以为常，红圈蓝线，乱杂字行间，自得其乐。作品坚实，编者竭力，五年之间，成绩斐然。声誉日隆，读者日众，欣然口占四句，以抒益我之情。

结识良朋历五年，殷勤夜夜伴孤眠。

文章读到会心处，顿觉灯花亦灿然。

当我有机会看到臧老读过的《文史知识》，看到那"乱杂字行间"的"红圈蓝线"时，我更加激动。我始则十分钦敬，八十老翁尚如此好学，继而为我们能给臧老、能为广大读者做一点儿工作而感到快乐。今天想起来这段往事，十分遗憾的是当时没好意思将臧老画满"红圈蓝线"的《文史知识》要过来留做纪念，但臧老的鼓励则永远激励我们向前。

程千帆先生，是当今研究古典文学的著名专家，他常对弟子们说，他只订两种杂志，其中之一便是《文史知识》。

宋振庭同志，多年做党的宣传工作，写了许多漂亮文章，且书画俱佳，多次举办个人书画展览会。他在给《文汇报》写的文章《发人深思的三个数字——谈谈〈文史知识〉月刊》中说：

中国文化、中国文史知识，十年动乱，地层紊乱，断手再植，断臂再植，血管骨骼都断了，现在很需要将两个时代、两个历史连接起来，把血管疏通，骨骼接通。现在老一辈已大多离开我们，次一辈也进入垂老之年，对此我深为感慨。"江山代有才人出，各领风骚数百年。"老的死了，小的还会出来，可是这个地层断裂，上下两代不通，文化中断，对此我们的忧虑不是无因的。《文史知识》这样的刊物可以使上下两代，血管疏通；可以使大小专家们留点儿遗产，给将来的中国文化打下更好的基础。

这些老领导、老前辈的话语，既是对我们工作的鼓励，对我们工作的肯定，同时，也是对我们今后工作要求和期望。

最忌讳的是摇摆不定

《文史知识》创刊以来在"雅"与"俗"的关系问题上下了很大功夫。所谓"雅"就是文化水平高的人可以看，但它又有一个限制，那就是中等文化水平的同志，"经过努力"可以看懂。离开了后一个条件，那就是过"雅"，那就是"和者盖寡"。所谓"俗"，就是中等文化水平的同志需要，而对文化水平高的同志"也有用"。这就是《文史知识》的读者对象。

六年来，《文史知识》严格遵循这样一个水平，它的发行量虽不算很大，但在同类的刊物中也可以说"首屈一指"了。1981年创刊时只发行3万多册，1982年达到7万册，1983年翻一番，达到14万册，1984年一跃而为27万册。1985年、1986年因为纸张、印装费用上涨，两年中不得不两次涨价，但订户仍能保持在20万册左右。

刊物要有自己明确的读者对象，最忌讳的就是摇摆不定。一会儿"中等偏上"，一会儿又感到面窄了，改为"中等偏下"；一会儿看看不行，再改回"中等偏上"。改来改去，把读者全改走了。中等偏上的读者看到刊物浅了，他不订了；编者一看订户下降，又往回改，新订户看看深了，他退订了，而老订户不知道你又改回来了，他也不订，岂非两面不讨好？所以，一本刊物千万不能随便改变读者对象，而要把精力用在研究怎样满足你的读者对象的要求和爱好上。

相比较而言，单纯"雅"是好办的，单纯"俗"也是好办的，唯独"雅俗共赏"不好办。这个道理很好理解，因为一个栏目、一篇文章要使两个层次的读者满意，不是比单纯让一个层次的读者满意难办多了吗？但是难办并非不能办，通过研究、实践，总能办成。办成了，刊物的道路就宽广了。

四、办刊物就是要请"专门家"撰文

杨牧之：我们在编刊物的过程中，常听到人家批评：你们刊物的作者专家太多。这个批评说出了一个现象：《文史知识》的作者队伍中专门家多。可是尽量请专门家撰文，正是我们刊物的主张。我们是这样想的：专门家对所论述的问题有专门研究，他们所写文章一般都有较高的质量，能给读者准确的知识，这不是很好吗？

也许有人会说，你这是专家路线，照你这样去做，怎样培养青年作者呢？让我来详细谈谈我们的"专家路线"。

什么叫专门家

在一般人心目中，专家一定是教授、研究员，一定是一大把年纪了。不错，这些人是专家，但与我们的专家定义还不尽相同。《文史知识》从创刊之日起就抱定了一条原则，我们的作者不论是名人、非名人，都要对他所撰述的那个问题有研究，是他所撰述的那个问题的专门家。这个"专家"，不见得是教授、研究员，也可能是名不见经传的"小人物"。

拿具体的实例来说吧。"文史工具书介绍"一栏，从创刊第1期到总第10期所发的10篇文章的题目和作者是这样的：

诗文典故的渊薮《佩文韵府》和《骈字类编》（陈宏天）

《康熙字典》与《中华大字典》（刘叶秋）

《辞源》与《辞海》（赵克勤）

张相及其《诗词典语辞汇释》（卢润祥）

《说文解字》及其在文献阅读中的应用（陆宗达）

古籍目录及其功用（高路明）

打开历史文献的一把钥匙《书目答问》及《补正》（骈宇骞）

考史必备的工具书《二十史朔闰表》（刘乃和）

顾福禹和《读史方舆纪要》（杨济安）

《艺文类聚》和《初学记》（许逸民）

  这10篇文章并不是按我的论点需要挑选出来的，而是从创刊第1期到总第10期按顺序从目录上一篇不漏地抄下来的。刘叶秋、陆宗达、刘乃和、杨济安四位先生是大家公认的专家学者；另外的六位，陈宏天、赵克勤、卢润祥、许逸民当时还只有40岁上下，职称也还是讲师或编辑，而高、骈二位还只有三十来岁，尽管如此，他们仍然是他们所写的那个题目的专家。陈宏天，当时是北京大学讲师，他主讲"文史工具书"课，著有《文史工具书使用法》一书，《佩文韵府》《骈字类编》是必讲的两部重要工具书。高路明是北京大学青年教师，当时她已主讲了两次"目录版本学"课。骈宇骞、许逸民均为中华书局编辑，当时骈为《书目答问补正》的责任编辑，许为《初学记》的责任编辑，且编有《初学记索引》。赵克勤则为商务印书馆汉语编辑室主任。卢润祥是上海辞书出版社编辑，对元曲颇有研究，著有《元人小令选》一书。

  大家看了我的介绍后，能说他们（这些"无名作者"）不是他们所撰述的那个题目的"专门家"吗？即便是大家公认的专家学者，刘、陆、刘、杨四位先生，我们也不是"慕其名也"，而是看重他们的实学。他们确是对所撰文章的内容深有研究。刘叶秋先生是《辞源》（修订本）二位主编之一，谈工具书如数家珍。陆宗达先生一生致力于《说文解字》的研究，杨济安先生是研究历史地理的专家，《读史方舆纪要》正是他反复研读过的历史地理书。刘乃和先生，一生做陈垣老的助手，对文史工具书可谓了如指掌。

这样的作者写出的文章当然有水平，让编辑放心，也会赢得读者的信任。做买卖要讲究"货真价实"，编刊物也要"货真价实"。

专门家为什么会给你写文章

请专门家写稿，困难大，因为专门家谁都去请，他要应酬的刊物多，在众多的刊物中他能给你写，要费点儿力气，但这里恐怕也有辩证法。

开头，你的刊物影响还不大，请专家写稿，费劲儿，他给你写稿是支持你；到后来，你的刊物办好了，质量高，订户多，影响大，他也就愿意给你的刊物写稿了。南京大学卞孝萱先生曾对人说："我同一时期，曾经在几个刊物上发表了文章，只有《文史知识》上登的那一篇，朋友们见面都说读过了，其他几篇无人提起。今后有文章还是要在《文史知识》上发。"还有一些作者，感到在这样一种刊物上发表文章，能与那么多有本事的专门家为伍，很带劲儿。从某种意义上讲，是你"支持"他了。

从"他支持你"，到"你支持他"，这个转化不容易，要付出巨大的劳动。其中甘苦，局外人很难知道。

记得《文史知识》创刊之初，社会上又关心起岳飞《满江红》的真伪问题来。为了满足读者的需要，我们便组了一位当年曾经参与这一讨论的北京大学著名教授撰文，说好春节后交稿。春节刚过，我和编辑部的另一位编辑骑着自行车，从中华书局奔向北京大学。敲门入座，那位教授颇为愕然，大概是工作太忙，一时忘了与我们约定的时间。我们忙说，如没写好，过几天也行。我们见先生确实忙，便提议：他讲，我们录音，由我们整理好后，再交他修改定稿。当他听说我们是骑自行车来的，颇为动容，连声说："后天一定谈，后天一定谈。"隔一天，我们又骑车而去，刚下过雪，路很滑，但想到这次这篇稿子跑不了了，心里颇为高兴。录音、整理、誊清、修改、定稿，为了这篇文章，不知费了多少心思，终于发稿了。这篇文章因为能及时参加讨论，又是这次讨论中"肯定说"的代表人物所写，赢得了读者的好评。

这件事给我很大启发，许多学有专长的先生，他们是不轻易动笔的，只要能说服他们撰文，常能得到理想效果。比如杨伯峻等先生的《经书浅谈》、李学勤先生的《古文字学十二讲》、吴世昌先生的《花间词简论》、任继愈先生的《佛教与儒教》、周一良先生的《怎样研究魏晋南北朝史》、贾兰坡先生的《北京人化石发现记》、朱家溍先生的《电影〈火烧圆明园〉〈垂帘听政〉答客问》、傅璇琮先生的《关于唐代文学研究的一些想法》，都是再三相约才写的。这些文章都得到读者的欢迎，成为《文史知识》的光荣。组稿，组来好稿，一是靠对选题高度的敏感，二是靠对好文章出众的鉴赏力，但最关紧要的是对事业的热诚，对于工作，对于理想的执着追求。

此外，为了得到专门家写的质量高的稿子，我们在组织上还采取了一些措施。编辑部外有两个组织，一个是编委会，一个是特约通讯员网。编委会成员的主要条件与很多刊物都是一样的，但我们还有一个特殊的要求，那就是联系面广，能为刊物组织到高质量的稿子。编委会成员都在北京，层次也比较高。他们主要组织北京的研究机构、高等院校和有关单位的专门家、学者撰文，也利用他们的影响，组织全国各地有学术水平的知名人物的稿件。特约通讯员分布在各地高校和研究单位，他们最了解当地的研究、写作情况，最了解当地读者对刊物的意见和反映，又因为他们就在当地，组了稿，可以代表编辑部随时催稿；而且，谁的文章在北京的刊物上发表了，在当地就会产生影响。如果这个作者再购买十本八本送给朋友，就等于给刊物做了广告。实践证明，特约通讯员网是行之有效的。我们在甘肃兰州大学聘请了一位特约通讯员，不到两年，他把西北几省研究文史的副教授以上的同志差不多都组写了稿子。如果各地的特约通讯员都能这样做，全国各地的好稿子岂不"尽入我彀中"？

为"我"服务

我们这样做是不是专家路线？我认为不是。我们这是为"我"所用，也就是为刊物所用。我们是组织作者，组织专门家，围绕着我们刊物的选题计划写文章，而不是让作者，即便是专门家，牵着鼻子走。从以下三点可以看出我们所言非虚：

1. 每编一期，我们早早就计划好这一期的中心，设计重点文章的题目，然后按我们的计划去组稿，希望作者写什么，怎样写。

2. 有许多时候，作者寄给我们一篇稿子，题目好，写得也好，但我们并不是拿来就上，要看看这一期的整体布局，中心是什么，如果不符合这一期的整体布局，不论是谁写的，是什么样的名家，也要放一放，等着符合某一期的中心再发。

3. 编辑在组稿的时候，一定记住让作者充分明了如下几点：刊物的宗旨与读者对象；文章内容要能唤起读者的需要感，最好是那些大家都知道一些，但又说不清楚的问题；引用的材料要准确、翔实；题目要拟好，吸引读者；字数要适当，尽量写得短些。

不断讲的目的就是让作者按我们刊物的需要写稿，而不是迁就作者。一个好的编辑是应该有这种以"我"为中心的思想的。事事迁就，削足适履，刊物的风格、特色就没有了，最后不但得不到作者的欢迎，反倒要被作者"抛弃"。

实践使我们认识到这样一个道理，"无名作者"不一定不是专门家。"专门家"要靠编辑自己去发现、去鉴定。弄明白谁是专门家，再去组稿，才能组到高质量的稿子。普通的编辑，多停留在找稿阶段，只求把栏目、版面填满就完事；勤快点儿的编辑，会设法去拉稿子，以丰富内容；只有那些真正负责、有事业心而又有丰富的想象力和创造力的编辑，才能按照自己的计划去组稿。一个编辑能否成功，很大程度上取决于他是否能发现专门家，并尽力组织专门家"为我服务"。《文史知识》编辑部的同志就是尽力朝着这个目标努力的。

五、杂志办"专号"的价值

杨牧之： 白化文先生看到我的写作提纲，特地写信叮嘱我：《文史知识》以专号著称，不可不写一篇"专号论"。白先生的话提醒了我，记得"佛教与中国文化专号"出刊后，读者来信络绎不绝，西藏这一期买了100多本，青海来信要购120本，最后，出版部留的书全部售完，编辑部诸位同仁的样书，也被朋友索光。"朝代专号"每出一期，都会收到不少来信，赞扬者有之，建议者有之，提供稿件者有之，索书者更甚。作为一个编辑，得到这种"回报"，心里是十分欣慰的。读者为什么如此欢迎专号呢？下面我们谈谈专号。

由点及面与由面及点

办专号并不是新鲜事。一个刊物，或于创刊多少周年纪念之时，或者对某一个专题集中讨论，邀集一批作者，组织一批稿件，出一个专号，并没有什么特别之处。但如果照这样办专号，就没有什么大意思了。我常想，在相同的职业上有许多人做出了重大贡献，也有许多人终其一生也没有成功，原因在什么地方呢？细看成功者的奥秘，使一个人成功或失败的主要不是职业，不是专业，主要在于个人，个人的职业热情和创新能力。职业只有在个人尽其所能时才会为他提供机会。

所以，既要办专号，就要办得与众不同，但要符合自己刊物的特点。你是《文史知识》，突然来个"UFO"，来个天外来客专号；你是《文史知识》，办一个《性的报复》增刊，都不是正道。

《文史知识》最先办的是"朝代专号"。刊物已经办了一年半，总数出到第12期（第一年试点，双月刊，出了6期。第二年改为月刊），路子熟了，照此下去，轻车熟路，省时省心，腾出手来干点儿自己的事不好吗？再说，我们每期向读者介绍一些文史知识，春雨霏霏，润物无声，是为读者着想啊。但有很多读者着急，这个问题与那个问题有什么关系？一个朝代、一个时期究竟有些什么主要问题，能不能大体勾勒几笔？一封封来信，促使我们去探索、去解决。

和一些读者聊过之后，我茅塞顿开。《文史知识》的读者都是一些急于求知的人，其中很多是自学进修的青年同志，他们希望对某个范围的问题先有一个鸟瞰式的了解，也就是说在认识一个点的时候，先知道一下整个面大体是什么样子。大体知道面上的情况之后，再去深入研究那个点。由点及面，由面及点，这是符合人的认知规律的。

这时，我们决定搞"朝代专号"。

朝代专号所要解决的问题，就是知识的相对集中和系统。怎样做到这一点呢？为了说清这个问题，我把《文史知识》第一个朝代专号"魏晋南北朝专号"的目录摘要如下：

专文：三国两晋南北朝在历史长河中的地位

治学之道：怎样研究魏晋南北朝史　谈谈魏晋南北朝文学

文学史百题：略谈汉魏六朝小说

历史百题：八王之乱始末

怎样读：怎样读《文心雕龙》　谈谈记述南北朝史事的"八书""二史"

文史书目答问：《华阳国志》《文选》

诗文欣赏：试析曹操的《短歌行》　谈左思的《咏史诗》　读丘迟的《与陈伯之书》

文化史知识：麈尾与魏晋名士清谈　从《兰亭序》谈"曲水流觞"

人物春秋：羯族政治家石勒　拒不"卖论取官"的学者范缜

名画欣赏：竹林七贤与《竹林七贤图》

学习魏晋南北朝文学、历史参考书目

我们细看这份要目，《三国两晋南北朝在历史长河中的地位》一文，是把这段历史放在整个中国历史长河中去研究，以便读者了解这段历史在整个中国历史上的地位。两篇治学之道，系统勾勒了魏晋南北朝历史和这一段的文学，这三篇是总的介绍，是面。有了这三篇之后，再来谈这段历史中的大事和著名的人物，就是点。八王之乱、英雄阿瞒、魏晋名士、麈尾清谈、无神论者范缜、羯族政治家石勒、竹林七贤，以及使洛阳纸贵的《三都赋》作者，写出"暮春三月，江南草长，杂花生树，群莺乱飞"名篇的丘迟，名震古今的《文心雕龙》，我国最早的诗文总集《文选》，还有《伽蓝记》《华阳国志》……真是丰富多彩，琳琅满目。当然，12万字，三十几篇文章，不可能把魏晋南北朝全部介绍出来，但"粗线条"和"大框架"恐怕是勾勒出来了。最后我们附了一个参考书目:"学习魏晋南北朝文学、历史参考书目"。因为"专号"中所介绍的情况仅仅是粗线条勾勒,对于学习魏晋南北朝历史当然是不够的,读者要想深入钻研,可以按照这个书目再找其他典籍。

随后,我们又陆续编辑了"先秦专号""唐代专号""宋代专号""元代专号""明代专号""清代专号""近代专号"等七个专号。

著名古典文学专家吴世昌先生在世时看到"先秦专号",十分高兴,特地撰写《读〈文史知识〉"先秦专号"》一文,发表在《人民日报》上。他说:

《文史知识》每年两期专号,每个专号一个朝代,五年以来,从不中辍。这样的按部就班,从容不迫,是需要一点儿气魄的。"先秦专号"无论是在深度上还是在广度上都有所开拓。整个专号细针密线,此呼彼应,品味此中之味,实可谓先得广大读者之心。

"先秦专号"的特色,是多层次、多角度地反映先秦文明。既有宏观的概述,亦有微观的探讨。……纵横交错,将先秦文明作了多方面的描绘。

《中国报刊报》以《还是独辟蹊径好》为题,赞扬《文史知识》"朝代专号"是"独辟蹊径",质量高,读者欢迎。中国先秦史学会为了表彰《文史知识》对先秦史研究的贡献,特地制作了一面锦旗,鼓励它"为先秦史研究做出贡献"。

"朝代专号"初具规模之后,《文史知识》又开始编辑"专题专号"。这种专号就是以某一专题为主要内容,对该专题的历史和今天具体研究情况进行全面的介绍,以帮助读者对中国文化既有纵向的了解,又有横向的了解,从而体现中国历史文化的悠久性和多样性。《文史知识》先后编辑的专题专号有:"佛教与中国文化专号""传统文化讨论专号""道教与传统文化专号"等。

地方专号成功的启发

1986年,我去东北组稿,在吉林大学中文系和师生座谈。一位同学说:"《文史知识》能不能以地区为单位介绍一个一个地区的历史呢?"听到这个意见,我茅塞顿开。这真是一个好主意。我们有了朝代专号,再配上地方专号,朝代专号是从历史上讲起,一代一代介绍下来,出齐了,将是一部生动的通史;地方专号,以地域为中心,出齐了,不就是一部中华民族的生动"地图"吗?

冷静下来,再一细想,编地方专号可比编朝代专号困难大多了。朝代专号是历史,是"死"的东西,只要把知识介绍准确、生动,重点突出,就行了。而地方专号,要编得好,就要了解一个地区的历史、文化,要掌握一个地区的风土人情、名胜古迹,特别重要的一点是,不但要介绍这一地区"死"的东西,还要介绍这一地区"活"的东西。那么,"活"的东西是怎样一个状况?这些"活"的东西与"死"的东西之间的内在联系是什么?要弄清楚这些问题,就要实地去考察,就需要得到当地有关部门、作者的支持,这一切,对于一个只有七八个人的小编辑部谈何容易!

怎么办?我想起美国的《读者文摘》杂志。我并不认为《读者文摘》能做到的事,别人就做不到。但《读者文摘》创办者的精神的确令人钦佩。华莱士创办《读者文摘》时,遭到许多出版商的拒绝,但他并不气馁,到处收罗可能订阅刊物的名单,用邮递方式征求订户,并说如果不满意,可以退款。结果,他得到1500个订户。《读者文摘》办起来了。七十多年来,《读者文摘》的口号始终是"重视读者的需要",它终于成为每月以15种文字,印行39种版本,全球销售3000万份的大杂志。

要干事业，就会有各种各样的困难。而要把事业干成功，就必须战胜这些困难，付出超出常人的精力来。

开始我们想办"江西专号"，因为江西有"江西诗派"，有白鹿洞书院、鹅湖书院，有庐山会议会址，有革命圣地瑞金，有瓷都景德镇，还因为刊物的一个朋友在江西，他十分热情地支持这一计划。我们正在积极地酝酿的时候，江西省的一位负责同志来北京开会。这真是天赐良机。我们专程到这位领导下榻的宾馆去拜访。在会客室等了近一个小时，负责同志的秘书从楼上下来说，领导同志很忙，没有工夫见你们。秘书的话使我们发热的头脑顿时清醒了。从三楼下到一楼见一面的时间都没有，的确是太忙了，如果去那个省，不是更要打扰这位领导的工作吗？我们转向山东。山东是齐鲁之邦，圣人的故乡，编地方专号内容是十分丰富的。山东省委对这一工作十分重视，他们认为办山东专号是支持他们改革开放，是宣传山东的一种好形式，反而多方鼓励我们。省委宣传部派专门干部和我们商量编专号的安排，组织省内专家、学者论证选题，派旅游局干部陪我们采访，安排吃、住、行，宣传部长亲自会见编辑部同志，省长亲自写文章，省委书记亲自为专号题词。

"山东专号"顺利出版了。山东省委买了1万册，发给省内有关宣传、旅游的同志阅读。现在地方专号很受欢迎，好多省要求我们给他们编一期专号，但刊物不能连续出地方专号，只好请他们排队，等着安排。

地方专号的成功，把我们的编辑业务大大推进了一步。朝代专号是时间系列，地方专号以地域为中心，可以说是空间系列，两大系列经纬交织，再以专题专号点缀其中，三大系列交互推进，可以逐步编织出一幅中国文化的灿烂图景来。从对青少年进行爱国主义教育方面来说，地方专号也有现实意义。以地域为中心，将各地区文化的古往今来介绍给读者，使广大读者不仅了解我国的过去和现在，而且了解我国地域广大，每个地区都有丰富多彩的文化。正是这一个地区、一个地区的丰富多彩的文化，构成了伟大古老的中华民族文化。这些内容既是乡土教育的好教材，又是爱国主义教育十分具体、生动的好材料。山东省委如此重视，投入那么大力量，恐怕眼光就在这里吧？两个积极性碰在一起，地方专号成功了。

办好专号的三个要点

专号的作者

专号，不论是"朝代专号""地方专号"还是"专题专号"，选择作者十分重要。"朝代专号"我们强调"三名三高"，那就是选择某一朝代、某一时期著名而重大的事件、人物为题，请在这一选题的研究方面有高深造诣的名人来写，写出高质量的名文来。

"专题专号"选择有高深造诣、影响大的作者来写更为重要。因为只有这些先生写出来的文章，读者才会信服，专号才能打得响。比如"佛教与中国文化专号"，《佛教与中国文化的关系》一文，请中国佛教协会会长赵朴初先生撰文。《佛教与儒教》一文请社会科学院宗教所所长任继愈先生撰文。"治学之道"请季羡林先生来谈。季先生研究佛教50年，著作甚丰，所谈治学之道，当然令人信服。阴法鲁先生（撰写《中国古代佛教寺院的音乐活动》）是研究古代音乐的专家，罗哲文先生（撰写《漫谈塔的来源及演变》）是古建筑专家，周振甫先生（撰写《谈谈以禅喻诗》）是古典文学专家，袁行霈、方立天、杨曾文、白化文、杜继文、许抗生都是颇有建树的著名学者，连"佛教知识"这些小文都是请的佛学会的大师们撰写的，所以，写得地道、准确，娓娓动听，引人入胜。

这一期专号办得相当成功,反响强烈。专号刊出后,《文汇报》《文汇读书周报》《广州日报》相继发表评论文章,认为"佛教与中国文化专号"是一次"大胆的开拓"。应当肯定地说,这一期专号成功的原因是多方面的,但选择作者合适是至为重要的。

"地方专号"在请对某一地区历史、文化有专门研究的名家学者撰文的同时,要注意挑选当地的作者,特别是当地有影响的作者,一定要请他们为专号写文章。这一方面是因为他们生活其中,对当地的历史、事件、人物了解得具体,写起来有感情;另一方面,也是因为他们是一地的英才,在那里有他们的学生、朋友,有他们的老师、亲属,刊物发表了他们的文章,影响会很大。

专号的选题

所谓选题,对专号来说包括两个内容,一是办什么专号,一是专号中一个个具体的题目。

办什么专号?任何一个编辑都希望自己编的书籍、出的刊物引起读者的注意,引起轰动,但真正能引起轰动的好书是很少很少的,其中的经验教训大家都很清楚,无非是平庸和重复这两个问题。平庸,即没有什么出奇之处,有它也可,没有它也没有感到缺少什么。做一个这样的人很让人难过,编出这样的刊物也是一种浪费。重复,或跟在人家后面再编出一种,或重复自己的劳动,又增加一个,同样是浪费。

要抓住一个好的选题,重要的条件是信息灵通,了解"需"的方面,了解读者的意向。了解需求是一个关键因素,能满足需求的东西才算有价值。汉字"美",是由"羊"与"火"两部分组成,大概我们的祖先认为用火烤的羊肉是美好的。为什么呢?因为好吃。吃是人类最基本的生活需要,能满足人类基本需要的东西才是美的。推而广之,对于编辑来说,能满足读者的需要才是美的。

我们编"佛教与中国文化专号",是因为我们看到灵隐寺烧香求佛的人十分多,不但有老者,而且有青年学生,甚至国家干部;是因为看到普陀寺道场之兴隆;是因为大学里选修宗教课的人越来越多。一个文化出版工作者的责任告诉我们,我们应该正确地引导他们,我们应该向他们介绍准确的佛教知识,我们应该告诉人们神秘的宗教的内幕,为此,我们安排了:《怎样认识佛教徒的人生观与道德观》《佛教在中国的流传与发展》《何谓"四大皆空"》《中国僧侣与劳动生产》《中国佛教的宗派》等文章。

《文史知识》创刊五周年了,五年的道路不平坦,要纪念一下。怎么编这个专号?也就是说怎样确定选题?研究再三,我们从广大读者来信中反映最多的一个问题做文章。这个问题就是:80年代怎样治学。有不少青年学生来信谈到,现代科学技术深刻地改变着人类的社会生活,如何跟上时代的步伐,是我们面临的现实课题。有的读者说:"今天,仅仅用过去的手段,一本书一本书慢慢地啃,把老一辈学者已经走过的路重复走一遍,然后再开始研究新问题,恐怕我们这一代人永远赶不上学术发展的速度,也永远超不过老一代学者。"

"80年代我们怎样治学?"这是青年学生普遍关心的问题,于是,我们确定《文史知识》五周年纪念专号的中心是开展"80年代我们怎样治学"的讨论。请青年人敬佩的李泽厚、金开诚、林甘泉等先生结合自己的实践谈80年代怎样治学。此外,我们还组织专文回顾和展望了中国历史和古典文学研究的收获和未来发展的趋向,介绍了三论研究法、比较研究法、符号学等国内外新的研究方法。

上述两个专号都很成功，总结起来一个很重要的原因是，准确及时地了解了读者需要，按照读者的需要安排了选题。

专号的广告

讲"广告"，主要是讲宣传问题。"桃李不言，下自成蹊"，是说做人的美德。对于一个刊物，对于一个处于一年有6000余种刊物出版的大国中的刊物，不宣传是肯定不行的。一位著名的出版家曾经说过："做生意的唯一目的，就是服务人群；而广告的唯一目的，就在于向人们解释这项服务。"专号是卖力气编的，做了大量调查研究和组稿工作，对于有"三名三高"之实的专号，不宣传，不让更广泛的读者了解，是一种浪费。所以，一定要舍得花钱给这一期做广告，一定要舍得花力气，组织人评论这一期内容，努力争取把这些评论文章在全国有影响的大报上发表。

关于刊物的广告，是一个十分重要而又专门的学问，不是三言两语说得清楚的，需要专文论述，这里暂且从略。

六、编辑部的活力与凝聚力

杨牧之：办刊物除了主编的素养、努力之外，必须有一个好的编辑部集体。没有一个向上的、充满活力的编辑部集体，编辑部集体没有很强的凝聚力，任凭你主编先生有满腹经纶，也无法施展。怎样管理编辑部这个群体，使群体成员向上、充满活力呢？

让大家愿意在你那里工作

让大家愿意在你那里工作，这是最起码的一点，是前提。一般来说，我们每个人做工作，都想有所作为，都想在工作中得到发展。有的人勤勤恳恳、埋头苦干，希望在工作中不断进步；有的人好学不倦，刻苦钻研，希望成为他那一行的里手；有的人希望领导看到他的工作、他的成绩，受到重用……这些都是可以理解的，无可厚非的。简单地说，只有允许个人的发展，重视个人的发展，而且，在你那个群体中，个人真的得到了发展，人家才愿意在你那里工作。从这一点出发，一个编辑部应该明确提出：提倡在集体事业发展的前提下，个人也得到发展。这里有一点要注意，我们主张个人得到发展，但强调要有个前提，必须首先是集体，是集体事业的发展。集体的事业发展了，个人也得到了发展，这种人有出息。我讨厌为了个人不顾集体事业的行为，我讨厌把集体事业当作个人发展的工具。

主张让个人得到发展，不能只是停留在口头上，应该有行动，切实采取措施，让群体的成员感受到，这一点至关重要。

忙里偷闲挤时间

在一个编辑部里，编辑最需要的是什么呢？时间。一般来说，从事教学、科研和编辑工作的同志，他们的水平不相上下。无非是因为机遇不同，有人去学校，当了教师；有人分到研究机关，专业科研；有人则做了编辑。三项职业，各有艰难，但相比起来，编辑时间最紧。他们八小时内"为他人作嫁衣"，利用业余时间著书立说，颇为不易。所以有"人心思校""人心思所"之说。

有人会说，你搞好编辑工作就行了，何必还自己加码"著书立说"呢？说这种话的人叫不了解中国国情。做一个编辑，光为他人编好书稿，是很难被社会承认的。君不见，编辑在评高级职称时，赫然在目的一条就是问你有什么论著。这就足以调动编辑同志挑灯夜战了。而且，读者心目中的伟大编辑：茅盾、叶圣陶、冯雪峰、陈原、周振甫等等，哪位不是因为著书立说知名社会？鲁迅也编过刊物，我们也把鲁迅算上，如果他们不是著作等身，谁会知道他们？今后的人，也许不再这样要求编辑，那是今后的事。今天，我们还得说今天的话。这是从消极方面说。从积极方面讲，有许多编辑确有真才实学，应该给他们时间，让他们把自己的心得体会写出来，以服务社会。

有一点儿自己的时间，这恐怕是一个编辑的最大愿望了。

要让大家安心干，就要设法解决这个问题。

但谈何容易！做书稿编辑不易，做刊物编辑更不易。编书稿，早三天，晚五天，或许没有多大关系。编刊物就不行了。一本月刊，周期只有两个来月，一环扣一环，每个程序只有两三天时间，怎么能拖？到了规定时间，稿子发不到印刷厂，影响印刷厂的时间表，人家就不给你按时印刷。三次五次拖期，你的刊物信誉不就完了吗？所以，有时人家放假了，编刊物的人要加班。特别是出版社办的刊物，有时校样正赶上年三十，或者"十一"前夕要退厂，眼看着人家进出商场，忙着采购，刊物编辑还得塌下心来，一个字一个字地看校样。在这种环境下面，坚持工作，保质保量，实在得有点儿精神。

现在许多编辑部的工作，几乎都是分兵把守，分栏目负责，到发稿时每人凑齐自己栏目的字数、篇目，只要这一期的稿子没发走，随时都可能要某一个栏目的编辑再拿出稿子来。虽说自己的稿子一交就可以安排其他工作，但毕竟安不下心来，也无法集中精力。

针对这种情况，我们把现在这一个大组分成两个组，一个组连续编三期。在这三个月中，不当班的那个组，除看校样、设计选题、组织稿件外，可以自己安排时间读书、写作。根据我们的实践，不当班这三个月，大概可以有一个半月时间归自己用。一年两次，大概就有三个月的时间归自己用。三个月，对一个月刊编辑来说，很可观了。

这是把活儿集中起来干的方法。忙，在三个月里集中忙；忙过之后，可以用自己省出的时间读书、写作。这一决策，行之有效，深受欢迎。

我们又根据办公室人多，互相干扰，效率不高的情况，采取轮流坐班制。每周来四次，两组交叉着来，其他两天可以在家看稿，一周之内，又可以省出一点儿时间来。

这样做对编辑们大有好处，但给编辑部的领导却增加了困难。道理很简单，部下在眼前，指挥起来方便，调动起来及时，但为了大家的利益，实际上也就是为了使大家安心工作，领导应该适应变化了的情况。

该出名就得让人家出名

该提拔就得提拔，该出名就得让人家出名。分成两个编辑组以后，两个组的负责人都是参加工作只有三年的大学生。很年轻，但他们不甘落后，各显神通。两个组变着法子，一个比一个选题设计得好，一个比一个编得好。显然，两个组的负责人是编刊的主力，但他们太年轻，刊物的编委会没有他们。"应该请他们进编委会"，这个提议遇到了很大阻力。中华书局是个老牌出版社，当了20年编辑仍然评不上高级职称的大有人在。《文史知识》虽然是个知识性的小刊物，但它在学术界的知名度不见得比学术性的大刊物小。现在的编委多为知名教授、研究员，让两个毕业只有三年的青年人做编委，很多人不赞成。

"刊物就是他们编的，能编出好刊物的人为什么不能是刊物的编委？"这实在无法解释。经过多次努力，这个提议终于得以实现。

两个年轻人成了编委，当然给他们带来了荣誉，但对于他们重要的恐怕还不在于编委这个头衔，重要的在于任命他们做编委，也就是肯定了他们的工作，使他们在心理上得到了平衡。

两个年轻人跻身于名家行列，责任心更强了，做得更好了，这个结果，对于整个编辑部还有更为现实的作用。我们总是绞尽脑汁，千方百计地保持群体的士气，然而要保持稳定高涨的群体士气，没有比群体成员直接见到"士气"带来的结果更有作用的了。

总结一下我们的体会，可以看到，给每个人创造一个好环境，让他们愿意在你这里工作，看起来似乎是给大家解决点儿困难，实际并不是这么简单。根据他们的需要，理解他们，体谅他们，设法帮助他们，使他们感到被尊重，受关怀，他们劲头更足了。这实质是从内因方面调动他们的积极性。我们现在的管理工作，多半强调的是工作纪律、岗位责任、指标考核、规章制度等等，这些无疑是十分重要的，但还不免过分强调了外因，认为力量来源于外部的管理。在谈辩证法时，大家都知道外因是变化的条件，内因才是变化的根据，在使用这一原理时，怎么能忘了呢？

确信自己能赢

有了可以发展的环境，并不等于就能发展了。要培养每个成员的"挑战精神"，无论干什么，都确信自己能赢，千方百计地去追求最佳方案的实现。

有些事情是颇令人深思的。在体育史上，人们曾认为四分钟跑完一英里是超过人类的体能的。结果，运动员受到这一观点的影响，相当长时期没能突破这一成绩。美国运动员罗格·本尼斯特不相信这一点，他奋力冲击，终于跑出了第一个四分钟一英里。受这一胜利的鼓舞，全世界的运动员开始跑四分钟一英里，澳大利亚运动员约翰·兰狄在本尼斯特的突破后仅仅六周，也跑出了四分钟一英里。到目前为止，全世界已有400位以上的运动员跑出了四分钟一英里。四分钟的纪录突破了，其实，人的体能并没有发生多大变化。这说明了障碍是在人的心理上，而不是由于人的体能的限制。

关键在于追求。"取法乎上，仅得其中，取法乎中，仅得其下"，中国古代的追求哲学是很宝贵的。

我们在组稿时，总是强调"名人写名文"，找到对这个题目最有研究的人写，不论他在天南地北，不论他职位高低，一定要找到，否则总不甘心。写《清朝的绿营》，找罗尔纲；写近代史，找金冲及；谈《诗经》，找余冠英；介绍古文字，找李学勤；讲魏晋南北朝史，请周一良；谈神话，请袁珂；写佛教知识，请赵朴初；讲隋唐文学，找林庚、傅璇琮；说词，找夏承焘、吴世昌；讲民俗学，请钟敬文；讲古代音乐，首推阴法鲁先生；就算读者提出的一个很小的问题，我们也要请专门家来回答。一位读者来信问："'二十四史'是不是二十四个朝代的历史？"我们请来研究"二十四史"的专家，"二十四史"新点校本的主持者赵守俨先生回答。请这些大专家给你这个小刊物写文章，谈何容易。但"只要追求，就有成功的可能"，这成了大家的信条，这一切到底都实现了。

有的同志问，如果你们都这样组稿，怎么受得了？我们的编辑说，如果不这样做，怎么能组到最好的稿子？怎么能提高刊物的声誉？

人有追求，也就是有愿望。愿望宛如强力的磁石，使人热衷，使计划得以推行，使道路畅通，使你最后达到目标。愿望，理想，实际上是连结群体中每一个人到达目标的感情上的纽带。《文史知识》是个小编辑部。四个刚毕业一二年的大学生，两个毕业三四年的大学生，两个四十岁出头的中年知识分子，平均只有30岁。干，确实不容易，大家都没有经验。但干就有两种可能，干不成或干成；不干，就只有一种可能。《文史知识》三周年时，我们要利用这个机会，宣传一下刊物，请了在京的五六十位专家学者、各界读者来评论刊物，会开得很成功。过去，这类的会开完也就完了，为了追求最佳效果，我们又把有代表性的发言整理出来，分别寄送报社，结果一两个月内，有三篇评论《文史知识》的文章在报纸上发表：黎澍《普及文史知识与建设精神文明——推荐〈文史知识〉杂志》，发表在《人民日报》上；唐弢《学习历史，建设社会主义精神文明——推荐〈文史知识〉杂志》，发表在《光明日报》上；宋振庭《发人深思的三个数字——谈谈〈文史知识〉月刊》，发表在《文汇报》上，一时间，掀起了一个宣传高潮。我想，这样一些大人物推荐这样一本小刊物，在中国期刊史上恐怕是前所未有的吧？

五周年纪念时，还是这八个人，居然请来300余人开了一个大型讨论会《80年代我们怎样治学》。茅以升、李一氓、黎澍、邓广铭、刘昊、金克木、廖沫沙、启功等等领导、学者都来参加了；周谷城、许德珩、周培源、臧克家、钟敬文、阴法鲁、周振甫、余冠英、吴世昌、金开诚、李泽厚诸位先生送来贺诗贺词，中央电视台专门派人拍摄了专题节目《五载辛勤花满枝——庆贺〈文史知识〉五周年》，可谓"盛况空前"。当然，这是很操心、很累人的活动。八个人，同时组织纪念会、座谈会、拍电视，还要照样按时发稿、校对。但干下来了，干得很好。我们这个小集体也在繁忙中、在前进中、在一次次的胜利中，凝聚成一个亲密的集体。

"和为贵"不应成为信条

一篇文章要有个性，否则就没有必要写；一个人要有个性，否则人云亦云，活着还有多大意思？一个编辑部也要有个性，有风格，而这个个性、风格正是由编辑部成员诸多个性，矛盾统一在一个群体中形成的。和五音而为美乐，和五味而为佳肴，五音、五味正是诸多矛盾，"和"是矛盾统一。现在我们维系集体总是强调"和为贵"，实质上把"和"看成唯一的信条，五音、五味都不允许存在。所以"和为贵"，常常要求个人妥协，结果不免要扼杀个性，扼杀个人特点。

一个群体中间要提倡讨论，提倡各抒己见，提倡争论。现在我们一个出版社、一个杂志社的组织机构，多为编辑部——编辑室——编辑组。它的最大特点是一元化地行使权限，下级服从上级。这在其他部门，也许行之有效，在编辑部门，则有许多弊病，久而久之形成了上级怎么说，我就怎么办，上级没有说，我也不必干，甚至不敢干的局面。人的智慧和才华被这种服从体制渐渐减弱，以致扼杀。退一步说，一个主编他有多大本事呢？他政治上强，他学识渊博，他认识问题全面，但他也是一个人，不可能有那么多生动、活泼、可贵的点子，尤其是随着年龄的增长，他的活动面渐少，他的思考方向更趋集中，思维不可能如年轻时一般活跃，没有集体的辅翼很难保持刊物的清新和活泼。

据美国著名经营家、心理学家D.马戈莱加研究，他认为产生这种体制的根源在于对人的本性的认识，这种理论大约有三个特点：

（1）大致上，人生来都是讨厌工作的，都希望尽可能不做工作；

（2）大致上，由于人讨厌工作的天性，如果不用强制、统治、命令和处罚手段，他们就不会为企业的目标主动努力；

（3）大致上，人喜欢被命令，因为他们希望回避责任，最愿意保平安。

从这种研究的结果可见，这种上下服从的组织形式，是以对组织成员的不信任，按中国的哲学来说也就是人性恶为前提形成的。而维持这种形式，就只有靠权力、靠职务。发展下来，对群体成员的评价就看其是否"高效率、忠实地执行规定和安排"了。这样一来，当然用不着讨论、研究和争论了，就只有强调"和为贵"。

事实上，在竞争激烈的现代社会，很多人已经看到旧的工作方式，等待层层下达指令的方式已经明显地落后于形势了。在出版社、杂志社里，已经出现各种承包形式：承包一项任务，承包几项指标等等，实行优化组合，实际上是使集体更为机动，更为灵活，更加发挥群体成员的主动性。当然，这种承包形式利弊互见，得失皆有，毁誉不一，但要求试验、要求探索，说明人们要冲破旧体制的强烈愿望，说明一种新的组织结构形式已经不远了。

引起讨论，进而争论，是解决矛盾的一个重要措施。因为在论辩中才能发现最好的方法，才能集思广益。在讨论问题时，对部下要注意如下五点：

（1）领导要虚怀若谷，让部下说话。部下说什么，你都明白，你都懂，甚至总习惯地说："是这样，我早就说过嘛！"这个话外之音就是："你想的问题，我早就想过了。"部下感到领导总那么"高明"，他当然就不愿意再费力气去想，去建议了。

（2）对有合理因素的建议，要赞赏，并帮助部下分析其利弊，帮助其完善。年轻部下的建议不完满，有漏洞，在所难免。对他们煞费苦心考虑出来的主意，不要轻易否定、指责。有的领导者对部下的建议，总要挑出几条毛病来，真是再傻没有了。

（3）一定要注意扬他人之美，切不可贪人之功为己有。部下的好建议要表扬，否则，什么都是你的功劳，谁还愿意再动脑筋想办法呢？刊物的主编要想开些，要有大胸怀、大气魄。刊物办好了，不就是你主编的最大的功劳吗？如果大功、小功全都记在你的功劳簿上，那么，对不起，你自己去干吧。

（4）有些领导爱独揽信息，因为只有掌握信息才能作出判断，采取行动。爱独揽信息的人，常常是缺乏才气、缺少方法的人。他靠着独占的信息，弥补自己贫乏的组织能力和规划能力。其实，信息交给部下，部下利用这些信息能设计出三五个方案来，比自己独占着不是强多了吗？

（5）要给部下压任务，向部下挑战，要不断提出目标、提出任务，要求部下追求完美，蔑视眼前的利益。毫无疑问，在向部下压任务时，在一件工作刚做完，又布置了另一件工作时，部下会感到紧张，有时不免小有牢骚，但这没有关系。当工作完成，当看到自己的努力结出来的美好果实，特别是紧张了几年之后，自己成为一个能干、有才气、富于上进的人才时，其快乐是可想而知的，到那时，他会感激给他压任务、要他追求完美的领导的。

附一：编辑部里的年轻人

转瞬间《文史知识》创刊三十周年了。想当年《文史知识》的青年朋友在创业中学习，在工作中结成战斗情谊，紧张而快乐。今天，回想三十年的历程，这些年轻人当年的奋斗身姿一一呈现在我的眼前，让我兴奋和快乐。"相知未变初衷"，我用我的回忆，表达我对共同奋斗的年轻朋友的敬意。

"管家"华小林

《文史知识》的"管家"是华小林。《文史知识》没有什么钱，也没有"小金库"，有点儿钱也就是这期一个"补白"五元，那期一个图片三元，因为是编辑部人自己做的，就留下来充公了，日积月累，有那么几百元钱。但这几百元钱因为是"日积月累"，又少，谁也不当回事，但华小林却能记录、保存得清清楚楚，一分不差。难得！

《文史知识》创刊三十周年
左一起：余喆、华小林、胡友鸣、杨牧之、黄克、马欣来、孔素枫、张荷

我第一次认识她是在她分来总编室工作的那天早晨。人事处的同志陪着她来到办公室，介绍过后便走了。当时总编室负责人是俞明岳。俞老先生，原本是公私合营前中华书局股东之一，有些中华书局的股份，"文化大革命"中没收不算数了，但后来落实政策，政府又发还了，说是有几十万元，有的说二十多万、有的说三十多万，谁也说不清。在上世纪70年代，二三十万可是一笔大钱，比今天二三百万威力还大。这俞老先生为人极好，《文史知识》创刊号，他出资买了一千册，送人。那时还没有"赞助"一说，我常想，就凭俞先生这一壮举，《文史知识》要记他一辈子，感谢他一辈子。

我刚到总编室时，因为只有一间办公室，我坐在老先生对面。老先生对我说："从今以后，打水、扫地、擦桌子归你。"那当然，老先生那时也有六十多岁了，这些事当然该我干。

话说回来，人事处同志一走，俞老先生便对华小林说："从今以后，打水、扫地、擦桌子归你了。"我愕然，想笑，难道我出师了？因为只有一间办公室，华小林的办公桌就打横在我和俞老先生的办公桌旁了。

华小林穿一件半长的粗呢外套，清秀，话不多。那时也就二十出头。一早来了就打水、扫地。有时我来得早，就把水打了、地扫了。没听她谢过，眼神却瞧着我笑笑。

后来，办《文史知识》，我就把她拉过来，让她负责所有编务的事。

她最主要的一项工作是负责刊物的装帧设计，后来《文史知识》在设计上的庄重、大方、书卷气的风格，就是从那时候奠定的。

她没有学过美术，也没学过装帧设计，但她能借重懂行的专家，比如曹辛之、张慈中、范贻光、王增寅、杨华如等，她都请来出谋划策、帮她设计。渐渐地，她也很在行了。

我曾写过一篇谈刊物版式设计的文章，题目叫《版面建筑师的威力》，文中说："我常想，一个版面设计者好比是一个建筑设计师。他面对一片'空白'，要把手边的'建筑材料'（文章、标题和图片等）安排妥当，就如同建筑设计师，要在一片荒芜的土地上建筑起高楼大厦一样。"这段感想就是从华小林的实践得到的启发。

她是学历史的，把自己的所学努力应用在版面设计上。有一篇《投壶趣谈》的文章，介绍古代的投壶活动。她遍翻资料，找来河南南阳市卧龙岗汉画馆的投壶石刻画。画面上一只壶，壶两面各有一人正在抱矢投掷，两人之旁，一大汉席地而坐，醉态毕露，一望而知他是投壶场上的败将，多次被罚酒，已不能自持。这幅汉代石刻画配得多么好。看了这幅画，对汉代投壶游戏就很容易理解了。

华小林对刊物版面的细微处很是用心，看出她对刊物的热爱。《文史知识》上有一些装饰图案，很是古色古香，很适合刊物风格，最见特色的是版头、尾花。杂志一般都分栏目，栏头有时要加一个图案，叫作版头。文章结尾，剩下一二百字空白，点缀一个小图，称为尾花。版头、尾花都是很细微的地方，华小林在这方面很动脑筋，版头常用篆刻图章，每期变化不同；尾花常用动物肖形印，生动有趣。一图之微，常得读者好评。

编辑部里比她年龄小的、比她年龄大的，都管她叫"小林兄"，透着亲切和对她的尊敬。她父母都已去世。姐姐在美国搞研究，做着联合国的项目。妹妹在美国读书、工作。问她，你一个人，为什么不去美国和姐姐、妹妹在一起呢？她笑笑说，我还是守着家吧。一只鹰（姐姐叫小鹰），一只燕（妹妹叫小燕），最后都还是要回到林（小林）中来的，这是命运的安排。

后来，她升任《文史知识》编辑部副主任。再后来，中华书局成立了一个方志办公室，需要一位踏实、肯干、有经验、懂历史的人负责，她便离开《文史知识》编辑部，到那里去做编辑室主任了。

风华正茂的余喆

余喆是《文史知识》元老之一。他来《文史知识》工作，颇有些偶然。

《文史知识》创刊之初，需要一个专职校对。中华书局有校对科，兵强马壮，能校中国古书，能校"二十四史"，那水平还能差吗？但《文史知识》是月刊，给校对留的时间很短，按一般书稿流程，来不及，非专设校对不可。我们就请书局出版部推荐一位能干的校对。一天，我在中午休息时到楼上校对科，想先见见他们推荐的那位校对。敲门而入，室内几位正在打扑克牌，没人理我。他们有的脚蹬在桌子上，有的激动地甩着牌，旁若无人。只有一位个头儿不算高的小青年过来和我说话，很有礼貌地问我，找谁。问答有致，彬彬有礼，告诉我我要找的人没在。他的做派与旁边几位大战扑克的人形成鲜明对照，我十分中意，心里就有了倾向，回去和有关同志商量，就把他调到了《文史知识》编辑部。他就是余喆。那位上面推荐的人没来，认都不认识的余喆来了，这不是偶然吗？但他的素养让我喜欢，这又是必然。缘分让我们一起工作了十来年，共同经历了《文史知识》创业之初筚路蓝缕的艰难岁月，结下了常人难以理解的友情。

"青春的岁月是人生最怀念的岁月"，这是余喆在他的一篇随笔《风华正茂的歌声》中的一句话，这句话颇勾动我的心弦。

余喆来《文史知识》后，就什么都干起来了。既是秘书，负责稿件收发，信函往复，又管校对，又负责跑厂，他就是半个编辑部。

办刊物，尤其是月刊，按时出刊是头等大事。那时的印刷厂奇货可居，不像现在是买方市场，全国高、中、低档各色印厂一二十万家，此处不给印自有给印处。那时可不行，印厂看不上你，你就惨了。余喆逐渐摸清规律，他看出来要想让人家服务好，首先要给印厂"服务"好。这"服务"不是请烟送酒，而是工作的配合。印厂那时主要还是铅排，工作量大，工人工作很辛苦，所以要求也多。稿件一定齐清定，不可换来换去；版式一定合理、明白，不可倒来倒去；插图一定事先制好版，不可拼版了，插图版还没制好。余喆很快就弄明白了其中的要害，三个环节做得干干净净，利利索索，深得工厂师傅好评。因为活儿做得好，《文史知识》稿件一到，立马排版，从没有因为编务拖过期。

后来，我们和新华厂排版车间的师傅成了朋友。一次，余喆张罗着请排版车间师傅聚一聚。我、黄克和余喆，差不多就是全编辑部了，一起在西单曲园请排版车间调度严征祥师傅吃饭，那就是朋友之情了。

余喆十分用功。当时《文史知识》编辑部只有四个人，每个人都得文武全才，余喆十分注意在工作中学习。他为给"怎样欣赏古典诗词"栏目组稿，去拜访美学大师宗白华先生。事前找来宗先生的著作认真阅读，做足了美学功课。见到宗先生，便向他请教"中国诗的艺术意境"的特点，请他讲"中国山水画与山水诗的关系"。老人在家很寂寞，见到有中华书局的编辑来访，来访者所问在行，又是他一肚子心得的中国美学问题，便侃侃而谈，上下古今，妙语如珠。余喆还背诵了宗白华先生的得意之作《流云》："诗从何处寻？在细雨下，点碎落花声；在微风里，飘来流水音！在蓝天末，摇摇欲坠的孤星……"老人更为激动，欣然应约，很快就给《文史知识》寄来稿件。

又有一次，他陪我去古典文学专家蒋和森先生家里拜访。蒋先生很有学问，年轻时写就《红楼梦论稿》，坊间传诵，名满天下。由于蒋先生是夜里工作，上午休息，我们便十一点多如约而往。蒋先生用功甚勤，在研究唐代文学之后，完成《中国文学史》的编撰，又开始小说创作。我们访问的时候，他正在写作长篇历史小说《风萧萧》《黄梅雨》。出来之后，余喆十分感慨，看到蒋先生十分瘦削，比实际年龄苍老许多，感到做学问之不易，但他又从中悟出，做学问就得像蒋和森先生这样上下求索，不怕憔悴。后来，他四处求寻蒋先生的著作，提高自己。

就是这样努力，余喆很快也可以做编辑工作了。

早期，《文史知识》编辑部只有四五个人。余喆年轻，脑子活，看我和黄克忙于组稿、编稿，便在经营上动脑筋。一次，我们得知周振甫先生在甘家口物资部礼堂讲授古典文学，余喆便约上黄克、胡友鸣三个人，一人一辆自行车，每人车后驮一包《文史知识》，顶着夏日正午的太阳，去现场售书。没用20分钟，所带之刊物全部售光。他说得好，这售书不是卖几十本刊物的问题，而是扩大宣传的手段。那时走出去营销在中华书局还是新生事物，很惹人关注。回程时，见路旁一小饭馆正在卸啤酒，三个人跑进去，一人一升，痛快淋漓，边喝边筹划着下一个活动。至今回忆那段往事，余喆还不忘当日的豪情。

日月如梭，二十多年过去了，那真是不能忘怀的岁月，不可复制的生活啊！余喆说，转瞬间离开《文史知识》十七年了，每当长夜灯下，对着披霜的双鬓悠悠地回想，仿佛自己又骑着自行车，车后架上夹着刚刚编成的新的一期《文史知识》稿件，在淡淡的景山故宫两旁的槐树花香中，驰向工厂……

今天的余喆虽然不复当年的清秀，不复当年的乌发，但生活的磨炼、工作的拓展，却使他更加成熟和稳重。

第三任掌门人胡友鸣

说到友鸣，他也算《文史知识》的一个"元老"了。他在《文史知识》只有四个人时就来到编辑部了，但那时他还是在北大中文系毕业前来实习的学生。

后来给我印象很深的是一件小事。刊物创刊不久，为扩大影响我们便带着《文史知识》及中华书局出的一些书去北大三角地销售。正值北大吃午饭的时候，很多学生端着饭碗，一边吃，一边翻着刊物。有一个学生问："饭票要不要啊！"我想，我们要你们的饭票有什么用啊！开玩笑吧？这时一个声音说："行，你买吧，可以用饭票。"回头一看，正是北大实习生胡友鸣。我很高兴，心想，这小伙子倒很热心，顿生好感。从远了说，这真是为读者着想，学生吃饭，没有带着钱；从近处说，他对刊物真有一份热情，想办法推销。

后来，他就留了下来。这一留就是大半生。从毕业前的实习开始到今天，最终成为《文史知识》第三任"执行主编"，算起来他已在《文史知识》干了二十八九年。他说，《文史知识》创刊后的第二期校样他看过。那还真如他自己所说："《文史知识》多大，我在《文史知识》年头就有多大。"

抛开一切成绩不谈，单从对《文史知识》的坚守，我也愿意为友鸣写上一大笔。这种坚守，不是指岗位的坚守，不是指头衔的坚守，而是对《文史知识》风格、精神的坚守。这在他"掌门"的十三年中体现得尤为突出。

《文史知识》的组稿原则：名人写名文。写这个题目的一定是研究这个题目的"名人"，也就是专家。这个专家写出来的文章，够不上"名文"，一定退改。既不要给刊物丢人，也不要给他自己丢人。落实这个原则，大概就是《文史知识》受欢迎的一个原因吧？后来我们都走了，友鸣仍然坚守着这一原则。

有一次，刊物决定介绍《山海经》。谁能写，友鸣说："当然是四川的袁珂先生，他是中国著名的神话研究专家。"于是友鸣便给袁珂先生发了一封组稿信。很快，袁先生便寄来他打算写的文章的提纲，还有一篇已经发过的文章。那意思是说，如果你们急，发过的你们可以再发一次。胡友鸣不肯通融，他说，别家刊物已用过，我们《文史知识》不能跟着用。可是，如果等着袁先生写就不知哪年哪月了。换其他人再写，没有袁珂先生写的有影响，于是，友鸣亲自动手。他找来了一批袁先生发过的文章，参照袁先生的提纲，用袁先生即有的观点，尽力体现袁先生的语言风格，很快就又写了一篇，然后寄给袁先生过目。袁先生很是感动。后来，袁珂先生到北京开会，专门到中华书局《文史知识》

编辑部答谢,说,没见过这样的刊物,没见过这样的编辑。

这种事例太多了。比如,要找人写"王安石变法",友鸣坚持要请宋史专家邓广铭先生;邓先生太忙,他们就请另一位宋史专家漆侠先生。要写魏晋文学,请徐公持先生;要谈文字训诂,请许嘉璐先生;介绍南阳文化,就跑到南阳市与当地政府合作;要了解近代按照先进理念规划建设城市的典范南通,了解清末状元张謇,就去南通市办"南通专号",等等,都是在《文史知识》的传统风格上发扬光大,恪守着"大专家写小文章"的做法。

友鸣不断想办法跟上时代的脚步,满足读者对信息的渴望。南京大学文学院教授、《文史知识》老朋友卞孝萱先生在纪念《文史知识》创刊三十周年的文章中说,《文史知识》不固步自封,在固定的篇幅中,不断拓展内容,"信息与资料"专栏就是一扇窗口,一道风景线。诸如"研究动态""论文摘要""图书推荐""出版通讯""学术会议的报道"等等,五光十色,引人瞩目。(见《文史知识》2008.10)这一个个栏目,就是一个个窗口,读者用起来很方便,友鸣和他的编辑同事则不知要耗费多少心血设计啊!

穿白衬衫蓝裙子的张荷

《文史知识》还有两位女士。一位是马欣来,一位是张荷。马欣来是北大中文系84年毕业生,张荷是北大历史系84年毕业生。一起分配到中华书局,一起到《文史知识》工作。一个是年底生,一个是转年年中生,差了半岁。

第一个来报到的是张荷。那天是7月28日,至今我都能记住这个日子。因为这里面有一个小故事。本来他们9月1日报到上班就可以,她却早了一个多月。我就说:"还没到日子啊?念了那么多年书,很辛苦啊,今后可没有寒暑假了。"她说:"我就是想今天报到,今天开始上班。"我听出来话里还有内容,便问她为什么？她不好意思地说："今天是我的生日。"我顿时喜欢这孩子了，她要把她的生日这一天，作为人生的又一个"开始"，可见她多么看重她走入社会的这一份工作。

我真诚地相信，这一有意义的开始，会给她带来一个美好的未来。

有的同事告诉我，张荷来报到时，穿着一身中学生校服一样的衣服。上身白衬衫，下身蓝裙子，人又长得精致小巧，咕噜噜的眼睛，透着机灵。

这是二十多年前的事了。今天的张荷依然那样年轻，依然那样机灵，但那"好"的开始，还真有了好的结果。

前些天，三联书店出版了龙应台的《目送》，很畅销，居然发了五十多万册。打开版权页看，责任编辑是张荷。还有一本瑞典人林西莉（即塞西莉亚·林德奎斯特）写的《古琴》。一个外国人研究中国文化，居然又研究到中国特有的古琴上来，而且此书在中国读者中颇受好评，第一次就印了一万册，刚过了几个月，又重印了。一问，原来责任编辑也是张荷。这位瑞典作者研究中国文化多年，还在北京大学读过书，在北京古琴研究会学过古琴，虽然不能用中文写作，但说汉语没有问题。她 1989 年在三联书店出版过《汉字王国》，很受欢迎。《古琴》完成，她特地请了中国人把她用瑞典文写的《古琴》译成中文，很有信心地再一次将自己心爱的书稿，交中国的三联书店出版。稿子落在张荷手上。她认真通读书稿，仔细校对史料，改正了作者对中国文化理解的许多错误。当作者看到张荷几乎把她的稿子改花了，顿时哭了。

"我怎么会有这么多错误！"不信。

还有学者的尊严。那是她对中国古琴产生深深的热爱，写出的一部心爱的著作啊。

作者说:"我轻轻地拨动古琴一根弦,它发出一种使整个房间都颤动的声音。那音色清澈亮丽,但奇怪的是它竟还有深邃低沉之感,仿佛这乐器是铜做的而不是木制的。在以后的很多年里,正是这音色让我着迷。"

"许多优秀的琴师不是高僧就是哲人,弹奏古琴之于他们乃是自我实现的一种方式,正如参禅,是解脱自我、求索智慧的一种途径。而对于满怀疲惫的官宦、贬谪流放的官员,或者贫寒的诗人来说,弹琴又能帮助他们逃避冷酷的现实,回归平静祥和……"

"我是这样热爱,又有如此深刻的认识,我的理解还会不对吗?"

作者又去社会科学院请专家帮她看稿子。社科院的专家十分认真地复核了张荷的改正之处,对张荷说:"你改得都对,真下了功夫。"随后,专家又给作者写信,告诉她:"请你放心,编辑帮你修改得很好。"

这时作者的心态平和了,她把改正稿与原稿一一比对之后,对张荷感谢万分。她明白了,是张荷的编辑加工,大大提高了《古琴》一书的质量。

她明白了,她碰上一位好编辑。

问张荷,何以如此用心?

她说,这是《文史知识》打下的基础。

张荷的父亲是北京师范大学历史系的教授,母亲在历史博物馆工作。她从北京大学历史系毕业后,来到中华书局,心里想着进古代史编辑室,看历史书稿,渐渐地熟悉某一领域,成为历史学科某一领域的研究者,然后写文章、写书,走中华书局编辑崇尚的"学者型编辑"的道路。可是中华书局领导分配她到了《文史知识》编辑部,她仍然高高兴兴地报到。

"我感激《文史知识》对我的培养,这个培养是全面的。我如果到了历史编辑室,一二年也不必想选题的事,因为一部书稿几百万字,可以忙活一二年。我不必一字一句去审校原稿,古人的原著还能改吗?但《文史知识》是月刊,一期三十多篇文章,总逼着我去想选题;一篇文章三五千字,读者一目了然,编辑必须一字字审读加工。就是这份编辑工作,把我培养成一个职业编辑。"

中学时便著文质疑红学家的马欣来

马欣来报到时,我问她,为什么要到《文史知识》工作?她说了她的想法,很真诚。可是当我了解了她的情况:北京大学中文系84级高才生,学习成绩优秀,人又长得亭亭玉立,家庭条件又好,我就嘀咕起来了,心里想,这人条件这么好,《文史知识》这个小刊物恐怕留不住她。镀镀金,有个经历,不是出国就是考研究生,走了,与其如此,不如不来,便说:"《文史知识》条件不好,人少,工作条件差,你看这办公室又挤又乱,不如到其他编辑室。"

她说,喜欢这份工作,一定会好好干,不怕条件差。

我说,你再考虑考虑,免得走弯路,浪费了时间。

记得谈了不止一次,具体说的什么多记不清了,总之都是劝她别在这儿干,理由是这里条件不好。

最后,我见她主意不改,言谈诚恳,明事达礼,就诚心诚意地说:"要说《文史知识》条件不好,也是事实,但那只是一个方面,《文史知识》也有好的地方。比如,这里特别锻炼人。中华书局其他编辑室,一部书稿,从组稿到见书,总得二三年时间。而《文史知识》从组稿到出刊,一个周期也就两个多月。两个多月就能见到自己的劳动成果,知道你的策划是否受读者欢迎,能够及时总结、及时调整,那种锻炼不是一部校点书稿可以相比的……"

后来，时间长了，我真正明白了马欣来到《文史知识》工作的原因。

早在 1980 年，马欣来还是北京景山学校高中二年级学生的时候，就写出《〈秦可卿晚死考〉质疑》一文，与当时已有名气、任《红楼梦学刊》编委的戴不凡商榷，红学界啧啧称奇。这篇文章很得红学家冯其庸的欣赏。冯先生便和她的老师说，马欣来不用考大学，直接做他的研究生吧。马欣来没有同意，坚持参加高考。大学毕业时，一些大报大刊，一些研究单位、大学都有名额，她执意要到中华书局来。她说，单位名气大小，条件好坏，都不是主要的，重要的是工作有意义，有干事的环境。后来，果然验证了她的话，在《文史知识》一干十来年，此是后话。

没过一年，马欣来就成了《文史知识》的骨干。

她最大的长处就是能组稿。不论什么大专家，她一出马，稿子便组来了。有人会说，说一个编辑会组稿，"就好像说一个会计会写数字，一个管家不贪污一样"，这话可就说得轻巧了。稿子可并不是在等着你，也并不是谁都组得来的。而且，对于一本刊物，能组到重点人物的重点稿件，那几乎是刊物得以办好的保障。

著名学者李泽厚，忙，各种刊物都请他写稿，《文史知识》需要请李先生与青年学生谈谈"80 年代怎样治学"，就决定要陈仲奇去组稿。陈仲奇不敢贸然前往，便托人帮忙。李先生摊出一大堆活儿，婉言谢绝了。李泽厚是著名美学专家，青年人心中的偶像。由李泽厚来谈 80 年代怎样治学，一定很有吸引力。于是又派马欣来再去组稿。也不知道马欣来都说了什么，李泽厚欣然同意，没过多久，便交来《新春话知识——致青年朋友们》一篇大文。陈仲奇佩服得五体投地。著名学者、北京大学教授金开诚先生曾说："《文史知识》的马欣来真了不得。她请你写稿，你没办法不写。"

今天想想，能组稿主要不是靠能说会道，而是靠懂专业，靠能和专家学者对话，交流。专家学者认为你懂行，说到点子上了，信任你，于是愿意给你写稿。当年，马欣来写了《〈秦可卿晚死考〉质疑》，深得"懂行"的冯其庸先生赞赏。后来，马欣来研究王维的诗，写出《试论王维的佛教思想》，指出"王维是盛唐诗人中受佛学影响的代表人物"，他的确对佛教禅宗感兴趣，但王维的信佛有他特殊的原因，"佛教只是他理想破灭后的虔诚，他在无可奈何中把这废墟看作人生不可逃脱的归宿。"（《陕西师大学报》，1985年2期）这个观点，在学术界总结20世纪佛禅研究的"述评"中，给予充分的肯定。她整理辑校的《关汉卿集》（山西人民出版社出版，1996年），在《关汉卿研究百年评点与未来展望》一文中，同吴国钦、李汉秋等专家的考订研究成果一起，被称为此时期关汉卿考订研究的重要成果。她和胡友鸣合作编著的《台湾文化》一书，成为台湾文化大学教授江天健先生讲授台湾社会文化史，向学生提供的十余种参考书的第一种。

这些成绩说明了，当编辑，即便是周期短变化又快的月刊编辑，也是可以而且应该认真学习，深入研究，有自己的研究成果的。研究、著述使一个编辑的学识不断提高；不断提高的学识，促使编辑的素养更加成熟。一个学者型的编辑一定会得到作者的尊敬，而且会为读者编出高水平的读物来。

后来，由于工作的需要马欣来先是调到古籍规划领导小组办公室工作，接下来又到现代出版社、中国书籍出版社任总编辑。每一个岗位都是兢兢业业，严格律己，得到领导和同事的信赖和赞扬。

快人黄松

编辑部里还有很多精彩的故事，有趣的人。比如黄松，他也是1984年大学毕业，不过，他是武汉大学毕业生。他本来在中华书局总编室工作，但他不想在上面，而想到具体业务部门工作，就来到《文史知识》编辑部。他干活儿快，利索，交给他工作，总是一心一意很快做完。这在后来，他任全国古籍整理出版规划领导小组办公室主任时，发挥得更加充分。一件工作交给他，他一抓到底。到最后，不是你催他，而是他催你，是他在督促领导尽快落实。

他脑子快，聪明。1985年，他陪我去山东出差。山东的朋友请我们吃饭时，我见到一盘扇贝又白又大，心想，这是扇贝吗？我们吃的多半小而黄。便问，这是什么菜？他立马说："杨先生，您没看清吧，这不就是您家常吃的鲜贝吗？"我听后哈哈大笑。这小子，脑子真快，真会说。他是怕我露怯，是担心别人笑我没见识。可是话又说回来，即便我见多识广，我那时月工资不到100元，怎么可能"常吃"又白又大的鲜贝呢！

黄松的大发展在他负责古籍办公室的时候。几年下来，全国古籍出版社没有不熟悉他的，他和古籍出版社没有不友好的，为什么？他能为他们排忧解难，干事又风风火火。他协调古籍规划项目，请专家办培训班，组织古籍社编辑研讨业务问题，探讨古籍整理与市场的关系等等，都是古籍出版社急于解决的问题。我想就是那句老话吧，想人家所想，急人家所急啊！

刘良富爬上了"鬼见愁"

还有"四川佬"刘良富。他是编辑部中年纪最大的，虽然从年龄上看他也许算不上年轻了，但在这年轻的集体中，大家都把他当作年轻人。他身体不好，弱不禁风，头总晕，所以常用风油精。

我们一闻到风油精味，就知道良富来了。

一次，编辑部去远游，登香山"鬼见愁"，良富下大决心，兴致勃勃地跟着去了。刚从山下往上爬，他就呼哧呼哧喘，不行了。大家一边鼓励他，一边前拉后推，终于把他带上去了。他站在山顶，极目远看，十分愉快，说："这是我这辈子登的最高的山了。多亏大家保驾啊！"说得大家哈哈大笑。因为香山"鬼见愁"海拔只有五六百米高。

但良富看稿子极为认真，见到拿不准的一定去查书，所以大家对他看过的稿子都很放心。

最近，听说他眼睛不好，视力很弱了，《文史知识》几位"老人"都很挂念他，说，有机会去四川一定去看看他。

第二组组长陈仲奇

还有陈仲奇。他是复旦大学中文系毕业的，胡友鸣是第一组的组长，陈仲奇是第二组的组长。当初我设计分一、二两组，每组编三期，轮流，目的是让大家在月刊工作月复一月、年复一年的快速周转中有个喘息的时间，利用轮休的三个月，策划一下选题，读读书，以利再战。当然，分成两个组，客观上就形成了竞争的局面，各组都想干出特色来。今天回忆起来，这两个组竞争完全是靠选题，靠自己组的稿子，靠自己设计的一期内容，而不是别的什么。

所以，这种竞争是快乐的，是互相促进共同提高的。记得陈仲奇为了介绍民俗学知识，跑到民俗学大专家钟敬文先生家组稿。那时钟先生年事已高，眼睛不好，写字也困难，亲自写文章已经不行，但先生头脑仍然清晰，思路仍然敏捷，写作欲望仍然强烈。陈仲奇为了拿到好稿子，把他们那三期编好，便一次次到钟先生家里去采访，由钟先生口述，仲奇记录，然后重加整理，形成文章。

用这种办法，仲奇帮钟先生完成了两篇大作。钟先生的这两篇文章，深受读者欢迎，给刊物增加了分量。钟先生高兴，仲奇的苦心没有白费。

编辑部里和我一起共事过的还有几位，老大哥黄克，戏剧世家，南开大学华粹琛先生的高足，文章写得生动、幽默、妙趣横生。那时，我很羡慕他的举重若轻的文才，佩服他的大家手笔。他虽然在《文史知识》只干了一年，但那是垦荒辟土的第一年，他是开拓、奠基者之一，贡献大矣。还有后来的尹龙元、冯宝志、孔素枫、张文强，每个人都有很多故事，真是纸短情长，这几位只好留待以后再写了。

……

往事历历在目。谁怎样说话，谁怎样笑，谁上班来晚了会怎样说，谁组来一篇好稿子表情什么样，谁喜欢什么小玩意儿，谁跟谁好，谁喝了酒爱吹牛，谁玩棋爱悔棋……一切一切尽在眼前。这真是一个快乐的集体，一个向上追求的集体。在纪念《文史知识》三十周年的座谈会上，张荷说："那个时候在《文史知识》的工作状态和工作乐趣是后来无法复制的。"这话说出了大家对这个集体的怀恋、珍惜和感激之情。

什么是生活？有人曾经说过，生活就是梦想和兴趣的演出。这话说得真好。我们为了明天的梦想，曾放弃了无数的诱惑；我们为了我们的兴趣，曾奋不顾身、夜以继日地工作。——我十分相信，这是当年《文史知识》的朋友们今天仍然坚持的信念。

"大江东去，浪淘尽，千古风流人物，故垒西边，人道是三国周郎赤壁……"

"旧时王谢堂前燕，飞入寻常百姓家。"

世事沧桑，有多少曾经辉煌、曾经显赫的东西在岁月的脚下已经化作尘土，消散得无影无踪，一切都在变化着。

但是，《文史知识》的朋友，他们创业中洋溢出的那种精神，做人的品质，对生活的热情，对实现梦想的全身心投入，却永远存在，它将随着岁月的流逝而更让人感到温暖和怀恋。

附二：相知未变初衷——庆祝《文史知识》创刊 40 年

昨天编辑部的同志告诉我，《文史知识》马上就到 40 周年纪念日了，要在 40 周年之际，请《文史知识》的新老朋友一起聚一聚，聊聊 40 年的历程和感想。我听后真是一惊。《文史知识》一本普及性刊物，转眼 40 岁了，已进入不惑之年。忆及 40 年刊物的成长，快乐和艰辛，忆及岁月的易逝，颇多感慨。

仿佛在昨天，我们还为了让人家知道我们的刊物、我们的奉献，大家用自行车驮着创刊不久的几期刊物，去北大三角地卖书。

仿佛在昨天，为了能满足青年读者的需要，我们去东北长春、去内蒙古呼和浩特，去北京大学，去和青年学生座谈，听他们的希望和建议。后来，按他们的建议我们开辟了"青年园地"栏目。如今，很多中青年学者在《文史知识》"青年园地"发过文章。

仿佛在昨天，我们利用人大开会的机会去饭店拜访某省领导，希望去他们那里搞个"地方专号"，因为那个省有"江西诗派"，有白鹿洞书院、鹅湖书院，有庐山会议会址，有革命圣地井冈山、瑞金，有瓷都景德镇。但被拒之门外，我们在饭店大堂等了快一个小时，终于等到首长派来的秘书告之：首长没工夫见你们。我们没有灰心，又去拜访齐鲁之邦山东的有关方面。齐鲁文化，内容丰富，正待传播世界，出版"山东专号"，正中下怀，眼光远大的山东人怎能不大大欢迎？山东省委领导明白意图，大力支持，组织人员和《文史知识》编辑部一起安排选题，审定稿件，还主动提出购买一万册。激动，从心里表示感激！

仿佛在昨天，去印刷厂，企盼厂里抓紧印制，赶在下年征订日期前，将下功夫编撰的这一期尽快印出上市，以利明年征订。

仿佛在昨天，我们请文史专家座谈，会开完，我们把他们的讲稿整理成专文，请专家修改、审定后送报刊发表。名人权威的推介，给我们很大鼓励。

仿佛在昨天，我们编辑部几位分成两个组，一组干活儿，另一组学习、组稿，轮流当班，大家你追我赶，各显高招儿。青年干事业的心火热。

这一切过去三四十年了，又仿佛就在昨天。编辑部的朋友说起创刊40年，一切尽在眼前。

就是昨天，2020年11月30日，在网络上看到一篇短文：

改革开放之后，我曾经订阅过不少报刊，其中有《参考消息》《人民日报》《读书》《环球时报》《解放日报》《求是》《新民晚报》《文史知识》等。随着年事增长，眼力渐衰，逐次减去了前六份报刊，于今，仅仅留下了后两份刊物。

一份是《新民晚报》，另一份就是《文史知识》。《文史知识》自1980年1月创刊，我就成为它的拥趸，订阅至今，没有空缺过一期。2012年春节期间，我与单位同事驱车两千多公里，家访上海公司职工。晚间，住宿在泰兴市的宾馆，翌晨，竟然将一本《文史知识》忘记在卫生间里了。回沪后，我赶紧到虹口区吴淞路上邮局前的一家报摊，购得了这本《文史知识》。

上个世纪的90年代中期，我在上海工作期间，一期《文史知识》，因为一篇关于曹操的文章有缺损，我恳请负责订报工作的宣传干事去邮局调换。这一去，从此石沉大海，音讯全无了。

事后，屡次询问负责订报同志，其双手一摊，告诉我，邮局也没有办法调换了，而且，连得损坏的那本也没有了踪影。从此，迄今一共出版了473期的《文史知识》，我就独缺了这一本，抱憾得狠呐。

《文史知识》是一本老少咸宜的普及型文史类读物，适宜于相关语言文字工作者和文史知识爱好者阅读，我极为青睐。它不仅给我以精神方面的滋养，还给予我所学中文学业以很大的帮助。我就读华东师范大学夜大学中文专业，就常常翻阅《文史知识》，得益匪浅哟。

1985年春，撰写毕业论文《稼轩农村词的艺术风格》，就是从《文史知识》里获得了这方面的灵感，遂决定以此作为毕业论文的题材，用时一周，写就了这篇论文，并一举通过，获得了国家教育部颁发的大学毕业文凭和学士的学位证书。

《文史知识》与我相伴了39个春秋又10个月，无数个夜深人静之际，我恬适而怡情地阅读它，从中修炼了我的人文精神和品格，滋润了我的文化涵养和道德，我是非常感激这一本读物的，此生是一定不会与之分手的。

发自肺腑的话语，让我感动，也让我深思。我们怎么能不下功夫组好每一篇稿子，编好每一期刊物。一位同志对我说："我们应该当作功德来做。"这话不仅是使命，不仅是责任，而且是一个编辑一生为他人做的一项善事，一件"功德"。不必五体投地一步一拜，不必燃香高举，在香烟飘渺中净化心灵，只需踏踏实实做好普普通通的编辑工作，就做了你的"功德"。

还有一件事，一位小伙子来信询问如何订阅《文史知识》。他说，他父亲一直是《文史知识》的忠实读者，家中订阅的《文史知识》整整齐齐，不缺一期。他父亲去世了，病重时曾嘱咐他，原有的刊物一定要保存好，认真读，我不在了，记住每年还要继续订下去……

此情此语，让人落泪。这是读者对我们的最高奖赏，最诚挚的认可，还需要什么大奖杯、大奖章呢？

从创刊到今天，40年来主持编务工作的人员换了一茬又一茬。柴剑虹、胡友鸣、于涛、刘淑丽、李静，他们率领编辑部的同志，夜以继日，苦心孤诣，精益求精，令人赞佩。谁不知道办月刊在出版社是个很辛苦的差事呢？谁不知道每期变着花样去组稿的艰辛呢？但他们个个殚精竭虑，一月一月，一年一年，给读者送去一期比一期好看的刊物，他们就心满意足了。

回忆《文史知识》40年的历程，我们还要感谢我们的编委们。主编并不万能，要编好一本杂志，他需要人来帮助，需要顾问、需要先生、需要朋友。这兼有顾问、先生、朋友三项职能的组织就是编委会。什么叫顾问？遇到困难去请教他，他总能热情相助。什么叫先生？先生不仅能"传道、授业、解惑"，更重要的是每时每刻注视着学生的事业，及时地提醒你该做什么、该注意什么，以及应该怎样做。什么叫朋友？朋友最重要的内涵就是可以为支持你的事业两肋插刀，能谅解，朋友间可以不拘形迹，无拘无束。

我们《文史知识》的编委会就是这样一个组织，那些编委：金开诚、田居俭、白化文、徐公持、臧嵘、瞿林东、张习孔，以及后来的葛兆光、陈来、董晓萍、王邦维等各位编委就是我们的顾问、先生和朋友。《文史知识》所以能受到读者欢迎，我们的编委们有大功。

早晨九点开会，家远在北大蔚秀园的金开诚、白化文先生，早晨六点多就从中关村坐上32路公共汽车奔向东四魏家胡同会场。距离最远，到得最早。

为了请编委们经常关心刊物的质量，出谋划策，督促他们自己写作或组织他人的文章，我们特地设计了《征求意见表》，随每期刊物寄去，请他们填写。表格中有5个问题：①您读完本期后总体感觉如何？②您认为哪篇文章好，哪篇不够好，为什么？③您认为版式设计、插图安排怎样？④您最近有什么写作计划，打算给本刊写什么稿子，推荐什么稿子？⑤您认为当前写什么题目好，谁写合适？这个表格简便好填，可以省去编委们写信的麻烦。但毕竟有点儿督促的意思，似乎有点儿像"学生"给"老师"布置作业，他们不以为忤，总是认真填写，动脑筋出谋划策，真是"麦子越成熟，麦穗越是低向大地"，让人敬重。编委们个个都是《文史知识》的创刊元老，兴盛的英雄。

正是大家的齐心努力，1985年《文史知识》被评为"北京地区文史类最佳杂志"。1987年《文史知识》编辑部被文化部命名为"优秀青年集体"。2009年荣获"新中国60年最有影响力的期刊"称号。

今天，《文史知识》不断开拓、创新，越办越好。

作为《文史知识》最早的编辑，我感到无比的欣慰和敬佩。欣慰的是大家继续本着普及文史知识的宗旨，遵循"大专家写小文章"的特点，"与历史对话，与时代同行"。敬佩的是这些青年编辑不断出新，不断琢磨读者的要求，不断提高质量，办出了新的特色和水平。

大家都在说要进行爱国主义教育。怎样进行？这种爱国主义教育不是讲空话，说套话，一、二、三、四、五，A、B、C、D、E，那是没有人爱看的，教育的目的也很难达到，而是用生动、重要的典型材料，以喜闻乐见的形式，提供给读者。《文史知识》百期时，任继愈先生曾经送来贺词，他说："化深为浅，举重若轻，雅俗共赏，确是真知灼见。"如《文史知识》开辟的"特别关注"栏目，把历史上重要的人物、事件，以讲故事的形式特别重点介绍出来。其中的文章，如："蔡元培与民初教育改革""汉代的'天马'追求与草原竞争的交通动力""空海仅仅是中日文化交流的使者吗？""丝绸之路上的百怪图""圆明园之美""明清时期海上丝绸之路的两种路径"，都是吸引读者的篇章。又如"博物馆巡礼"专栏，与国内各大博物馆开展合作，故宫博物院、国家博物馆、陕西历史博物馆、辽宁省博物馆、中国丝绸博物馆、国子监等等各具特色的博物馆，纷纷拿出自己的"镇馆之宝""看家之宝"，馆内研究人员撰写相关通俗普及文章，不仅让读者领略了各大博物馆的文物精粹，也介绍了文物背后的故事和历史，尤其是许多国宝的来龙去脉，进一步扩大了影响，传播了中华优秀传统文化。同时，各大博物馆不吝提供了高清图片，刊登在封二和正文中，不仅加强了视觉冲击力，也使刊物阅读性更强。

这种结合《文史知识》特点，把中华民族最有代表性、最优秀的东西介绍给广大读者，使读者看了感到自豪、骄傲，无形中产生热爱伟大祖国，为继承和发扬中华民族五千年优秀文化奋斗的决心和信念。这就是一本普及性刊物的最大贡献。这种爱国主义教育不是硬性灌输，空喊口号，而是潜移默化、润物细无声地进行着。

在版式上也做了很多改进，这就不仅在内容上，而且在形式上也为帮助读者阅读、理解内容做了努力。2011年，采用了全新的大开本，封面、版式也焕然一新，让读者换换口味，增加新鲜感，带领读者体会不一样的风格和风采。2016年，封面、版式又调整了一次，新的封面庄重古朴又不失青春活泼，也受到了读者的欢迎。2019年，《文史知识》为照顾老年读者，在内文版式上采用了新的行间距，字体略微放大，整体布局疏朗大方，解决了不少老年读者提到的字号太小、阅读不便的困扰。通过不断实践，创新了排版方式，比如增加双栏的设置，改变双栏的字体以消除读者阅读时的疲劳感。这种努力，这种想读者之所想的精神，在今天，在很多书刊为降低成本节约用纸，尽量缩小字号，忽视读者阅读困难的状况下，很值得学习，很值得表扬。

我想到北京大学著名教授金开诚在他去世前不久给我们写的一篇文章，他说，在《文史知识》创办之初，就有人对他说，这个刊物不可能"长命百岁"，因为中国古代文史知识虽然丰富，但总有个限度，办得太久就不免重复。从《文史知识》40年，刊发474期的情况看，情况不但不是这样，而且越办越红火。一是因为社会上不断出现一代一代新的读者，因此在需求上就需要重要的文史知识不断反复传授；而且，这种传授不是简单的重复，而是随时代的前进，形势的变化要以新的观点、新的角度，去做新的诠释。现在的《文史知识》做了很好的努力，很大的开拓，比如：2018年第3期推出的"李白·江南"特别关注，不专注于李白本身，而是从李白所写的一系列诗词入手，从诗词、地域两方面阐释李白与江南发生的联系，角度新颖，与过去发过的有关李白的文章比较，又有新的开拓。再如针对2018年热播的中国古代法医类电视剧，编辑部因应时效，及时推出了《〈洗冤集录〉及宋代法医学》一文，借助媒体的热议，追上了"时髦"，但是文章仍然坚守了"文史知识"的风格，从学术的角度通俗地介绍了宋代"法医学"的相关知识和内容，为广大读者提供了正确、通俗的古代法医学知识。

这就很好地回答了一些人的忧虑，不断创新，埋头苦干，读者就会欢迎。刊物在千帆竞发、百舸争流的形势下，就会稳步前进。

我想到1989年10月，《文史知识》出刊百期座谈会上一段有趣的故事。著名诗人臧克家先生发言时说："我是《文史知识》的第一读者。"我顿时想起臧老在《文史知识》创刊五周年时的贺诗："结识良朋历五年，殷勤夜夜伴孤眠。文章读到会心处，顿觉灯花亦灿然。"心里升起对臧老支持《文史知识》的感谢。谁知这时座中的季羡林先生却悄悄说："这是在和我争'第一'呢。"编辑部同志说："您是我们的第一作者。"季老笑而颔首。季老确实可以说是《文史知识》的"第一"作者，他前后为《文史知识》写了二十余篇文章，而且他还主动为刊物组稿。一次，董晓萍先生代钟敬文先生去北大为季先生九十华诞祝贺，念罢祝颂词，被季老叫到身边。季老说："你在《文史知识》上写的文章不错，我看了。《文史知识》是本好杂志，以后要多给它写。"晓萍先生说，叫她过去，原来是为鼓励她给《文史知识》撰稿的。听了晓萍先生的介绍，季老不但是《文史知识》"第一作者"，还是《文史知识》的组稿者，是业余编辑。

　　《文史知识》40周年大庆之日，我们不禁怀念中华书局当时的领导和一起奋斗的朋友：李侃、王春、俞明岳、黄克、马欣来，怀念编委金开诚、张习孔。他们虽然远行，但在《文史知识》40周年庆祝之际，他们开路、引导，全身心投入、鼎力相助之功，都涌上我的心头。办好刊物就是纪念他们。正如南京大学中文系卞孝萱教授总结的："《文史知识》从新芽破土、茁壮成长、枝叶舒展，到新花怒放、硕果累累，这棵大树的成长，倾注了几代人的心血。"这中间有编委的襄助之功，有作者的写作之功，有编辑的策划、组稿之功，有读者的扶持鼓励之功，更有中华书局领导的支持、投入和魄力……时代在前进，刊物在前进，在庆祝刊物创刊40周年之际，我特别祝愿每一位《文史知识》的编辑在繁重工作之中大步前进。刊物在成长，每一位编辑也在成长。

第八章
「此刻学习，你将圆梦」——后记

很多年前,《中国编辑》编辑部开展"怎样做一个积极向上的编辑"的讨论,要我也谈谈意见。当时,我感到这个题目不好谈,因为这个题目重点不在于一般性的"怎样做一个编辑",而在于"积极向上"四个字。这就有更高的要求。这"更高的要求"是什么,我说不出多少新鲜的话。

今天回想50余年的编辑出版生涯,体会更多一些了。苦辣酸甜尽在其中,但正如古人晏子所云,"济五味,和五声",才能"成其政也"。晏子说,以水调和水,谁还爱喝呢?以琴调琴,声音必定单调。(《晏子春秋·晏子谏第五》)不同的见解,不同的意见,各种的体会,融合比较,才能把事情办理稳妥。人的一生经过了苦辣酸甜,才能更成熟一点吧?

以上各章,已经把我的苦辣酸甜摆在大家面前了。这最后一章,我概括几点体会,也许可以给青年朋友一些参考。

一、"我们的事业并不显赫一时"

这是马克思的一句话,是马克思在即将走向社会选择职业时说的。他说:

我们的事业并不显赫一时,而将永远存在,高尚的人们将在我们的墓前洒下热泪。

说得多么好!胸怀开阔,目光远大。我曾用这段话的第一句作标题写了一篇文章,当时有好几家报刊转载。我深知这不是我的文章写得好,而是因为马克思话的感召力量。我们不追求显赫一时,不因为一时的得失荣辱,而急功近利,不因为个人功名利禄,而炒作说谎。我们的努力,我们为事业的贡献,我们的后代一定会承认,并为我们的奉献而感动。应该说,这段话也特别适合编辑事业。编辑工作就是一个为社会、为读者服务、奉献的工作。编辑事业关系文化的传承。在这个服务和奉献过程中，我们自己一步步丰富、渊博、高尚起来。我们为社会打造精品，体现着一个编辑存在的价值。

不求显赫一时，就能避免急功近利。"不好不坏，又多又快"是出版业急功近利的典型表现。一部精品，常常经过几年十几年，甚至几十年的打磨，需要一如既往的执著精神，需要沉得住气。马克思的《资本论》从1843年写到1883年，整整用了40年的时间。李时珍的《本草纲目》用了27年。徐弘祖的《徐霞客游记》用了34年。伟大的历史学家司马迁，受了人间最耻辱的宫刑，他形容自己的悲惨境遇："肠一日而九回，居则忽忽若有所亡，出则不知其所往。每念斯耻，汗未尝不发背沾衣也。"他说，他之所以隐忍苟活，就是为了继承父业，著述《史记》。"究天人之际，通古今之变，成一家之言"（见《汉书·司马迁传》）。经过19年的努力，终于完成了《史记》这一伟大著作。曹雪芹倾其一生心血，书写了一部《红楼梦》。米开朗基罗这位意大利文艺复兴时期的巨匠，为了创作超越前人的作品，整整4年不出他所工作的教堂。人们说上帝工作6天，第7天休息，而米开朗基罗永远没有第7天。他89岁了，还充满自信地说："新的艺术观念即将诞生。"

不求显赫一时，就拒绝哗众取宠，人为包装。

不求显赫一时，就不要人为炒作，哄抬造势，自己给自己穿花戴朵。

不求显赫一时，就不会追求表面上的"世界第一"，不会出现"每一元的销售额的实现，要以近二元的库存额"为代价的状况。那样的话，我们生产出来的"图书"不都卖给了自己，进入"库房"，甚至直接拉到造纸厂了吗？

著名小说家卡夫卡曾经说过："古籍经典之所以经久不衰，是因为具有传承性。今日美丽绽放，明日就荒唐滑稽。那就是经典名著与普通读物的区别。"说得实在透彻。

年轻的马克思的高尚境界，让我们崇敬。

二、"临事而惧，陈力而后就列"

这一句话本于毛泽东给时任湖南省副省长周世钊先生的一封信。毛泽东这封信写于1958年10月25日（见人民出版社《毛泽东书信选集》1983年版）。

1958年上半年，中央政府任命周世钊先生为湖南省副省长。10月17日，周世钊给毛泽东写了一封信，信中说，这个事我怕做不好，我一介书生怎么能当好副省长呢？

周世钊是什么人？他是著名教育家，爱国民主人士，是毛泽东少年时代在湖南长沙师范学校的同学。1918年，他参加毛泽东、蔡和森发起的"新民学会"，1919年应毛泽东之邀担任《湘江评论》顾问，随后加入"长沙文化书社"，传播新思想。后来，一直从事教育事业。1949年，任湖南省第一师范学校校长。1955年任湖南省教育厅副厅长。长期与毛泽东诗词唱和。其中毛泽东《水调歌头·才饮长沙水》、《七律·答友人·九嶷山上白云飞》等都是答周世钊的。可以看出毛泽东与周世钊不同寻常的关系。

毛泽东给周世钊回信，说，你这封信，收到了，"读了高兴"。你感觉自己能力不行，主要是因为"一，不甚认识自己。二，不甚理解客观事物"。接着，毛泽东说："临事而惧，陈力而后就列，这是好的。"但怎样解决问题呢？"我认为聪明、老实二义，足以解决一切困难问题。聪谓多问多思，实谓实事求是。持之以恒，行之有素，总是比较能够做好事情的。"

这短短的几句话，说出了丰富而深刻的内容。第一，"临事而惧，陈力而后就列"，就是告诉我们面对着即将担当的任务，要有一个十分谨慎、战战兢兢的心态。"陈力而后就列"，就是要仔细衡量一下自己的能力，摆摆自己的知识，看看是否能够胜任这项工作，然后再考虑是否"就列"，也就是考虑自己有没有本事坐那个"位子"。如果觉得自己不行就要抓紧学习。这是讲的敬业，讲的人要有自知之明。

第二，把握"聪明"、"老实"二义。毛泽东说，聪就是多问多思，实就是实事求是。放下架子，深入下去，调查研究，认真思考，毛泽东说，这就叫聪明。遇事实事求是，不唯上，不唯书，只唯实，也就是"老实"。从周世钊先生后来的经历，可以看出他是完全做到了这两点的，他是一个既聪明又老实的人。

1958年大跃进时，他到湖南调查研究，回来后对毛泽东说："到了我们老家湖南宁乡了解了一下农村人民公社。看到了农村的轰轰烈烈、热火朝天的场面。不过，我看有两个问题值得认真研究。一个粮食亩产数字上有些虚假现象。有的说亩产几千斤，有的甚至说一亩能产一万公斤，我看有点不实在。"

1972年8月就文化大革命问题，周世钊向毛泽东坦陈己见，进谏八点意见。其中涉及"解放老干部"、"知识分子正名"、"制止走后门不正之风"、"消除派性"等。他还在他所负责的范围内，为知识分子平反奔波。表现了实事求是，正直无私的高度政治责任感。

第三，要"持之以恒，行之有素"，不是做一下子，而是做一辈子。

这三层意思，对于我们做出版、做编辑的人，是不是一样有指导意义呢？担当重任之前，问问自己能不能胜任；制定计划、处理选题和书稿，要多问多思，坚持调查研究；要持之以恒，行之有素，一步一步向设定的目标奋斗前进。

三、"此刻学习，你将圆梦"

这句话是哈佛大学的一则校训，我读后颇有感触。感触是什么，我对这则校训的理解，下面再说。前些年关于网络出版或数字出版给出版界造成的巨大冲击的问题。数字出版有人简化为"U—出版"，有人说"Ubiquitous"这个英文单词，意思是"普遍存在的，无所不在"的。我们怎样应对这个"无所不在"呢？一时让出版人产生巨大热情，出现热烈的争论。有不少人甚至对传统的出版前途产生了怀疑。有人说，传统出版很快就将退出历史舞台，于是对传统出版兴趣大减。有人说中国的传统出版从有活字印刷至今千百年了，谁也撼动不了，于是死死的抱住传统出版，闭目塞听；还有人说："旧有的出版概念已经被彻底推翻了。以往先投稿由编辑决定出版与否，现在是自己先写出满意的作品，张贴在网上，获取人气后才由出版社出版。"编辑"把关"功能变化了，随便就可以贴到网上的东西谁来"把关"呢，于是产生许多忧虑。

我在网上看到一位懂行的人写的一篇文章：《建立二十一世纪无所不在的网络社会》。文章描述很是详尽：

英文ubiquitous一词来源于拉丁语，意为"普遍存在的，无所不在的"。最早提出此概念的是已故美国施乐公司Palo Alto研究中心（PARC）的Mark Weiser博士。他在1988年第一次提出

ubiquitous computing 的概念。

Mark Weiser 博士认为,"电脑在我们没有意识到它存在的时候,已经融入了我们的生活中",而他认为这样的时代即将到来。其后,依据 Mark Weiser 博士的概念,日本学者衍生出了 Ubiquitous Network(无所不在的网络)的概念,认为人们在未意识到网络存在的情况下,能随时随地地通过适合的终端设备上网并享受服务。

作为一个 IT 新术语,"无所不在的网络"是一个 IT 环境,它需要同时满足三个要求。第一,无论在何处使用,无论使用模式是固定的还是移动的、是有线的还是无线的,它都能提供永远的线上宽频接入;第二,"无所不在的网络"不仅能够连接通用的大型电脑和个人电脑,也能连接移动电话、PDA、游戏机、汽车导航系统、数字电视机、资讯家电、RFID 标签以及感测器等各种资讯设备,这些设备通过一定的协定连接到网络中;第三,"无所不在的网络"能够实现对资讯的综合利用,不仅能够处理文本、资料和静态图像,还能够传输动态图像和声音。它能够实现安全的资讯交换和商务交易以及用户的个性化需求。(见"上海多媒体行业协会"网页《浅谈日本 U—japan 及韩国 U—korea 战略:建立 21 世纪无所不在的网络社会》)

这真是令人惊叹的科技的巨大进步。

这真是改变社会面貌的前无古人的创新。

写到这里,恰好我看到刚刚送到的《中国图书商报》。在报纸的第一版上赫然写着:上海书展发布《上海市民阅读调查报告》"纸质读物仍受偏爱"。文中说:上海市民阅读的主要方式是传统的(纸质)阅读和网络阅读。"传统(纸质)阅读"首选率达到 56.69%,高出第二位"网络阅读"24.63 个百分点,近 6 成上海市民仍青睐纸质阅读。

原因是什么呢？文中说数字阅读尚有现代科技仍需努力克服的弊端，如"容易导致视觉疲劳"、"信息杂乱"、"海量信息，难以筛选"等等。

结论是：数字阅读存在的问题，正是传统纸质阅读的优势。这个优势的存在，使得一定时期内数字阅读要超过甚至替代传统阅读，尚无可能；数字阅读与传统阅读将在较长时期内共存。

尽管上述的报导仍然力挺"传统（纸质）阅读"，实际上力挺"传统（纸质）阅读"，似乎让出版人放心，狼还没有来。而我却从中真切地感受到数字出版给我们的巨大压力，似乎让我看到出版业——如果不是已经，至少也是即将产生的巨大变革。我真诚地认为，不管我们喜欢不喜欢，不管我们是否做好准备，"无所不在"的网络，一日千里地奔腾向前。我们出版人，无论是编辑、印刷、发行、供应哪个环节，都将在它们面前发生变化。

这时候，相继发生了两件大事。其一是：《维基百科》自2001年英文版成立以来，现在已经成为世界上最大的资料来源网站之一。280种以上的语言版本，近10亿的访客，号称"人人可以编辑的自由百科全书"，免费提供完整的内容。当然，它不同于《不列颠百科全书》《中国大百科全书》这样的高端百科全书，但维基百科的发展有这样三点特别值得重视：第一，条目量大，访客量大，必定是影响大，截至目前已有数亿访客。第二，读者认为它权威、有用，号称是"人人可以编辑的自由百科全书"，那就另有魅力。读者愿意使用它，它的发展空间自然就大。第三，到目前为止已有30多万个中文条目，这就加强了它在中国的影响，也加大了对《中国大百科全书》第三版工作的压力。

其二是：《不列颠百科全书》，2012年3月突然宣布停止发行纸质版，要搞网络版，而且一上手就发展得很快，短短几年已经有15万个条目，可检索的条目达到98000个，照片9800幅，地图377幅，动画影像204幅，还可以链接纽约时报、英国广播公司等机构的新的文章，发展之迅速令人目瞪口呆。不列颠百科全书公司总裁豪尔赫·考斯十分豪迈地说：这个决定对百科全书意义重大，不是为了我们辉煌的过去，而是为了我们充满活力的现在和未来。

正好在这前后，根据中央领导的指示，我们开始《中国大百科全书》第三版的调研、论证工作。专家学者、广大读者纷纷要求我们也搞网络版，要抓紧上，否则就落后了。我们得到了党中央国务院的支持，批准我们网络版、纸版同时搞，以满足各方面读者的需要。从2014年至今，我们边干边摸索边学习，目前网络版已有25万条上线，纸版已出版了5卷。实践证明，只要有决心、肯钻研、善学习，没有干不成的事情。我们没有打盹，没有做梦，我们急起直追，抓紧圆梦。

这就是我为什么想起美国哈佛大学校训的原因。愿意把这条名言告诉大家，并与之共勉。这条校训的全文是：

此刻打盹，你将做梦。而此刻学习，你将圆梦。

校训中还有一条写道：

觉得为时已晚的时候，恰恰是最早的时候。

据有关方面统计哈佛大学总共产生了40多位诺贝尔奖获得者，这份成绩是否与这两条校训有关系呢？

当我回首往事的时候，不免万千感慨。我感谢这个时代锻造了我。我感谢我的老师培育了我。我感谢中宣部和新闻出版署（总署），感谢中华书局和《文史知识》编辑部、中国出版集团、《中国大百科全书》第三版的领导和同事，使我从各个方面受到锻炼，得到鼓励，获得成长。同时，还使我认识了社会的风云变幻，认识到人的善、恶、强、弱的本性，认识到也有的人外表和内心是不同的。直到今天，我才能总结出这一点体会，足见我后知后觉的愚笨，但正直、坚强，与人为善，为社会作贡献，却是我一生追求的目标。我可以坦然如是说。

最后，我还诚挚地感谢中国新闻出版研究院，感谢游翔、庞沁文、邓杨等同志，他们不辞辛苦，一次次采访、摄像，激励我的信心，鼓励我的每一点进步，没有他们，这份三十余万字的口述史，难以完成。

我个人的经历有限，我所叙述的都是和大家一起做的事，记忆不周之处肯定很多，口述又没有经验，请大家多多指正。